CB076168

ROBERT P. GEORGE

A CONSCIÊNCIA E SEUS INIMIGOS

UM TRATADO CONSERVADOR SOBRE OS PRINCIPAIS ERROS DA ESQUERDA

ROBERT P. GEORGE

A CONSCIÊNCIA E SEUS INIMIGOS

UM TRATADO CONSERVADOR SOBRE OS PRINCIPAIS ERROS DA ESQUERDA

Tradução de
ROBERTA SARTORI

SÃO PAULO | 2023

Ludovico
CLUBE DO LIVRO

Copyrigth© 2013 E 2016 - ROBERT P. GEORGE

Os direitos desta edição pertencem à LVM Editora, sediada na
Rua Leopoldo Couto de Magalhães Júnior, 1098, Cj. 46 - Itaim Bibi
04.542-001 • São Paulo, SP, Brasil
Telefax: 55 (11) 3704-3782
contato@lvmeditora.com.br

Gerente Editorial | Chiara Ciodarot
Editor-chefe | Pedro Henrique Alves
Editora assistente | Georgia Lopes Kallenbach Cardoso
Tradução | Roberta Sartori
Revisão | Laryssa Fazollo
Preparação de texto | Alexandre Ramos da Silva e Pedro Henrique Alves
Capa | Mariangela Ghizellini
Projeto gráfico | Mariangela Ghizellini
Diagramação | Décio Lopes

Impresso no Brasil, 2023

Dados Internacionais de Catalogação na Publicação (CIP)
Angélica Ilacqua CRB-8/7057

G31c George, Robert P.

A consciência e seus inimigos: um tratado conservador sobre os principais erros da esquerda / Robert P. George ; tradução de Roberta Sartori. – São Paulo: LVM Editora, 2023.
320 p.

ISBN 978-65-5052-106-6
Título original: *Conscience and Its Enemies: Confronting the Dogmas of Liberal Secularism*

1. Ciências sociais 2. Ciências políticas 3. Conservadorismo 4. Progressismo
I. Título II. Sartori, Roberta

23-4028 CDD 300

Índices para catálogo sistemático:

1. Ciências sociais

Reservados todos os direitos desta obra.

Proibida a reprodução integral desta edição por qualquer meio ou forma, seja eletrônica ou mecânica, fotocópia, gravação ou qualquer outro meio sem a permissão expressa do editor. A reprodução parcial é permitida, desde que citada a fonte.

Esta editora se empenhou em contatar os responsáveis pelos direitos autorais de todas as imagens e de outros materiais utilizados neste livro. Se porventura for constatada a omissão involuntária na identificação de algum deles, dispomo-nos a efetuar, futuramente, as devidas correções.

Para Luis Tellez

e

Joe e Debbie Duffy

SUMÁRIO

PRÓLOGO À EDIÇÃO BRASILEIRA

Pedro Henrique Alves[1]

Quando li este livro pela primeira vez, no inverno de 2021, recordo-me de abarcar várias sensações ao finalizá-lo: gratidão, pois atualmente é raro encontrar culhão, capacidade intelectual e larga pesquisa a fim de defender a moral conservadora num só lugar; espanto, ficava imaginando como o público liberal reagiria ao ler um livro que defende de forma magistral e irreparável, por exemplo, o casamento tradicional e a reprodutividade feminina natural, se isso causaria rechaço ou alívio; e, por fim, inspiração, lembro-me de pensar "tá ok, se estou convicto de meus valores conservadores, após aprofundar-me nos estudos deles, no mínimo devo defendê-los e estudá-los como Robert fez aqui".

Como editor e escritor conservador (ex-socialista), católico, pai, branco (afilhado do melhor padrasto do mundo, o "Beto negão") e hétero (sem considerações aqui), não raro me vejo contra a parede na contemporaneidade, quase tendo que me desculpar por tudo que falo e penso. Trata-se de uma pressão externa impressionante sobre minhas convicções; não foram poucas as vezes que minha esposa, mãe ou amigos próximos me recomendaram: "não escreva sobre isso, vai dar problemas". Os conservadores e os liberais, cada vez mais, estão se conformando a essa camisa de força fascista do progressismo. Essa censura cada dia mais policialesca das ideais se tornou nosso "arroz com feijão" sem que haja uma resposta adequada – e quando digo "adequada", refiro-me a uma contestação profunda, com fundamentos, que sobreponham quaisquer dúvidas com relação a ser mero "preconceito

1 Filósofo, editor, colunista na Revista Oeste e Jovem Pan. (N.E.)

conservador" ou "um ataque intolerante a minorias". Ser conservador e defender os valores morais do Ocidente não é e nem nunca foi fascismo!

Não há equivalência entre defender a vida do feto e a aceitação da subjugação da mulher pelo homem; contrapor a ideologização dos negros pelos movimentos militantes de esquerda e apoiar o racismo; muito menos defender a reta percepção da realidade e do que é o ser humano e quaisquer intolerâncias a pessoas e seus modos de ser e agir. O que estão tentando fazer é criminalizar o conservador – e, por obviedade, o próprio conservadorismo – para que qualquer coisa que um conservador defenda se torne crime só pelo fato de ter sido dito.

O que o filósofo norte-americano trará nas linhas que se seguirão trata-se do habilidoso resgate da percepção liberal de que é inegociável o dever das instituições de Estado respeitarem as posições conservadoras – e as demais –, bem como é imprescindível retomar o respeito integral à liberdade de consciência, isto é: a autonomia dos indivíduos de defenderem seus princípios sem perseguição – velada ou oficial. Sem isso temos tão somente ditadura.

Por que, como conservador, em uma suposta democracia liberal, eu deveria me sentir impelido a não defender o matrimônio, a não rechaçar o aborto e a cultura transgênero se minha consciência e visão de mundo se opõem a tais atos e ideias? Opiniões não são crimes! Pelo menos não em uma democracia verdadeira. Ou isso se torna claro para a sociedade brasileira, ou a democracia tende a escorregar pelo ralo rapidamente, pois, a pior das ditaduras é justamente aquela que se traja de democracia, impondo ideologias autoritárias em nome de uma suposta liberdade que só encarcera e emudece.

A consciência e seus inimigos nos traz uma brisa de liberdade que falta hoje no Brasil, aquela possibilidade de defender valores conservadores sem ser *linkado* automaticamente a algum subgrupo racista ou homofóbico. Aquilo que James Madison chamou de "direitos sagrados da consciência". Aqui está, meus nobres leitores, o contra-ataque conservador que fez de Robert P. George um dos pensadores conservadores mais influentes e profundos dos Estados Unidos no século XXI.

Em dias que parece ter se tornado crime se opor aos dogmas do secularismo progressista, é bom saber que há intelectuais da envergadura de Robert a amparar tais valores em sólidos edifícios filosóficos e científicos. Que não nos falte, mesmo em meio à perseguição, o culhão, a profundidade e os propósitos para defendermos aqueles princípios inegociáveis do Ocidente, principalmente a sacralidade da vida humana e a axiomática liberdade individual de todos – inclusive dos progressistas raivosos.

Aos que não defendem o que Robert defende, ou que sequer são liberais ou conservadores, o livro é ainda mais interessante. Afinal, qual aventura sobraria aos livros de ciências sociais se só lêssemos o que reforça as nossas crenças? Aliás, estou lendo Sartre neste instante, pensem na quantidade de baboseira escrita de forma completamente instigante...

As afirmações do conservador americano, acredite, vão muito além de uma descarga de opiniões vazias, são abordagens de rara profundidade e pedagogia; um condensado do que o conservadorismo norte-americano produziu de forma mais elaborada e interessante para o pensamento político e social nos últimos vinte anos. Ainda que você termine o livro sem mudar uma vírgula de suas opiniões anteriores, já terá enriquecido seu intelecto de forma grandiosa por um tratado fundamentado e abrangente sobre os porquês da visão conservadora de mundo.

Mas chega, prólogos não são para ser extensos. Para finalizar, apenas reafirmo: leia este livro, seja para ser convencido ou para depois "xingar muito no Twitter", de qualquer maneira, é preciso lê-lo.

PREFÁCIO

Mary Ann Glendon

Titular da cadeira Learned Hand de
Direito na Universidade de Harvard[2]

Estes ensaios estimulantes, tratando de quase todas as questões que chamam a atenção do público nos dias de hoje, são uma introdução perfeita à mente fértil e ao espírito generoso do homem descrito em um perfil da *New York Times Magazine* como o pensador cristão conservador mais influente da América.

Robert George domina muitos temas, e todos eles estão em exibição neste volume extremamente fácil de se ler. Ele é um dos principais defensores da liberdade religiosa no país e no exterior, servindo, no momento, como presidente da United States Commission on International Religious Freedom [Comissão de Liberdade Religiosa Internacional dos Estados Unidos]. É autor de trabalhos acadêmicos altamente respeitados sobre constitucionalismo e filosofia política. É um intelectual público, reconhecido por suas posições contraculturais a respeito de uma variedade de questões sociais. Aqueles com pontos de vista opostos tentam, às vezes, descartar suas posições mais controversas como "opiniões religiosas". Mas, como estes ensaios demonstram, a marca registrada do trabalho de George é o fato de ele ater-se de forma rigorosa a argumentos que são acessíveis por meio da razão – e desafia aqueles que discordam dele a fazerem o mesmo.

A *razão* é a especialidade de George. Ele não baseia seus argumentos em fundamentos teológicos, religiosos ou emotivos. Em vez disso, orienta seu

2 Às vezes, uma pessoa, ou alguém em nome dessa pessoa ou até mesmo o Estado, doa grandes somas de dinheiro a uma instituição a fim de criar um cargo de professor. No caso, trata-se de uma posição em Harvard que leva o nome de Billings Learned Hand, ilustríssimo jurista, advogado e filósofo jurídico americano. Essas posições são conhecidas como "endowed chairs" ["cadeiras dotadas"] ou "endowed professors" ["professores dotados"]. Mary Ann é quem está, no momento, ocupando a cadeira de Learned Hand Professor of Law, em Harvard. (N.T.)

treinamento filosófico oxoniano e suas formidáveis faculdades analíticas para lidar com os pressupostos que sustentam as principais abordagens das controvérsias contemporâneas. Ele submete as posições concorrentes a uma análise fundamentada, tendo o cuidado de tratar de maneira justa e compreensiva os melhores argumentos das pessoas que defendem um ponto de vista diferente do seu. Esse modo de engajamento tornou-se contracultural, pelo menos em círculos nos quais a razão é regularmente subordinada ao sentimento e reina uma cultura de relativismo. Mas isso lhe rendeu elogios em todo o espectro político daqueles que compartilham a convicção de George de que "a busca consciente da verdade em relação às fontes últimas de significado e valor [...] é uma dimensão crucial do bem-estar e realização humana".

As qualidades que lhe renderam grande admiração foram bem resumidas pela reitora (agora Juíza[3]) Elena Kagan quando ela apresentou sua John Dewey Lecture[4] em Harvard, dizendo:

> Robert George é um dos teóricos jurídicos mais respeitados do país. Suas muitas realizações devem-se ao seu brilhantismo absoluto, ao poder analítico de seus argumentos e ao alcance de seu conhecimento. Mas há ainda mais: há uma convicção intensamente baseada em princípios, uma integridade profunda e duradoura.

Esta nova edição de *A consciência e seus inimigos* não poderia ser mais oportuna. É uma coleção valiosa de reflexões instigantes de uma das melhores mentes de nosso tempo a respeito de tópicos que vão desde os desafios da imigração, o escopo e os limites do poder Judiciário e os dilemas da ação afirmativa até os significados da liberdade, a relação do direito e da moralidade e as fronteiras da bioética. O livro é particularmente bem-vindo neste momento em que a liberdade religiosa está sob crescente ameaça no país e no exterior.

---

3 Sempre que o termo "juiz" for grafado em maiúscula, significa que se está tratando de um juiz da Suprema Corte. (N.T.)

4 As John Dewey Lectures [Palestras John Dewey], em memória de John Dewey, foram estabelecidas em 2006 pela John Dewey Foundation e pela APA. São três palestras anuais, uma em cada reunião divisional da APA (Leste, Central e Pacífico), proferidas por um proeminente e sênior (normalmente aposentado) filósofo associado àquela Divisão, que é convidado a refletir amplamente e com espírito autobiográfico sobre a filosofia na América vista da perspectiva de uma jornada intelectual pessoal. Ver: https://www.apaonline.org/page/dewey. (N.T.)

Introdução

Os americanos encontram-se profundamente divididos a respeito de uma série de questões – não apenas quanto aos melhores meios para atingir metas acordadas, mas também quanto às metas propriamente ditas. Essas questões envolvem centralmente valores fundamentais e princípios morais controversos. Por exemplo: a vida humana deve ser protegida em todas as fases e condições? Ou o aborto e a eutanásia devem ser permitidos e até promovidos como soluções "melhores" (ou "menos ruins") para dificuldades pessoais e problemas sociais? Devemos nos preocupar em restaurar em nossa lei e política pública a compreensão histórica do casamento como uma união conjugal – a parceria de marido e mulher em um vínculo que é ordenado à procriação e, quando a união é abençoada por filhos, naturalmente cumprida ao terem e criarem filhos juntos? Ou devemos nos contentar em abandonar a compreensão conjugal do casamento em favor do companheirismo sexual-romântico legalmente reconhecido ou da parceria doméstica entre duas (ou mais) pessoas, independentemente do gênero, às quais o rótulo de *casamento* é reatribuído?

Controvérsias como essas refletem o profundo abismo que separa visões de mundo opostas. As pessoas dos lados concorrentes usam muitas das mesmas palavras: *justiça, direitos humanos, liberdade, igualdade, imparcialidade, tolerância, respeito, comunidade, consciência* e assim por diante. Mas elas têm ideias muito diferentes sobre o significado desses termos. Da mesma forma, elas têm visões radicalmente diferentes da natureza humana, do que contribui para um modo de vida meritório e moralmente digno e do que prejudica o bem comum de uma comunidade ordenada com justiça.

Há uma verdade só muito raramente enunciada nos debates contemporâneos sobre a "guerra cultural" – a saber, que ideias filosóficas profundas têm implicações inevitáveis e, às vezes, bastante sérias para a política pública e para a vida pública. Qualquer um que se posicione sobre, digamos, a ética do aborto e da eutanásia, ou o significado e a definição adequada de casamento, está fazendo suposições filosóficas (metafísicas e morais) – suposições que são contestadas por pessoas do outro lado do debate. A tentação, é claro, é supor que "não estou fazendo nenhuma suposição controversa; apenas as pessoas do outro lado é que estão fazendo isso". Mas isso é um absurdo. Todos nós fazemos suposições filosóficas – sobre o bem humano, a natureza humana, a dignidade humana e muitos outros assuntos cruciais. Um dos objetivos deste livro é mostrar que essas suposições – nossas próprias suposições, não apenas as do outro cara – têm consequências importantes e que todos devemos estar preparados para examiná-las criticamente.

A autoconsciência é, sim, uma obrigação da cidadania democrática. Com tanto em jogo em nossos debates públicos, fica difícil manter a civilidade e o respeito mútuo. Um espírito de autocrítica pode ajudar. As pessoas que estão cientes de que estão fazendo suposições contestáveis são muito mais propensas a reconhecer que pessoas razoáveis de boa vontade podem, de fato, discordar – mesmo sobre questões de profundo significado humano e moral.

Isso significa que os participantes de debates moralmente carregados devem moderar seus argumentos ou manterem silêncio sobre suas convicções? Certamente não. Civilidade e respeito mútuo não são inconsistentes com sinceridade e até impetuosidade. Atrevo-me a dizer que o título deste livro, *A consciência e seus inimigos*, é bastante contundente – contundente de uma forma que talvez atinja meus adversários da mesma forma que as afirmações da campanha de Obama de 2012 sobre uma "guerra republicana contra as mulheres" atingiram aqueles contra quem essa alegação foi feita. Mas, por mais equivocada que fosse tal alegação, não me oponho ao fato de que aqueles que sinceramente acreditavam nisso disseram-no tão claramente. Eles acreditam que proteger os nascituros contra assassinatos violentos por aborto (veja, eu mesmo não estou falando de forma menos contundente) é uma violação da liberdade e da igualdade das mulheres, e que se recusar a forçar os empregadores, incluindo aqueles com sinceras objeções morais e religiosas, a fornecerem aos funcionários cobertura de seguro que inclua drogas indutoras de aborto, esterilizações e contraceptivos é uma negação do direito das funcionárias à "assistência médica".

Eu diria: vamos fazer um debate sobre essas questões, um debate que vá até as suposições fundamentais sobre a natureza humana, o bem humano e a dignidade e o destino humanos. Vamos trazer essas suposições e as suposições de pontos de vista contrários à superfície. Vamos examiná-las de perto e ver até que ponto as posições concorrentes se sustentam sob o escrutínio racional crítico.

Muitas pessoas não estão acostumadas a tal escrutínio. Em debates formais e conversas informais com meus amigos e colegas da Universidade de Princeton, e outros estudiosos, intelectuais públicos e funcionários do governo, descobri que as visões liberais seculares são tão difundidas que sequer são questionadas. Como resultado, muitos desses círculos de elite cedem à tentação de acreditar que qualquer um que discorde deles é um intolerante ou um fundamentalista religioso. Razão e ciência, acreditam eles com confiança, estão do seu lado.

Com este livro, pretendo expor o vazio dessa crença. Não escondo o fato de que sou cristão ou que, nas questões morais mais polêmicas, faço causa comum com judeus e muçulmanos devotos, além de outras pessoas de fé. Mas nestes ensaios não baseio meus argumentos em afirmações teológicas ou autoridade religiosa. Como veremos, a embriologia humana, a biologia do desenvolvimento e outros campos científicos estabeleceram certos fatos inegáveis que desafiam as convicções morais apaixonadamente defendidas pelos liberais seculares. Há também uma longa tradição filosófica e moral – que remonta aos antigos pensadores intocados pela Revelação judaica ou cristã – que apoia as posições daqueles que supostamente não têm base racional para seus pontos de vista.

Cada vez mais, os inimigos do que James Madison (1751-1836) chamou de "direitos sagrados da consciência" se cobrem com o manto da ciência para marginalizar seus oponentes. Mas um exame rigoroso revela que são seus próprios pontos de vista que são pouco apoiados – que são, como eles podem dizer com desdém, nada além de artigos de fé. Em todo caso, é algo que espero demonstrar nas páginas que se seguem.

PARTE I

NOÇÕES BÁSICAS[5]

5 O termo efetivamente usado pelo autor como título desta parte é "*fundamentals*", e não "*fundaments*". Há uma justificativa semântica relevante para a escolha do autor, a qual se reflete na tradução. Como substantivos, a diferença é que "*fundament*" está mais relacionado a fundamento, alicerce – muitas vezes, em um sentido mais denotativo, embora possa ser usado conotativamente. Já "fundamental", embora também esteja relacionado com alicerce, o é de modo mais conotativo, fazendo referência a princípio ou a algo primário, regra, lei ou artigo, algo serve como base de um sistema; parte essencial, como os conceitos, princípios básicos da álgebra linear ou do direito. (N.T.)

CAPÍTULO 1

PRINCÍPIOS COMUNS, INIMIGOS COMUNS

Algumas pessoas pensam que a aliança entre conservadores sociais e econômicos é, na melhor das hipóteses, um casamento de conveniência. Eu não poderia discordar mais. Os princípios básicos compartilhados deveriam levar os conservadores sociais sérios a serem também conservadores econômicos. E esses mesmos princípios deveriam levar conservadores econômicos sérios a serem conservadores sociais.

Um conservadorismo sólido, por uma questão de princípio, irá honrar governo limitado, restrição de gastos, dinheiro honesto e impostos baixos, ao mesmo tempo em que defende a santidade da vida humana em todos os estágios e condições, a dignidade do casamento como a união conjugal de marido e mulher e a proteção da inocência das crianças.

Os pilares de uma sociedade decente

Qualquer sociedade saudável, qualquer sociedade decente, irá se apoiar em três pilares. O primeiro é o respeito pela pessoa humana – o ser humano individual e sua dignidade. Onde esse pilar existir, as instituições formais e informais da sociedade e as crenças e práticas das pessoas serão tais que cada membro da família humana, independentemente não apenas de raça, sexo ou etnia, mas também de idade, tamanho, estágio de desenvolvimento ou condição de dependência, é tratado como uma pessoa – isto é, como um sujeito que possui valor e dignidade profundos, inerentes e iguais.

Uma sociedade que não nutre respeito pela pessoa humana – começando pela criança no ventre, incluindo os deficientes mentais e físicos e os idosos frágeis – mais cedo ou mais tarde (provavelmente mais cedo que mais tarde) chegará a considerar os seres humanos como meras engrenagens na roda social maior, cuja dignidade e bem-estar podem ser legitimamente sacrificados em prol da coletividade. Alguns membros da comunidade – aqueles em certos estágios de desenvolvimento, por exemplo – passarão a ser considerados descartáveis. Outros – aqueles em certas condições de dependência, por exemplo – passarão a ser vistos como intoleravelmente onerosos, como "comedores que não servem para nada", como "melhor para eles se estivessem mortos", como *Lebensunwertes lebens* ("vida indigna de vida").

Em suas formas modernas mais extremas, os regimes totalitários reduzem o indivíduo a um instrumento a serviço dos fins do Estado fascista ou da futura utopia comunista. Quando os regimes democráticos liberais[6] dão errado, geralmente é porque uma ética utilitarista reduz a pessoa humana a um meio, e não a um fim para o qual outras coisas, incluindo os sistemas e instituições de direito, educação e economia são os meios. A licença para o aborto contra a qual lutamos hoje é vestida por seus defensores na linguagem dos direitos individuais e até mesmo naturais, e não pode haver dúvida de que a aceitação do aborto é em parte fruto da ideologia liberal da "Geração Eu"[7] – uma corrupção (e burlesca) da filosofia política liberal em sua forma clássica. Mas, mais fundamentalmente, é subscrita por uma ética utilitarista que, no final, vaporiza a própria ideia de direitos naturais, tratando a ideia – nas célebres palavras desdenhosas de Jeremy Bentham (1748-1832) – como "absurdo sobre pernas de pau".

Em culturas nas quais o fanatismo religioso tomou conta, a dignidade do indivíduo é normalmente sacrificada em prol de ideias e objetivos teológicos tragicamente mal concebidos. Em contraste, um *ethos* democrático liberal, que não esteja corrompido pelo utilitarismo ou pelo individualismo expressivo da "Geração Eu", apoia a dignidade da pessoa humana ao dar testemunho dos direitos e liberdades humanos básicos. Onde floresce uma vida religiosa sã, a fé em Deus assegura um alicerce para a dignidade e a inviolabilidade da pessoa humana ao, por exemplo, propor um entendimento a respeito de todos

---

6 Uma das inúmeras características da esquerda é a apropriação de termos, conceitos e símbolos. Um exemplo de apropriação de símbolo é o arco-íris. Um exemplo de apropriação de termos e conceitos é "liberal/liberalismo". No sentido clássico, o liberalismo adota valores como a defesa da propriedade privada, dos direitos individuais; a limitação do poder do Estado, garantias constitucionais de liberdade religiosa e de imprensa; uma economia de mercado livre. Quando a esquerda sequestrou o termo, ele passou a fazer referência ao que George H. Nash denominou de "um *pot-pourri* de uma tendência indiscriminada voltada para o estatismo e para o marxismo". Desde então, o liberalismo passou a ser associado a interferências de amplo alcance na propriedade privada e no mercado em nome de interesses igualitários. Neste livro, portanto, quando o autor menciona/usa os termos "liberal/liberalismo", ele o faz levando em conta o conceito corrompido, não o original. (N. T.)

7 No contexto da frase e do trecho em específico, a Me-generation [Geração Eu] é simplesmente outro nome para a Geração Y, que inclui todos os nascidos entre o início dos anos 1980 e a virada do século. (N.T.)

e de cada um dos membros da família humana, mesmo dos que professam uma fé diferente ou dos que não professam fé alguma, como pessoa feita à imagem e semelhança do divino Autor de nossas vidas e liberdades.

O segundo pilar de qualquer sociedade decente é a instituição da família. Ele é indispensável. A família, baseada no compromisso conjugal de marido e mulher, é o original e melhor ministério da saúde, educação e bem-estar. Embora nenhuma família seja perfeita, nenhuma instituição se equipara à família saudável em sua capacidade de transmitir a cada nova geração as concepções e traços de caráter – os valores e virtudes – sobre os quais o sucesso de todas as outras instituições da sociedade, desde a lei e o governo até as instituições educacionais e empresas, depende de modo vital.

Onde as famílias falham em se formar, ou muitas se desfazem, a transmissão efetiva das virtudes da honestidade, civilidade, autocontrole, preocupação com o bem-estar dos outros, justiça, compaixão e responsabilidade pessoal está em perigo. Sem essas virtudes, o respeito pela dignidade da pessoa humana, primeiro pilar de uma sociedade decente, será comprometido e, mais cedo ou mais tarde, perdido – pois, mesmo as instituições formais mais louváveis não podem manter o respeito pela dignidade humana onde as pessoas não têm as virtudes que fazem desse respeito uma realidade e lhe dão vitalidade nas práticas sociais efetivas.

O respeito pela dignidade do ser humano exige mais do que instituições formalmente sólidas; também requer um *ethos* cultural no qual as pessoas ajam por convicção para tratar umas às outras da forma como seres humanos devem ser tratados: com respeito, civilidade, justiça, compaixão. De pouco valem as melhores instituições legais e políticas já inventadas, onde florescem o egoísmo, o desprezo pelos outros, a desonestidade, a injustiça e outros tipos de imoralidade e irresponsabilidade. Na realidade, o funcionamento efetivo das próprias instituições governamentais depende da maioria das pessoas, na maioria das vezes, obedecerem à lei por um senso de obrigação moral, não apenas por medo de serem identificadas e punidas por violarem a lei. E talvez nem seja preciso dizer que o sucesso dos negócios e de um sistema econômico baseado no mercado depende da existência de pessoas razoavelmente virtuosas, confiáveis, cumpridoras da lei e cumpridoras de promessas para servirem como trabalhadores e gerentes, credores, reguladores e pagadores de contas de bens e serviços.

O terceiro pilar de qualquer sociedade decente é um sistema justo e eficaz de lei e governo. Isso é necessário porque nenhum de nós é perfeitamente virtuoso o tempo todo, e algumas pessoas serão dissuadidas de cometerem erros apenas pela ameaça de punição. Mais importante, os filósofos do direito contemporâneos nos dizem que o direito coordena o comportamento humano com o propósito de alcançar objetivos comuns – o bem comum – especialmente ao lidar com as complexidades da vida moderna. Mesmo que todos nós fôssemos perfeitamente virtuosos o tempo todo, ainda precisaríamos de um sistema de leis (considerado como um regime de normas de coordenação estipuladas com autoridade) para realizar muitos de nossos fins comuns (transportar-nos com segurança nas ruas, para citarmos um exemplo simples).

O sucesso das empresas e da economia como um todo depende de modo vital de um sistema justo e eficaz e de um conjunto de instituições para a administração da justiça. Precisamos de juízes hábeis no ofício da lei e livres de corrupção. Precisamos poder contar com os tribunais para resolverem disputas, incluindo disputas entre partes que agem de boa-fé, e fazerem cumprir contratos e outros acordos e aplicá-los em tempo hábil. Na verdade, o fato de se saber que os contratos serão executados no geral é suficiente para garantir que os tribunais não sejam realmente chamados a executá-los. Um fato sociológico do qual podemos ter certeza é o seguinte: onde não há um sistema confiável para administrar a justiça – nenhuma confiança de que os tribunais irão obrigar as pessoas a cumprirem suas obrigações perante a lei – os negócios não florescerão e todos na sociedade sofrerão.

Decência e dinamismo

Se esses três pilares estiverem em vigor, uma sociedade pode ser decente mesmo que não seja dinâmica. Agora, conservadores de um certo tipo acreditam que uma sociedade de fato decente não pode ser dinâmica. O dinamismo, acreditam eles, causa uma instabilidade que mina os pilares de uma sociedade assim. Dessa forma, alguns conservadores na velha Europa e mesmo nos Estados Unidos opuseram-se não apenas ao industrialismo, mas até mesmo à própria ideia de uma sociedade comercial, com medo de que as economias comerciais inevitavelmente produzam atitudes materialistas consumistas e aquisitivas que corroem os fundamentos da decência. E alguns, como várias comunidades amish nos Estados Unidos, rejeitam a educação de seus filhos para além do que é necessário a fim de dominarem a leitura, a escrita e a aritmética, alegando que a educação superior leva ao mundanismo e à apostasia e solapa a fé religiosa e a virtude moral.

Embora uma sociedade decente não precise ser dinâmica (como mostra o exemplo amish), o dinamismo não precisa corroer a decência. Podemos apoiar fortemente uma economia baseada no mercado se a entendermos corretamente e a defendermos como parte de um todo maior, onde os valores morais e as virtudes são honrados e cultivados. Podemos ratificar a economia mercantil sem temer que ela necessariamente nos leve ao caminho da corrupção. Uma sociedade dinâmica não precisa ser aquela em que o consumismo e o materialismo se tornam predominantes e os valores morais e espirituais desaparecem.

Mesmo alguns na esquerda adotaram o argumento de que o sistema de mercado e os negócios geralmente tendem a expulsar os valores morais e espirituais. Embora eu aplauda aqueles meus colegas liberais que redescobriram os valores morais e espirituais como algo importante, alguns desses críticos parecem estar dando elogios a tais valores como um pretexto para atacarem um sistema econômico que tem sido o maior mecanismo antipobreza já criado. O sistema de mercado é um motor de mobilidade social e de crescimento econômico do qual todos se beneficiam.

Na verdade, atrevo-me a dizer que a economia de mercado quase certamente irá desempenhar um papel moral positivo quando estiverem reunidas as condições para sustentá-la em longo prazo. Então, o que torna possível o dinamismo social? Os dois pilares do dinamismo social são, primeiro, instituições de pesquisa e educação que expandam as fronteiras do conhecimento que perpassa as humanidades, ciências sociais e ciências naturais; e que transmitam conhecimento aos estudantes e o disseminem para o público em geral; e segundo, empresas e instituições associadas que gerem, amplamente distribuam e preservem a riqueza.

Podemos pensar nas universidades e nas empresas, juntamente com o respeito pela dignidade da pessoa humana, a instituição da família e o sistema de direito e governo, como os cinco pilares de sociedades decentes e dinâmicas. A universidade e a empresa dependem de várias maneiras, do bem-estar dos outros para o seu bem-estar, e podem, por sua vez, ajudar a sustentar os outros. Ao mesmo tempo, ideologias e práticas hostis aos pilares de uma sociedade decente podem se manifestar no ensino superior e nos negócios, e essas instituições podem corroer os valores sociais dos quais elas próprias dependem não apenas para sua própria integridade, mas também para sua sobrevivência em longo prazo.

Ataques

É muito fácil tomar os pilares como algo garantido, especialmente para pessoas que vivem em circunstâncias de riqueza geral. Portanto, é importante lembrar que cada um deles está sob ataques vindos de diferentes ângulos e forças. Operando dentro das universidades, pessoas e movimentos expressaram hostilidade a um ou outro desses pilares, geralmente pregando ou agindo em nome de altos ideais.

Os ataques aos negócios e à própria ideia de economia de mercado e liberdade econômica vindos do mundo acadêmico são bem conhecidos. Os alunos são, às vezes, ensinados a desprezarem os negócios, especialmente os empresários, como exploradores impiedosos movidos pela ganância. Nos meus próprios dias de estudante, esses ataques, muitas vezes, eram feitos explicitamente em nome do marxismo. Encontra-se menos disso depois do colapso do Império Soviético, embora os próprios ataques tenham se atenuado pouco. Desnecessário dizer que, onde as empresas se comportam de maneira antiética, elas jogam com os estereótipos dos inimigos do sistema de mercado e facilitam seus esforços para difamarem as empresas e o livre mercado com o objetivo de transferirem maior controle da economia para o governo.

Da mesma forma, ataques à família, e particularmente à instituição do casamento sobre a qual a família é construída, são comuns na academia. A linha de pensamento aqui é que a família, pelo menos como tradicionalmente constituída e compreendida, é uma instituição patriarcal e exploradora que oprime as mulheres e impõe às pessoas formas de restrição sexual que são psicologicamente prejudiciais e inibem a livre expressão de sua personalidade. Como ficou claro nas últimas décadas, existe uma ameaça profunda à família, ameaça esta contra a qual devemos lutar com toda a nossa energia e vontade. É difícil pensar em algum item da pauta doméstica que seja mais crítico hoje do que a defesa do casamento como união de marido e mulher e o esforço para renovar e reconstruir a cultura do casamento.

O que também ficou claro é que as ameaças à família (e à santidade da vida humana) são necessariamente ameaças à liberdade religiosa e à própria religião – pelo menos onde as religiões em questão se levantam e defendem o casamento conjugal e os direitos da criança no útero. Do ponto de vista daqueles que buscam redefinir o casamento e proteger e promover o que consideram o direito ao aborto, domar a religião (e a estigmatização e marginalização das religiões que se recusam a ser domadas) é um imperativo moral.

Permanecendo – ou caindo – juntas

Alguns irão defender que os conservadores econômicos não têm nada a ver com essa questão. Eles dirão que essas são disputas morais, culturais e religiosas com as quais empresários e outros interessados em liberdade econômica não precisam se preocupar. A realidade é que os movimentos ideológicos que lutaram para redefinir o casamento e abolir sua normatividade para as relações românticas e para a criação dos filhos são os mesmos movimentos que buscam minar o sistema econômico baseado no mercado e substituí-lo pelo controle estatista de vastas áreas da vida econômica. Além disso, o surgimento de ideologias hostis ao casamento e à família teve um impacto social mensurável, e seus custos são contabilizados em relacionamentos arruinados, vidas danificadas e tudo o que se segue na esfera social dessas catástrofes pessoais. Em muitos lugares mais pobres dos Estados Unidos, as famílias simplesmente não estão se formando e o casamento está desaparecendo ou passando a ser considerado uma "escolha de estilo de vida" opcional – uma entre várias maneiras de conduzir relacionamentos e ter e criar filhos.

Em 1965, Daniel Patrick Moynihan (1927-2003), um professor de Harvard que, à época, trabalhava na administração do presidente Lyndon Johnson (1908-1973), chocou os americanos ao relatar que a taxa de natalidade fora do casamento entre os afro-americanos havia atingido quase 25%. Ele alertou que o fenômeno de meninos e meninas criados sem pai em comunidades mais pobres resultaria em patologias sociais que prejudicariam gravemente aqueles que mais precisam dos suportes de uma vida familiar sólida.

Suas previsões foram verificadas muito rapidamente. O fracasso generalizado da formação familiar prenunciava consequências sociais desastrosas de delinquência, desesperança, violência, abuso de drogas, crime e encarceramento. Um efeito de bola de neve resultou no crescimento da taxa de natalidade fora do casamento. Ela está agora em mais de 70% entre os afro-americanos. Vale a pena notar que, na época do relatório de Moynihan, a taxa de natalidade fora do casamento para a população como um todo era de quase 6%. Hoje, essa taxa é superior a 40%.

Essas são estatísticas profundamente preocupantes, com as consequências negativas sendo arcadas não tanto pelos ricos, mas pelos setores mais pobres e vulneráveis de nossa sociedade. Quando meus colegas liberais do ensino superior dizem: "Vocês não deveriam se preocupar tanto com essas questões sociais, com aborto e casamento; você deveria se preocupar com a pobreza", eu digo: "Se você estivesse genuinamente preocupado com a pobreza, você estaria se juntando a nós na reconstrução da cultura do casamento". Você quer saber por que as pessoas estão presas na pobreza em tantas cidades do interior? O cenário é complexo, mas inegavelmente um elemento-chave é a destruição da família e a predominância de gravidez fora do casamento, além da orfandade da figura paterna.

As consequências econômicas desses desenvolvimentos são evidentes. Considere a necessidade de as empresas terem uma força de trabalho responsável e capaz. Os negócios não podem fabricar pessoas honestas e trabalhadoras para empregar. Nem o governo pode criá-las por lei. Empresas e governos dependem da existência de muitas dessas pessoas, mas devem contar com a família, auxiliada por comunidades religiosas e outras instituições da sociedade civil, para produzi-las. Portanto, os negócios têm um interesse – um interesse enorme – na saúde de longo prazo da família. Eles devem evitar fazer qualquer coisa que prejudique a família e devem fazer o que puderem, onde puderem, para fortalecerem a instituição.

Como defensor de sociedades dinâmicas, acredito na economia de mercado e no sistema de livre iniciativa. Eu particularmente valorizo a mobilidade social que o dinamismo econômico possibilita. Na verdade, sou um beneficiário dessa mobilidade social. Há pouco mais de cem anos, meus avós imigrantes – um do sul da Itália, outro da Síria – eram mineiros de carvão. Nenhum dos dois havia considerado remotamente a possibilidade de frequentar uma universidade; como uma questão econômica prática, tal coisa estava simplesmente fora de questão. Naquela época, Woodrow Wilson (1856-1924), o futuro presidente dos Estados Unidos, ocupava a cadeira McCormick de professor de jurisprudência[8] em Princeton. Hoje, apenas duas gerações à frente, eu, neto daqueles mineiros de carvão imigrantes, sou quem ocupa a cadeira McCormick de professor de jurisprudência em Princeton. E o que é verdadeiramente notável é que minha história é completamente trivial. Algo parecido com a história de milhões de americanos. Talvez nem seja preciso dizer que esse tipo de mobilidade ascendente não é comum em sistemas econômicos corporativistas ou socialistas. É muito comum em economias de livre iniciativa baseadas no mercado.

8 Trata-se do mesmo tipo de cargo referido na nota 1. (N.T.)

Tendo dito isso, devo registrar que não sou um defensor da doutrina *laissez-faire* adotada por libertários rigorosos. Acredito que a lei e o governo têm papéis importantes e, de fato, indispensáveis a desempenhar na regulamentação das empresas a fim de proteger a saúde pública, a segurança e a moral, evitando a exploração e o abuso e promovendo circunstâncias competitivas justas de troca. Mas esses papéis são compatíveis, eu insisto, com o ideal de governo limitado e com o princípio da subsidiariedade, segundo o qual o governo deve respeitar a iniciativa individual na medida do razoavelmente possível e evitar a violação da autonomia e usurpação da autoridade das famílias, comunidades religiosas e outras instituições da sociedade civil que desempenham o papel primordial na formação do caráter e na transmissão das virtudes.

Mas tendo dito isso, gostaria de alertar que o governo limitado – considerado um ideal tão vital para os negócios quanto para a família – não pode ser mantido onde a cultura do casamento entra em colapso e as famílias não se formam ou se dissolvem facilmente. Onde essas coisas acontecem, as funções de saúde, educação e bem-estar da família terão de ser assumidas por alguém, ou por alguma instituição, e, mais cedo ou mais tarde, o serão pelo governo. Para lidar com os problemas sociais prementes, as burocracias crescerão e, com elas, a carga tributária. Além disso, o crescimento do crime e de outras patologias onde a desagregação familiar é generalizada resultará na necessidade de policiamento e encarceramento mais extensos e, novamente, de aumento de impostos para pagar por esses serviços governamentais. Se queremos um governo limitado, como deveríamos, e um nível de tributação que não seja excessivamente oneroso, precisamos de instituições saudáveis da sociedade civil, começando com uma florescente cultura do casamento que apoie a formação e preservação da família.

Defensores da economia de mercado e apoiadores do casamento e da família têm oponentes comuns no socialismo de extrema-esquerda, na mentalidade de direitos[9] e nas ideologias estatistas que fornecem suas bases intelectuais. Mas a união dos defensores do governo limitado e da liberdade econômica, por um lado, e os apoiadores do casamento e da família, por outro, não é, e não deve ser considerada, um mero casamento de conveniência. A

9 Trata-se da sensação de que alguém tem o direito de fazer ou ter o que quiser quando pouco ou nada foi feito para merecer tratamento especial. É a atitude de "você me deve". (N.T.)

razão pela qual eles têm inimigos comuns é que eles têm *princípios* comuns: o respeito pela pessoa humana, que fundamenta nosso compromisso com a liberdade individual e o direito à liberdade econômica e outras liberdades civis essenciais; a crença na responsabilidade pessoal, que é uma pré-condição da liberdade individual em qualquer domínio; o reconhecimento da subsidiariedade como base para um governo efetivo, mas verdadeiramente limitado, e para a integridade das instituições da sociedade civil que fazem a mediação entre o indivíduo e o poder centralizado do Estado; o respeito pelo Estado de Direito; e o reconhecimento do papel vital desempenhado pela família e pelas instituições religiosas que apoiam as funções formadoras de caráter da família no florescimento de qualquer sociedade decente e dinâmica.

Paul Ryan, o candidato republicano à vice-presidência de 2012 que mais tarde se tornou presidente da Câmara, assinalou seu ponto:

> Um 'libertário' que deseja um governo limitado deve adotar os meios para sua liberdade: instituições mediadoras prósperas que criam as pré-condições morais para mercados econômicos e escolhas. Um conservador de 'questões sociais' com zelo pela retidão deve insistir em uma economia de livre mercado para suprir as necessidades materiais das famílias, escolas e igrejas que inspiram a vida moral e espiritual. Em poucas palavras, a concepção sobre separar as questões sociais das econômicas é uma escolha falsa. Elas derivam da mesma raiz. [...]. Elas se complementam e se completam. Uma comunidade moral próspera é um pré-requisito para uma sociedade justa e ordenada, e a ideia de que ambos os lados dessa divisão atual podem existir independentemente é uma miragem.

As duas maiores instituições já concebidas para tirar as pessoas da pobreza e capacitá-las a viver com dignidade são a economia de mercado e a instituição do casamento. Essas instituições permanecerão juntas ou cairão juntas. Os ideólogos estatistas contemporâneos desprezam essas duas instituições; e compreendem perfeitamente a conexão entre elas. Nós, que acreditamos no mercado e na família, não devemos ver a conexão de forma menos evidente.

CAPÍTULO 2

OS LIMITES DOS LIMITES CONSTITUCIONAIS

Como cidadãos de um regime democrático liberal, não nos referimos aos que governam como "governantes". Preferimos falar neles como "servidores públicos"[10]. Claro, eles não são nada como os empregados em *Downton Abbey* ou *Upstairs Downstairs*. O prestígio extraordinário e as armadilhas do cargo público seriam por si só suficientes para distinguir, digamos, o governador de Nova York ou o presidente dos Estados Unidos do mordomo Carson. Mas esse prestígio também sinaliza um fato subjacente, que desconcerta nossas sensibilidades democráticas e igualitárias – a saber, que altos funcionários públicos são de fato governantes. Eles criam regras, fazem-nas cumprir e resolvem disputas sobre seu significado e aplicabilidade. Em grande medida, o que eles dizem vale.

É claro que nossos governantes não governam por meio de poder absoluto, como a máfia faria em um território sobre o qual conquistou o controle. Eles governam legalmente. Regras constitucionais especificam os cargos públicos e determinam os procedimentos para ocupá-los. Essas regras estabelecem o escopo e, portanto, os limites da jurisdição e autoridade dos governantes. Eles são governantes sujeitos a regras – regras que eles próprios não fazem e não podem revisar ou revogar fácil ou exclusivamente por sua própria iniciativa.

Historicamente, os teóricos políticos se concentraram nas restrições estruturais constitucionais como a maneira mais óbvia e importante de garantir que os governantes não se tornem tiranos. Por mais importantes que sejam essas restrições, eu alertaria contra colocar uma ênfase muito grande nelas. Existe o perigo de se acabar ignorando as outras características essenciais.

10 Em inglês, o tipo de hierarquia e da natureza dessa hierarquia e relação que o autor quer apresentar e especificar fica explicitamente mais clara devido ao termo empregado. A palavra "servant" (no caso, mesmo grafia e mesmo som) pode ser usada tanto para funcionários públicos (*civil servant*) quanto para empregados domésticos, criados (*domestic servant*). (N.T.)

O que limita o governo?

A Constituição dos EUA é famosa por seu "sistema madisoniano" de restrições estruturais aos poderes do governo central. Mais de duzentos anos de experiência com o sistema nos dão uma boa perspectiva tanto de seus pontos fortes quanto de suas limitações. As principais restrições estruturais são: (1) a doutrina do governo geral como um governo de poderes delegados e enumerados e, portanto, limitados; (2) a dupla soberania do governo geral e dos estados – com os estados funcionando como governos de jurisdição geral, exercendo poderes de polícia generalizados (uma espécie de autoridade plenária), limitados pela Constituição nacional apenas por proibições específicas ou por concessões de poder para o governo geral; (3) a separação dos poderes Legislativo, Executivo e Judiciário dentro do governo nacional, criando um sistema de "freios e contrapesos" que limita o poder de qualquer um dos ramos e, espera-se, que melhore a qualidade do governo ao tornar o Legislativo e os processos de formulação de políticas mais exigentes, mais lentos e mais deliberativos; e (4) a prática (em nenhum lugar expressamente autorizada no texto da Constituição, mas deixe-se isso de lado por enquanto) de revisão judicial constitucional pelos tribunais federais.

Costumo perguntar a meus alunos no início de meu curso de graduação sobre liberdades civis como os autores da Constituição dos Estados Unidos procuraram preservar a liberdade e impedir a tirania. Infelizmente, é uma prova da má qualidade da educação cívica nos Estados Unidos que quase nenhum dos alunos consiga responder à pergunta corretamente. Suspeito que nem os editores do *New York Times* ou outras elites formadoras de opinião o conseguiriam. A resposta típica é assim:

> Bem, professor, eu posso lhe dizer como os autores da Constituição procuraram proteger a liberdade e evitar a tirania. Eles anexaram à Constituição uma Declaração de Direitos para proteger o indivíduo e as minorias contra a tirania da maioria. E eles conferiram o poder de fazer valer esses direitos nas mãos de juízes que servem por toda a vida, não estão sujeitos a eleição ou revogação, não podem ser destituídos do cargo exceto por impeachment por falta grave e, portanto, são capazes de proteger os direitos das pessoas sem medo de retaliação política.

Isso não pode estar mais errado, mas é amplamente aceito, e não apenas por estudantes universitários. Nenhum dos Fundadores americanos, mesmo entre aqueles que favoreciam a revisão judicial e a consideravam implícita na Constituição (o que nem todos consideravam), acreditava que a revisão judicial era a restrição central, ou mesmo significativa, ao poder do governo nacional. Os Fundadores também não acreditavam que a aplicação judicial das garantias da Declaração de Direitos seria uma forma importante para proteger a liberdade. Aqueles que apoiaram a Constituição proposta, os federalistas, no geral foram contrários ao acréscimo de uma Declaração de Direitos, porque temiam que ela realmente acabasse minando o que eles consideravam como as principais restrições estruturais que protegem a liberdade e previnem a tirania – a saber, (1) a concepção e compreensão pública do governo geral como um governo de poderes delegados e enumerados, e (2) a divisão de poderes entre o governo nacional e os estados em um sistema de dupla soberania[11]. Quando a necessidade política forçou os federalistas a cederem às exigências de uma Declaração de Direitos (na forma das primeiras oito emendas à Constituição), eles tiveram o cuidado de acrescentar mais duas emendas – a nona e a décima –, elaboradas a fim de reforçarem a doutrina dos poderes delegados e os princípios do federalismo que eles temiam que a inclusão de uma Declaração de Direitos obscurecesse ou enfraquecesse.

Quanto ao modo como a revisão judicial funcionou como uma restrição estrutural na história americana, basta dizer que a prática deu ao filósofo jurídico e político da Universidade de Oxford Jeremy Waldron, um crítico ferrenho da revisão judicial, muita munição para defender sua posição contra a permissão de que juízes invalidem a legislação por motivos constitucionais[12]. Os tribunais federais, e a Suprema Corte em particular, tiveram seus momentos de glória, com certeza, como no caso da dessegregação racial de *Brown v. Board of Education* na década de 1950. Mas eles também proferiram decisão após decisão – de *Dred Scott v. Sandford*, na década de 1850, que facilitou a expansão da escravidão; a *Roe v. Wade*, na década de 1970, que legalizou o aborto em todos os Estados Unidos – nas quais eles claramente ultrapassaram os limites de sua própria autoridade e, sem qualquer garantia no texto, na lógica, na estrutura ou no entendimento original da Constituição, impuseram suas

11 Ver HAMILTON, Alexander. *Federalist Papers*, nº 84.

12 Ver, por exemplo, WALDRON, Jeremy. "The Core of the Case against Judicial Review". *Yale Law Journal*, 115, 2006, p. 1345-1406.

opiniões morais e políticas pessoais a toda a nação sob o pretexto de fazer valer as garantias constitucionais. Essas usurpações são, independentemente de quaisquer que sejam as opiniões de alguém sobre a escravidão e o aborto, uma mancha nos tribunais e uma desgraça para o sistema constitucional, levando-o ao descrédito e minando seus princípios democráticos básicos.

Além disso, desde a década de 1930, os tribunais têm feito muito pouco por meio do exercício do poder de revisão judicial para apoiar as outras restrições estruturais constitucionais ao poder do governo central. Um número muito pequeno de decisões isoladas derrubou esta ou aquela parte específica da legislação federal por excederem os poderes delegados do governo nacional ou infringirem os poderes reservados dos estados, mas não é mais do que isso[13]. Mais espetacularmente, em 2012, a Suprema Corte encontrou uma maneira, por maioria simples, de manter o que para muitos parecia ser um caso bastante óbvio de abuso constitucional por parte do governo nacional – a imposição de um mandato individual exigindo que os cidadãos adquirissem cobertura de seguro saúde como parte da Lei de Proteção ao Paciente e Cuidados Acessíveis do presidente Barack Obama[14].

O governo defendeu o mandato como um exercício legítimo do poder expressamente delegado de regular o comércio entre os vários estados. O problema é que, à primeira vista, o mandato não parece *regular* o comércio; parece *forçar as pessoas a entrar* no comércio – um tipo particular de comércio – sob pena de uma penalidade financeira. Os quatro Juízes liberais da Suprema Corte estavam dispostos a seguir o que se tornou uma tradição de longa data para aqueles em seu campo ideológico – a saber, considerar praticamente qualquer coisa que o governo nacional se proponha a fazer como um exercício legítimo do poder de regular o comércio interestadual, se é isso o que o governo diz que é. Os cinco Juízes mais conservadores se dispuseram a dizer que fosse lá o que estivesse acontecendo com a imposição do mandato para contratação de planos de saúde, isso não caracterizava regulamentação do comércio interestadual. Mas um dos cinco, o presidente da Suprema Corte, John Roberts, decidiu reinterpretar a penalização como algo que o governo Obama e seus apoiadores no Congresso negaram, de forma repetida e vociferante, ao longo do debate que antecedeu a aprovação

---

13 Ver, por exemplo, *Estados Unidos v. Lopez*, 514 U. S. 549 (1995).
14 *National Federation of Independent Business v. Sebelius*, 567 U. S. (2012).

da Lei de Proteção ao Paciente e Cuidados Acessíveis – ou seja, que fosse um imposto. Ele então se juntou aos quatro liberais para defender o mandato e a legislação como um todo como constitucionalmente permitido.

Isso não deveria, de forma alguma, ser uma decisão à qual se chegou através dos tribunais. O próprio Congresso, e o presidente, deveriam ter reconhecido e honrado o fato de que a Constituição não autoriza o governo nacional a impor um mandato ao povo para comprar produtos, incluindo cobertura médica. De um modo geral, um dos problemas com a revisão judicial é que sua prática tende a encorajar a crença entre os legisladores (e, pior ainda, entre os cidadãos de forma mais ampla) de que a constitucionalidade da legislação proposta não é uma preocupação dos representantes eleitos pelo povo; se uma proposta de lei é inconstitucional, dizem eles, cabe aos tribunais derrubá-la. Mas isso é uma farsa. Para que as restrições estruturais realizem o que foram elaboradas para realizar, para que restrinjam o poder do governo como devem, a questão da constitucionalidade da legislação à luz dessas restrições é assunto *de todos* – de juízes exercendo revisão judicial, sim, mas também de legisladores, de executivos e do próprio povo.

Para seu crédito, o movimento Tea Party[15] – muito difamado pela elite da mídia impressa e televisiva, que agora mal se preocupa em esconder seus preconceitos em favor de um governo mais amplo, políticas socialmente liberais e o Partido Democrata – conseguiu levar as pessoas a pensarem sobre o mandato individual de saúde não apenas como uma "questão política", mas também como uma questão constitucional, tendo em vista o escopo e os limites do poder federal. E assim, pela primeira vez na minha vida, o debate sobre a aplicabilidade da doutrina dos poderes delegados e enumerados extravasou dos tribunais para as ruas, por assim dizer. Foi um debate político sobre o significado de uma restrição estrutural constitucional fundamental – e, portanto, um debate sobre o governo limitado. Tal debate é saudável, em particular por causa do que diz sobre o assunto crítico, mas estranhamente negligenciado, da cultura política.

---

15 Tea Party: movimento político conservador surgido em 2009, nos Estados Unidos. Opõe-se fortemente à tributação excessiva e à intervenção do governo na economia. Recebeu seu nome em referência ao Boston Tea Party [Festa do Chá de Boston] de 1773, este um protesto realizado pelos colonos ingleses na América contra o governo britânico, devido a um imposto sobre o chá e aos persistentes esforços da Grã-Bretanha em legislar sobre impostos sem representação colonial no Parlamento britânico. (N.E.)

A saúde da cultura política

Em 2008, o professor Jeremy Waldron visitou sua terra natal, a Nova Zelândia, para ler a seus compatriotas o ato de motim[16], algo que ele condenou como a péssima qualidade do debate parlamentar daquela nação. Ele deu à apresentação o título mordaz de "Imprudência Parlamentar", e dedicou a maior parte dela a analisar e criticar uma série de fatores que levam ao empobrecimento da deliberação legislativa. Waldron concluiu apontando para a possibilidade de que as deficiências do debate parlamentar possam ser, pelo menos parcialmente, compensadas por uma maior qualidade do debate público, o que poderia levar às reformas necessárias a fim de começar a restaurar a integridade do debate parlamentar. Mas ele alertou que as coisas também poderiam seguir por outro caminho. A corrupção do debate parlamentar poderia "infectar a cultura política em geral", levando o debate público à condição de debate parlamentar – uma condição que ele descreveu de forma assustadora nos seguintes termos:

> O Parlamento torna-se um lugar onde o partido do governo pensa ter conquistado uma grande vitória quando o debate é encerrado e as medidas são aprovadas com urgência; e o fórum social e político geralmente se torna um lugar onde a maior vitória é abafar seu oponente com o barulho que você pode fazer. E então o bônus está nos xingamentos, em quem pode berrar mais alto, em quem pode banalizar mais facilmente a posição de um oponente, em quem tem êxito em constranger ou envergonhar ou, se necessário, chantagear a ponto de calar qualquer um que tenha uma visão diferente.

Então, de certa forma, cabe ao povo decidir se vai erguer-se acima da corrupção que aviltou a política parlamentar, ou permitir que ela "infecte a cultura política em geral". Mas "o povo" não é uma massa indiferenciada; eles são *pessoas*, você e eu, indivíduos. É claro que, considerados como atores isolados, os indivíduos não podem fazer muito para afetar a cultura política. Os indivíduos podem, no entanto, cooperar para obter maior eficácia na execução de uma agenda de conservação ou reforma, e podem criar

16 The Riot Act [O Ato de Motim]: lei que permitia que as autoridades locais lessem uma proclamação ordenando a dispersão de grupos de mais de doze pessoas reunidas ilegalmente. A recusa em se dispersar era um crime que podia ser punido com prisão, trabalho ou morte. (N.E.)

associações e instituições capazes de fazer a diferença – grupos de pressão, grupos de reflexão e até festas do chá.

Qualquer discussão sobre a qualidade da deliberação e da tomada de decisão democráticas (ou pelo menos qualquer que seja mais do que conversa fiada) reconhecerá o papel indispensável das instituições não governamentais da sociedade civil, o que Edmund Burke (1729-1797) chamou de "pequenos pelotões". Essas instituições sustentam uma cultura na qual instituições políticas fazem o que foram estabelecidas para fazer, fazerem bem, e não fazerem o que não estão autorizadas a fazer. O perigo é que o mau comportamento por parte das instituições políticas – o que quer dizer mau comportamento por parte dos titulares de cargos – pode enfraquecer, exaurir e até mesmo corromper as instituições da sociedade civil, tornando-as impotentes para resistirem ao mau comportamento e inúteis para a causa da reforma política.

Isso, no geral, é verdade, e é certamente verdade com relação ao mau comportamento de funcionários públicos que traem suas obrigações de servir ao transgredirem os limites de sua autoridade constitucional. As restrições estruturais constitucionais são importantes, mas serão efetivas apenas quando forem efetivamente apoiadas pela cultura política. O povo precisa entendê-las e valorizá-las – valorizá-las o suficiente a fim de resistir às usurpações de seus governantes, mesmo quando programas inconstitucionais oferecem gratificações imediatas ou o alívio de problemas urgentes. Isso, por sua vez, requer certas virtudes – virtudes de caráter – entre as pessoas.

Essas virtudes não caem simplesmente do céu sobre as pessoas. Elas devem ser transmitidas através das gerações e cultivadas em cada geração. James Madison disse que "somente um povo bem instruído pode ser permanentemente um povo livre". E isso é verdade. Isso aponta para o fato de que mesmo as melhores estruturas constitucionais, mesmo as mais fortes restrições estruturais sobre o poder governamental, não valem o papel em que estão impressas se as pessoas não as entenderem, não as valorizarem e não tiverem vontade de resistir às lisonjas daqueles que oferecem algo tentador em troca de se desistir delas. Mas também é verdade que a virtude é necessária, e não se trata apenas de melhorar o ensino cívico nos lares e nas escolas. Madison celebremente defendeu a Constituição em *O Federalista* número 51 como "fornecendo, por interesses opostos e rivais, o defeito dos melhores motivos". Ele afirmou isso imediatamente após observar que a primeira tarefa do governo é exercer controle sobre os governados, e a segunda é exercer controle sobre si mesmo. Ele admitiu que "uma dependência do povo é, sem dúvida, o controle primário sobre o governo, mas a experiência ensinou à humanidade a necessidade de precauções auxiliares" – daí as restrições estruturais constitucionais, entre outras coisas. Mas, mesmo nessa formulação, elas não estão sozinhas; na verdade, elas são apresentadas como secundárias. O que também é necessário, e de fato primordial, é uma cultura política saudável e vibrante – "uma dependência do povo" para manter os governantes na linha.

Isso nos traz de volta ao papel e à importância da virtude. John Adams (1735-1826) entendeu tão bem quanto qualquer um a teoria geral da Constituição. Ele foi o estudioso e teórico político mais capaz da geração fundadora. Certamente entendeu o ponto sobre suprir "o defeito dos melhores motivos", mas também entendeu que a saúde da cultura política era um elemento indispensável para o sucesso do empreendimento constitucional – um empreendimento de garantir que os governantes permaneçam dentro dos limites de sua autoridade legítima e sejam servidores das pessoas que governam. Ele observou que "nossa Constituição é feita para um povo moral e religioso" e "é totalmente inadequada para o governo de qualquer outro"[17]. Por quê? Porque se pode contar que um povo ao qual falta virtude trocaria liberdade por proteção, por segurança financeira ou pessoal, por conforto, por ser cuidado, por ter as coisas entregues nas mãos, por ter seus problemas resolvidos rapidamente. E sempre haverá pessoas ocupando ou concorrendo a cargos públicos que ficarão felizes em oferecer o acordo – uma expansão de seu poder em troca do que podem oferecer em virtude dessa expansão.

A questão, portanto, é como formar pessoas dotadas de virtudes que as tornem dignas da liberdade e capazes de preservar o governo constitucionalmente limitado, mesmo diante de fortes tentações de comprometê-lo. Aqui vemos o papel político central e o significado das instituições mais básicas da sociedade civil – a família, a comunidade religiosa, organizações privadas (como os escoteiros) dedicadas à inculcação de conhecimento e virtude, instituições educacionais privadas (muitas vezes com base religiosa) e afins. Essas instituições mediadoras fornecem um amortecedor entre o indivíduo e o poder central do Estado.

---

17 ADAMS, John. *Mensagem aos Oficiais da Primeira Brigada da Terceira Divisão da Milícia de Massachusetts* (1798).

Em última análise, são a autonomia, a integridade e o florescimento geral dessas instituições que irão determinar o destino do governo constitucional limitado. Não apenas pelo seu papel primordial e indispensável na transmissão das virtudes; mas também porque o seu desempenho nas funções de saúde, educação e bem-estar é a única alternativa real à remoção dessas funções para o que o Papa Pio XI (1857-1939) chamou de "associação maior e mais alta" – isto é, para o governo. Quando o governo se expande para desempenhar o papel principal na realização dessas funções, o ideal de governo limitado logo se perde, não importando as restrições estruturais formais da Constituição. O correspondente enfraquecimento dessas instituições prejudica sua capacidade de desempenhar todas as suas funções, inclusive as morais e pedagógicas. Com isso, elas certamente perdem a capacidade de influenciar para o bem a cultura política que, no final das contas, é tudo o que importa quando se trata de saber se o governante pode ser realmente um servidor.

CAPÍTULO 3

ATOS PRIVADOS, INTERESSES PÚBLICOS

Os teóricos da moralidade pública – desde os antigos filósofos gregos e juristas romanos em diante – notaram que atos de vício aparentemente privados, quando se multiplicam e se generalizam, podem pôr em perigo importantes interesses públicos. Esse fato envergonha os esforços filosóficos para se traçar uma linha nítida entre um domínio de moralidade "privada", que não está sujeito a lei, e um domínio de ações públicas que podem ser legitimamente sujeitas a regulamentação legal.

Considerados como atos isolados, o uso recreativo de narcóticos ou drogas alucinógenas, por exemplo, pode afetar o bem público de forma insignificante, se é que afeta. Mas uma epidemia de abuso de drogas, embora constituída por atos individuais e privados de uso de drogas, prejudica o bem comum de inúmeras maneiras. Isso, por si só, não resolve a questão de saber se a proibição das drogas é uma política prudente ou eficaz. No entanto, enfraquece a crença de que o uso recreativo de drogas é uma questão de escolha puramente privada, na qual a autoridade pública não tem motivo legítimo para se intrometer.

O mesmo se aplica à pornografia. Mesmo defendendo o que acreditava ser um direito moral à pornografia, Ronald Dworkin, falecido professor da Universidade de Nova York (1931-2013), identificou a natureza *pública* dos interesses que acabam prejudicados em comunidades nas quais a pornografia se torna disponível gratuitamente e circula amplamente. O reconhecimento legal do direito à pornografia iria, admitiu Dworkin, "limitar de maneira drástica a capacidade dos indivíduos, consciente e reflexivamente, de influenciar as condições de seu próprio desenvolvimento e o de seus filhos. Limitaria sua capacidade de criar a estrutura cultural que eles consideram melhor, uma estrutura na qual a experiência sexual geralmente tem dignidade e beleza, sem a qual sua própria experiência sexual e a de suas famílias provavelmente terão essas qualidades em menor grau".

Em meu livro *Making Men Moral: Civil Liberties and Public Morality* [*Tornando os homens morais: liberdades civis e moralidade pública*], e em outros lugares, argumentei que os esforços de Dworkin para derivar do princípio da igualdade um direito moral à pornografia nunca conseguem superar a força do interesse público em proibir ou restringir a pornografia que ele mesmo identifica. Esse interesse *não* é, fundamentalmente, o de proteger as pessoas de se sentirem chocadas ou ofendidas. Ele envolve algo muito mais substancial: o interesse de cada membro da comunidade na qualidade da estrutura cultural que irá, em grande medida, moldar suas experiências, sua qualidade de vida e as escolhas efetivamente disponíveis, para si e para seus filhos, em um domínio de assuntos humanos marcado por profundo significado moral.

Quando colocamos essa realidade em foco, torna-se aparente que a descrição familiar do debate a respeito da regulamentação da pornografia como colocando os "direitos dos indivíduos" contra alguma amorfa "aversão da maioria pela obscenidade" é falsa tendo em vista os fatos. O interesse público em uma estrutura cultural – na qual, como disse Dworkin, "a experiência sexual tem dignidade e beleza" – é o interesse concreto de indivíduos e famílias que constituem "o público". As obrigações dos outros de respeitarem e dos governos de respeitarem e protegerem seus interesses é uma questão de justiça.

É, de uma maneira especial, uma questão de justiça para as crianças. Os esforços dos pais para criarem seus filhos respeitando a si mesmos e aos outros serão ajudados ou prejudicados – talvez profundamente – pela estrutura cultural na qual os filhos são criados. Se as próprias crianças já tiveram um vislumbre de imagens pornográficas na infância é uma questão secundária. Um meio social decente não pode ser estabelecido ou mantido simplesmente protegendo as crianças de tais imagens. São as atitudes, hábitos, disposições, imaginação, ideologia, valores e escolhas moldadas por uma cultura na qual a pornografia floresce que irão, no final, privar muitas crianças do que pode ser caracterizado, sem esforço lógico ou moral, como seu direito a uma sexualidade saudável. Numa sociedade em que o sexo é despersonalizado e, portanto, degradado, mesmo os pais conscienciosos terão enorme dificuldade em transmitir aos filhos a capacidade de verem a si mesmos e aos outros como pessoas, e não como objetos de desejo e satisfação sexual.

Há mais no cenário. Sabemos que uma cultura mais ou menos desenfreada da pornografia pode resultar em uma sexualização das crianças que lhes rouba a sua inocência e até as coloca em risco de exploração sexual por parte dos adultos. Alguém pode honestamente negar que testemunhamos uma vergonhosa sexualização de crianças em nossa própria cultura? O escândalo de abuso infantil pelo clero é apenas a ponta de um iceberg. O problema do turismo sexual pedófilo em lugares como a Tailândia é um segredo sujo que, mais cedo ou mais tarde, cairá sobre conscientização e consciência americana. Deveríamos nos surpreender com tal coisa? Pense na sexualização de adolescentes na música contemporânea, na televisão, no cinema e na publicidade comercial. Considere os notórios anúncios da Calvin Klein nos ônibus da cidade de Nova York, retratando jovens em poses sexualmente provocantes. A Abercrombie e Fitch[18] levou as coisas para o próximo passo lógico, impingindo biquínis fio dental sobre meninas de 12 anos.

Às vezes, a obscenidade ou a pornografia são definidas de forma a excluir qualquer coisa que se qualifique como "arte" de se enquadrar na categoria. Não vejo razão para isso, quer consideremos a questão do ponto de vista de uma possível regulamentação legal, quer de alguma outra perspectiva. Alguém pode argumentar que o valor artístico de certas representações pornográficas – você deve se lembrar da fotografia de Robert Mapplethorpe (1946-1989) de um chicote introduzido no reto – fornece uma razão (ou razão adicional) para imunizá-la da regulamentação legal. Mas tais representações permanecem pornográficas, e seu impacto negativo na moralidade pública não pode ser negado. Além disso, é difícil ver como qualquer grau de mérito artístico poderia justificar o insulto aos pagadores de impostos moralmente conscienciosos, quando são forçados a pagar por representações pornográficas.

A arte pode elevar e enobrecer. Ela também pode degradar e até mesmo corromper. Independentemente do que seja ou não feito como restrição legal da arte pornográfica, não devemos facilitar as coisas para nós mesmos fingindo que a arte não pode ser pornográfica ou que a arte pornográfica não

18 Marca do setor varejista de roupas, fundada em 1892. A marca era usada por ícones da masculinidade, como o ex-presidente norte-americano Theodore Roosevelt e o escritor Ernest Hemingway. Homens que gostam de caçar, explorar, fazer acampamentos, passeios em canoas [...] verdadeiros conquistadores dos tempos em que tudo ainda era mato e perigoso. Também era usada por mulheres elegantes e pioneiras, como Greta Garbo. No fim dos anos 1990, a marca estava em decadência e foi vendida. Ver: https://www.revistabula.com/51078-abercrombie-fitch-e-a-falencia-do-varejo-branco-e-magro. (N.T.)

pode degradar. Tampouco devemos desviar nosso olhar do insulto singular e da injustiça envolvidos no financiamento governamental da pornografia.

Existem interesses humanos e pessoais reais e substanciais competindo com aqueles desejos ou interesses que rotulamos de "liberdade de expressão" quando se trata da questão da arte e da pornografia. Se nós, como sociedade, decidirmos contra esses interesses – especialmente se o fizermos de forma categórica –, devemos assumir o que estamos dispostos a sacrificar, principalmente quando se trata do bem-estar das crianças. E, se os juízes devem impor uma decisão contra esses interesses a um público que vê o assunto de forma diferente, eles devem arcar com o ônus de fornecer uma justificativa legal e moral para fazê-lo.

Não bastará fazer meros apelos a "princípios constitucionais consagrados", ou ao fato de que o direito à liberdade de expressão está enumerado no texto constitucional, ao passo que interesses concorrentes a ela no caso da pornografia não são mencionados. A verdade é que os chamados princípios constitucionais estabelecidos sobre liberdade de expressão e pornografia são, na melhor das hipóteses, pouco justificados nos casos. Uma mera dependência no simples fato de uma enumeração de um direito à liberdade de expressão irá apenas confirmar a validade dos argumentos que Hamilton e outros Fundadores apresentaram contra a Declaração de Direitos - a saber, que a enumeração de certos direitos distorceria o regime de liberdade estabelecido no corpo da Constituição por educar mal os americanos a respeito da natureza do governo constitucional e da substância moral de seus direitos.

CAPÍTULO 4

LIBERALISMO, LIBERTAÇÃO E AS ARTES LIBERAIS

Quando muitos dos filhos de hippies e ativistas antiguerra da década de 1960 se tornaram professores e administradores de faculdades e universidades nas décadas de 1970 e 1980, eles não derrubaram a ideia, ou pelo menos *uma* ideia: a da educação em artes liberais. Em muitos casos, eles se proclamaram verdadeiros partidários dos ideais das artes liberais.

Agora, é verdade que muitos representantes daquela geração, hoje em posições de influência e autoridade na academia, acreditam que as universidades devem estar na vanguarda da produção de jovens homens e mulheres que serão ativistas sociais. Mais do que uns poucos parecem estar ansiosos para transformar a educação universitária em uma espécie de treinamento vocacional para aspirantes a advogados da ACLU[19], voluntários da Planned Parenthood[20] e "organizadores comunitários". Algumas faculdades e universidades realmente oferecem créditos acadêmicos para ativismo social. Outros, no entanto, resistem à ideia de que a aprendizagem deva ser instrumentalizada dessa maneira. Eles professam fidelidade à ideia tradicional (ou, em qualquer caso, que soa tradicional) de que o objetivo da educação liberal é enriquecer e até libertar o aluno. Isso é o que se supõe ser "liberal" sobre o aprendizado de artes liberais: a transmissão do conhecimento e a transmissão das habilidades intelectuais e dos hábitos mentais que carregam consigo uma certa forma profunda de liberdade.

Por mais tradicional que isso possa *parecer*, há, no entanto, um abismo intransponível entre a ideia de educação em artes liberais, como concebida classicamente, e a concepção que alguns acadêmicos influentes promovem

---

19 *American Civil Liberties Union*. Em português, União Americana pelas Liberdades Civis. Trata-se de uma ONG norte-americana cuja missão é "defender e preservar os direitos e liberdades individuais garantidos a cada pessoa neste país pela Constituição e leis dos Estados Unidos". (N.T.)

20 Organização que oferece serviços para a saúde reprodutiva, mas que se especializou – e se tornou mundialmente famosa – na prática de abortos nos EUA. (N.E.)

hoje. Muitos humanistas acadêmicos e cientistas sociais que trabalham na educação superior contemporânea propõem como meta a *libertação* do aprendizado das artes liberais; a questão é: libertação de *quê*?

Em sua concepção (que chamo de revisionista), trata-se da libertação das restrições sociais tradicionais e normas de moralidade – das crenças, princípios e estruturas segundo as quais as gerações anteriores de americanos e pessoas no Ocidente geralmente foram ensinadas a governar sua conduta em nome da virtude pessoal e do bem comum. Por que eles consideram desejável essa forma de "libertação"? Porque se tornou um dogma que as normas e as estruturas tradicionais são irracionais – são vestígios de superstição e fobia que impedem o livre desenvolvimento de personalidades ao restringir a capacidade das pessoas de agirem de acordo com seus desejos.

Nesse contexto dogmático, o objetivo do aprendizado das artes liberais é destruir o que resta das velhas normas e estruturas. Para realizar essa tarefa, o ensino e a erudição destinam-se a (1) expor os textos e as tradições outrora considerados os tesouros intelectuais de nossa civilização – a Bíblia, Platão (c. 427 a.C.-348 a.C.), Agostinho (430-354), Dante (1265-1321), Tomás de Aquino (1225-1274), Chaucer (c. 1343-1400), Shakespeare (1564-1616), Austen (1775-1817), Locke (1632-1704), Gibbon (1737-1794), os autores de *O Federalista*, etc. – como obras de propaganda destinadas a apoiar e reforçar ordens sociais injustas (racistas, sexistas, classistas, homofóbicas etc.), ou, ainda mais insidiosamente, a (2) mostrar como os velhos textos e tradições podem ser "reapropriados" e usados para subverter ordens sociais contemporâneas supostamente injustas (racistas, sexistas etc.).

Além disso, o aprendizado de artes liberais destina-se a permitir que os alunos se tornem indivíduos verdadeiramente "autênticos" – pessoas que são fiéis a si mesmas. Aqui a questão é: qual é o "eu" ao qual a pessoa autêntica é fiel? Para aqueles que estão nas garras da nova ideologia liberacionista, ser fiel a si mesmo é agir de acordo com seus *desejos*. De fato, o que alguém *é* fundamentalmente são seus desejos. Portanto, a autenticidade – isto é, ser fiel a si mesmo – é entendida como consistindo em fazer o que você realmente quer fazer, desafiando, se necessário, expectativas baseadas em ideias morais e normas sociais supostamente antiquadas.

De acordo com essa concepção de autenticidade pessoal, o que quer que impeça alguém de fazer o que ele realmente deseja fazer (a menos que, por acaso, o que alguém deseja fazer viole alguma norma de correção política) é um mero contratempo, algo que atrasa a pessoa de ser fiel ao seu "eu", de ser a pessoa que ela realmente deseja ser. Tais impedimentos, sejam eles convicções religiosas, ideais morais ou o que quer que seja, devem ser transcendidos em prol do livre e pleno desenvolvimento de sua personalidade. A própria essência da libertação, conforme recriada pelos partidários da concepção revisionista da educação em artes liberais, está transcendendo tais bloqueios, por exemplo, pela ostentação da própria sexualidade e pelo agir de acordo com os desejos sexuais que alguém poderia estar "reprimindo" como resultado de convicções religiosas e morais.

Em nenhum lugar isso é mais claro do que nos programas de orientação para calouros em muitas faculdades e universidades, que apresentam eventos compulsórios destinados a minar quaisquer crenças tradicionais remanescentes sobre moralidade sexual e decência que os novos alunos possam trazer de casa. Esses eventos não passam de aulas de catecismo para a religião da liberação sexual, por mais que os funcionários da universidade os anunciem como esforços para desencorajar estupros, gravidez indesejada, doenças sexualmente transmissíveis, bullying e assim por diante. A maioria é totalmente unilateral – voltada apenas para a doutrinação. Pontos de vista divergentes, como a visão de que a sodomia e a promiscuidade são imorais e afrontas à dignidade humana, nunca são tratados. O objetivo parece ser o de enviar a mensagem mais clara possível aos alunos que podem discordar da ortodoxia liberacionista sexual predominante de que eles são os de fora e que é melhor se conformarem ou manterem a boca fechada.

Um jovem amigo meu que frequentou o prestigioso Williams College conta uma história que poderia ser contada por alunos e ex-alunos de instituições semelhantes, de Bates a Pomona[21]. Logo após chegarem à faculdade, os novos alunos foram divididos em pequenos grupos a fim de discutirem a vida no *campus*. Cada grupo foi liderado por um funcionário moderador. A presença era compulsória. O moderador informou aos alunos que era importante que cada um deles entendesse com uma atitude compreensiva como era assumir-se

21 Instituições de ensino que têm o rótulo Ivy League constituem um grupo muito seleto devido à sua maestria acadêmica, além de denotarem prestígio, tradição e poder. São Ivy League potências acadêmicas como Harvard, Princeton, Yale e Columbia. No entanto, muitas outras instituições também se destacam por excelência acadêmica, mas não têm porte para estar no nível das clássicas já conhecidas. Esses grupos de prestígio semelhante incluem escolas públicas, pequenas faculdades de artes liberais e outras escolas de primeira linha menos conhecidas. Bates e Pomona são alguns exemplos dessas outras instituições. Ver: https://www.bestcolleges.com/blog/public-ivy-schools-and-little-ivies/. (N.T.)

como "gay". A pressuposição, é claro, era que uma pessoa que experimenta inclinações ou desejos homossexuais fortes ou dominantes deve se assumir como "gay" para ser fiel a si mesma. Nenhuma visão alternativa foi apresentada, apesar do fato de que a crença na restrição sexual e na moralidade sexual tradicional em geral, para não mencionar a reserva em relação aos sentimentos pessoais relativos ao sexo, não é de forma alguma um monopólio dos "héteros". Mas vamos deixar isso de lado por enquanto. O próximo passo do moderador foi instruir cada aluno a dizer seu nome e dizer: "Eu sou gay". Então, ao redor da mesa eles foram, com os alunos, previsivelmente, em conformidade com a diretriz absurda e ofensiva do moderador. "Sou Sarah Smith e sou gay". "Sou Seth Farber e sou gay". Quando chegou a vez do meu amigo, ele recusou educadamente, mas com firmeza. O moderador exigiu uma explicação. Com certa apreensão, meu amigo respondeu simplesmente afirmando a verdade: "Este exercício é absurdo e ofensivo, e não tem nada a ver com os propósitos pelos quais eu e outros viemos para o Williams College – a saber, aprender a pensar com cuidado, criticamente e por nós mesmos". Confirmando o velho ditado de que os valentões são covardes que nunca enfrentarão as pessoas que os enfrentam, o moderador recuou.

O que acontece nesses campos universitários de reeducação disfarçados de programas de orientação para calouros, e em um número excessivo de salas de aula, é radicalmente diferente da compreensão clássica do que se supõe que a educação em artes liberais deve realizar. *Formalmente*, as concepções clássica e revisionista são semelhantes. Ambas propõem as artes liberais como libertadoras. Ambas prometem capacitar o aluno a alcançar uma medida maior de autenticidade pessoal. Mas, em *essência*, elas são diametralmente opostas. Autenticidade pessoal, no entendimento clássico da educação em artes liberais, consiste em *autodomínio* – em colocar a razão no controle do desejo. De acordo com o ideal clássico das artes liberais, aprender promete libertação, mas não é libertação de ideais morais e normas sociais exigentes, ou libertação para agir de acordo com nossos desejos – é, ao contrário, libertação da escravidão a esses desejos, da *escravidão ao eu*.

Como pode ser libertador entrar na grande conversa com Platão e seus interlocutores? O que nos liberta em pensar junto com Agostinho, Dante ou Tomás de Aquino? Além de nos divertirmos com o charme, a sagacidade e a espantosa destreza intelectual de Shakespeare, por que deveríamos nos esforçar para entender e apreciar suas obras? De acordo com o ideal clássico das artes liberais, nosso envolvimento crítico com grandes pensadores enriquece nosso entendimento e nos permite compreender, ou compreender mais plenamente, grandes verdades – verdades que, quando nos apropriamos delas e as integramos em nossas vidas, nos libertam do que é meramente vulgar, grosseiro ou básico. Essas são verdades que moldam e humanizam a alma – verdades cuja apreciação e posse segura elevam a razão acima da paixão ou do apetite, permitindo-nos direcionar nossos desejos e nossas vontades para o que é verdadeiramente bom, verdadeiramente belo, verdadeiramente digno dos seres humanos como possuidores de uma dignidade profunda e inerente. A proposição clássica das artes liberais é que o conhecimento intelectual tem um papel a desempenhar a fim de tornar possível a autotranscendência. Ela pode nos ajudar a compreender o que é bom e a amar o bem acima de tudo o que desejamos; pode ensinar-nos a desejar o bem porque é bom, tornando-nos, dessa forma, verdadeiramente *senhores de nós mesmos*.

A alma *versus* o eu

Essas visões contrastantes do que a aprendizagem liberal supostamente nos liberta refletem entendimentos concorrentes do que os seres humanos fundamentalmente são e do que é possível para nós sermos ou nos tornarmos. Eu falei sobre o poder das verdades para moldar a alma, mas, na visão revisionista, não existe nem pode existir algo como uma alma racional. Existe apenas um "eu". E o "eu" não é constituído por poderes de racionalidade que nos permitem saber o que é humanamente bom e moralmente correto e direcionarmos nossos desejos nessa direção, mas sim por nossos próprios desejos. O papel da razão em nossa conduta não passa de instrumental. Ela não é, e não pode ser, o mestre do desejo, mas apenas seu servo. A razão não pode nos dizer o que queremos, mas apenas como obter seja lá o que quisermos, como bem expressou o David Hume (1711-1776), ao declarar que "a razão é e deve ser apenas a escrava das paixões, e não pode pretender outra função senão servir e obedecê-las".

Às vezes, sugere-se que a figura pitoresca e desrespeitosa das convenções de Jean-Jacques Rousseau (1712-1778), acima de todas as outras, inspirou a tendência de crença que atingiu seu auge na década de 1960. Eu me pergunto, porém, se a culpa maior não deveria recair sobre o velho e sério "conservador" David Hume. Em todo caso, se o entendimento humeano é o correto, então a alma racional é uma ilusão, e a crença nela, e em verdades que podem nos libertar da escravidão de nossos desejos, é algo não muito diferente de uma superstição. Embora o próprio Hume não tenha chegado à essa conclusão, a realização humana, tal como é, parece consistir não no autodomínio, não na superação de desejos contrários ao que a razão identifica como bom e certo, mas sim em libertar-nos de inibições "irracionais" (aqueles "contratempos") que nos impedem de fazer o que queremos. Daí o slogan que sempre será uma espécie de monumento verbal para a Geração do Eu: "Se faz você se sentir bem, faça".

O verdadeiro ideal das artes liberais rejeita a redução da razão ao status de engenhosa serva da paixão. Trata-se de um ideal enraizado na convicção de que existem bens humanos, e um bem comum, à luz do qual temos *razões* para restringir, limitar, regular e até alterar os nossos desejos. Ele propõe o estudo de grandes obras das ciências humanas e sociais com vistas a se compreender mais plenamente esses bens e as razões que eles fornecem, e entendê-los em sua totalidade. O que o aprendizado das artes liberais nos oferece é uma esperança verdadeiramente audaciosa – a esperança do autodomínio.

Pode realmente ser verdade? O que poderia haver em nós, ou a nosso respeito, que realmente pudesse tornar possível aos seres humanos serem senhores de seus desejos, sentimentos, emoções e paixões, e não escravos deles? Apenas esta coisa misteriosa com a qual o Sócrates (470 a.C.-399 a.C.) de Platão estava tão centralmente preocupado e que tantos grandes pensadores e escritores da tradição intelectual ocidental de Platão em diante procuraram entender e nos ensinar a respeito: a alma. "Eus" sem alma podem ter desejos e até mesmo uma certa forma de racionalidade puramente instrumental voltada para a satisfação eficiente dos desejos, mas nunca poderiam ser mestres de seus desejos. Somente graças às nossas almas racionais podemos exercer mais do que a forma meramente instrumental de racionalidade que nos permite, ao contrário dos animais brutos, sermos mestres de nossos desejos, não escravos de nós mesmos.

Agora, e se você acredita em coisas como motivações que têm o poder de restringir o desejo, motivações às quais temos acesso por meio de capacidades intelectuais – capacidades que fazem parte de um aparato que não é escravo do desejo, mas podem transcender e dominar o desejo? Se você acredita em todas essas coisas, então o que você está procurando, o que você está tentando entender e conhecer, são as *virtudes*. Você está procurando respostas para perguntas como: Que atributos contribuem para uma vida honrada, digna e correta? Quais são os hábitos e traços de caráter que devemos cultivar em nós mesmos para sermos senhores de nossas paixões, em vez de escravos do desejo?

Alguns anos atrás, o maravilhoso documentarista Michael Pack e o não menos maravilhoso historiador-biógrafo Richard Brookhiser nos visitaram em Princeton para disponibilizar uma exibição antecipada de sua biografia cinematográfica *George Washington*. Alguns dos alunos ficaram um pouco perplexos quando Brookhiser explicou que Washington se tornou quem ele era ao imaginar um indivíduo ideal e verdadeiramente nobre. Quando jovem, o futuro estadista formou uma imagem do tipo de pessoa que gostaria de ser, e então tentou se tornar essa pessoa agindo da maneira que essa pessoa agiria. Ele "assumiu o papel" que havia projetado para si mesmo. Procurou tornar-se virtuoso livrando-se de desejos rebeldes ou de paixões que não teriam lugar no caráter e na vida do nobre indivíduo que ele procurou imitar e, ao emular, tornar-se.

Para alguém que entende e acredita na ideia clássica das artes liberais e seu ideal de autodomínio, não há minimamente nada de inautêntico na abordagem de Washington. Pelo contrário, esse é um ato da mais profunda autenticidade. Washington procurou ser mestre de si mesmo, em vez de escravo de seus desejos. Mas, para alguns dos alunos, a conduta de Washington parecia *radicalmente* inautêntica. Ele estava fingindo, eles protestaram; ele não estava realmente sendo ele mesmo. Estava tentando viver uma vida que não era sua, porque não estava afirmando e seguindo seus desejos; em vez disso, ele estava tentando remodelar seus desejos de acordo com padrões extraídos, como disse um deles, "fora de si mesmo".

Nem todos os alunos viram as coisas dessa maneira, mas podemos explicar por que alguns deles o fizeram. Eles haviam bebido profundamente do Kool-Aid[22] da concepção revisionista do que é uma educação de artes liberais – uma concepção enraizada em uma noção profundamente equivocada do que uma pessoa é: um eu sem alma, governado por desejos, cuja libertação consiste em libertar a si mesmo, ou ser liberto, de restrições sobre esses desejos, sejam eles formais ou informais, externos ou internos. Eles não haviam sequer considerado a visão alternativa do homem que está no cerne da concepção clássica do aprendizado das artes liberais – ou seja, o

22 Kool-Aid é uma marca de suco em pó. Ficou conhecida no Brasil, nas décadas de 1980 e 1990, como Ki-Suco. (N.T.)

ser humano como uma criatura racional, capaz de entender razões à luz das quais ele pode se tornar o praticante de virtudes que o habilitam a dominar seus desejos. Por que eles não consideraram isso? Porque, acho eu, nunca foi apresentado a eles como uma opção *digna* de consideração.

O verdadeiro fundador do ideal das artes liberais foi Sócrates, conforme apresentado por seu aluno Platão. O método de ensino de Sócrates era questionar. Ele é o grande exemplo do que o falecido Allan Bloom (1930-1992) chamou de "a atitude interrogativa" – uma atitude que mesmo os defensores do ideal clássico das artes liberais, às vezes, não conseguem exibir e inculcar em seus alunos. O ideal das artes liberais pressupõe, com certeza, que existem respostas certas para grandes questões morais e existenciais. É o inimigo, não o amigo, do relativismo moral. Mas o ensino de artes liberais não é fundamentalmente sobre dizer aos alunos quais são as respostas certas – mesmo quando estamos justificadamente confiantes de que temos as respostas certas. O aprendizado de artes liberais não é apenas receber e processar informações, mesmo que sejam ótimas informações, como fatos históricos sobre a tradição ocidental ou a fundação dos Estados Unidos. Não se trata apenas de ler Aristóteles (384 a.C.-322 a.C.), ou Chaucer, ou Shakespeare, ou Tocqueville (1805-1859) e saber o que esses grandes escritores disseram. Trata-se de envolver-se com esses pensadores; na verdade, trata-se de lutar com eles e com as questões com as quais eles lutaram. Trata-se de considerar seus argumentos, ou argumentos que podem ser extraídos de seu trabalho; trata-se de considerar as melhores linhas possíveis de contra-argumento e examinar pontos de vista alternativos.

E a amplitude de alternativas que os alunos devem ser convidados a considerar, embora não seja ilimitada, precisa ser ampla. A educação em artes liberais não é uma aula de catecismo. Os alunos não devem simplesmente receber visões oficialmente aprovadas – mesmo que sejam as visões corretas. Quero que meus próprios alunos considerem seriamente uma gama de possibilidades, incluindo algumas – o marxismo, por exemplo – que considero não apenas infundadas mas também repreensíveis, e cujo registro nas questões humanas é um registro de morte e abominação. Eu certamente quero que eles ouçam os profundos argumentos apresentados contra o marxismo por pessoas como Friedrich Hayek (1899-1992), Aleksandr Solzhenitsyn (1918-2008) e João Paulo II (1920-2005), mas também quero que eles entendam como o marxismo pode ter atraído a lealdade de muitas pessoas inteligentes e até mesmo moralmente sérias (ainda que gravemente equivocadas). Eu quero que eles conheçam os argumentos elaborados por Marx (1818-1883) e por seus discípulos mais inteligentes. Na verdade, quero que eles considerem esses argumentos com base em seus méritos. A tarefa do professor de artes liberais, como a vejo, não é dizer aos alunos o que pensar; é, como disse meu jovem amigo, ensiná-los a pensar com cuidado, de forma crítica e por si mesmos.

Agora, *por quê*? É porque eu acho que há algo *intrinsecamente* meritório na atitude interrogativa? Allan Bloom pode ter pensado assim. A possibilidade de que ele o tenha feito foi o que o abriu para a acusação de relativismo e até niilismo apresentada por alguns críticos culturalmente conservadores de seu influente livro *The Closing of the American Mind* [*O fechamento da mente americana*]. Walker Percy (1916-1990), por exemplo, culpou Bloom por supostamente sustentar a visão de que o objetivo de uma mente aberta é apenas ter uma mente aberta, em vez de chegar a respostas que devem ser afirmadas e postas em prática. Quer seja justa ou não, a acusação, se verdadeira, seria condenatória. A ideia de uma mente que nunca se fecha para uma verdade é antitética ao ideal das artes liberais. O objetivo da atitude interrogativa, ao contrário, é precisamente passar da ignorância para as verdades – verdades que podem ser afirmadas e postas em prática. Como G. K. Chesterton (1874-1936) disse uma vez, o ponto de uma mente aberta é como o ponto de uma boca aberta: fechar em algo sólido.

A defesa da liberdade acadêmica

Começamos a entender o muito mal compreendido e aviltado conceito de liberdade acadêmica quando consideramos a importância central da atitude interrogativa para o empreendimento do aprendizado de artes liberais. A atitude interrogativa florescerá apenas em condições de liberdade. Pode ser sufocada por códigos de fala e coisas do tipo com certeza, mas também de maneiras menos óbvias. Ela pode ser sufocada quando a acadêmicos, professores e administradores acadêmicos bem qualificados são negados cargos em instituições que afirmam ser apartidárias e não sectárias, ou quando lhes é negada estabilidade ou promoção ou são submetidos a tratamento discriminatório. Pode ser sufocada por uma atmosfera de correção política.

Em 2008, Crystal Dixon, vice-presidente adjunta de recursos humanos da Universidade de Toledo, escreveu uma carta ao editor de seu jornal local. Dixon, uma mulher afro-americana e uma cristã fiel, rejeitou a alegação de que "orientação sexual", como passou a ser chamada de forma ambígua, é como raça e deve ser incluída ao lado de raça, etnia, sexo e afins como uma categoria nas leis de antidiscriminação e de direitos civis. Quando o jornal publicou sua carta online, o reitor da Universidade de Toledo, um homem chamado Lloyd Jacobs, suspendeu-a de seu emprego e ameaçou-a com mais punições se ela não se retratasse e pedisse desculpas por publicar uma opinião que ele evidentemente considerava herética. Algumas semanas mais tarde, Jacobs informou a Dixon que seu vínculo empregatício na universidade havia sido encerrado.

O que é notável sobre esse caso é o quão banal ele é. Dificilmente se passa uma semana sem que alguma universidade cometa um delito contra a liberdade intelectual ou acadêmica. Dada a forte tendência à esquerda e o manifesto desequilíbrio ideológico na maioria das faculdades e universidades de nosso país, quase sempre a vítima do ataque é um aluno, professor ou membro do pessoal administrativo que ousou escrever ou dizer algo (seja em uma sala de aula, em uma publicação ou em uma conversa casual) que conteste um dogma politicamente correto, como a crença de que não há nada moralmente errado ou mesmo questionável sobre a conduta homossexual e que a "orientação sexual" é semelhante à raça.

Quaisquer que fossem suas outras vulnerabilidades na época, vale lembrar que o que desencadeou a queda de Larry Summers como reitor de Harvard foi apenas o fato de ele ter levantado uma questão intelectual sobre se as disparidades entre homens e mulheres nas conquistas científicas poderiam ter algo a ver com a natureza, bem como com a criação. Sucessos anteriores na aplicação do politicamente correto tornaram possível derrubar até mesmo alguém tão poderoso quanto um reitor de Harvard por fazer uma pergunta politicamente incorreta. A queda de Summers, por sua vez, fortaleceu a mão daqueles que desejam descartar o questionamento das ortodoxias politicamente corretas nos *campi* universitários de todo o país. E deu calafrios na academia. Afinal, se o reitor de Harvard pode ser derrubado por um crime de pensamento, que dissidente público dos dogmas predominantes pode estar seguro?

No entanto, nem tudo são trevas. Não muito tempo atrás, o Departamento de Sociologia da Universidade da Virgínia votou contra a concessão de estabilidade a um jovem e notável estudioso de sociologia familiar chamado Bradford Wilcox. Apesar de seu histórico extraordinário de realizações intelectuais e ensino distinto, o professor Wilcox foi punido por suas opiniões religiosas e morais conservadoras – opiniões que seus oponentes politicamente corretos foram tolos o suficiente para mencionar livremente em discussões antes da votação de seu pedido de posse. Embora os administradores da universidade inicialmente sustentassem a negação de posse de Wilcox, o reitor da universidade, John T. Casteen, revisou o caso e reverteu a decisão. Wilcox recebeu a estabilidade. Ao retificar uma injustiça grosseira e manifesta, o presidente Casteen desferiu um golpe importante para a liberdade acadêmica e, com isso, um golpe para a atitude interrogativa e o ideal das artes liberais – um golpe que enviou uma mensagem não apenas ao seu próprio corpo docente na Universidade da Virgínia, mas também a alunos e professores de instituições de todo o país.

É o episódio de Larry Summers em Harvard ao contrário: encoraja (no sentido literal do termo) aqueles que discordam das opiniões predominantes a se levantarem e dizerem o que realmente pensam, e serve como um alerta para aqueles que tentariam punir sua dissidência. O alerta é que aqueles que abusam do poder de seus cargos tentando impor o pensamento ou ensino "politicamente correto" podem perder, e sua perda vai expô-los pelo que são – ou seja, inimigos da livre investigação intelectual.

Ao considerarmos o comportamento terrível de um reitor de universidade no caso de Crystal Dixon e a conduta encorajadora de outro reitor de universidade no caso de Bradford Wilcox, talvez valha a pena fazer uma pausa para perguntar por que nos importamos – ou deveríamos nos importar – tanto com a liberdade intelectual na academia. Por que devemos nos preocupar com os direitos de um funcionário administrativo que é demitido por declarar seus pontos de vista morais por uma universidade que se diz moralmente neutra e não sectária, ou com a liberdade de um professor assistente a quem é negada a estabilidade porque não vai seguir a linha do partido em tal universidade? Por que deveríamos nos preocupar com os alunos que são punidos com uma nota ruim por terem a ousadia de expressar pontos de vista que estão em desacordo com os do instrutor do curso? O que há na liberdade intelectual ou acadêmica que faz com que valha a pena se preocupar – e valha a pena lutar?

Não é – ou não é apenas – uma paixão pela liberdade por ela mesma. Queremos que nossos jovens e os responsáveis por ensiná-los estejam livres de repressão ou discriminação odiosa, mas devemos lutar por essas liberdades por um motivo que vai muito além delas. Devemos lutar pela liberdade da opressão em nossos *campi* porque acreditamos que a liberdade acadêmica é liberdade *para* algo, algo profundamente importante – a saber, a excelência intelectual que torna possível o autodomínio. Devemos lutar para destruir o politicamente correto nos *campi* universitários para que estudantes e estudiosos possam buscar compreensão, conhecimento e verdade de forma mais robusta nas artes e ciências e apropriar-se dos grandes bens do esforço intelectual humano mais plenamente em suas vidas, para seu benefício e em prol do bem comum. Devemos honrar a liberdade acadêmica como um grande e indispensável valor porque serve aos valores da compreensão, do conhecimento e da verdade, que são ainda maiores.

Embora alguns tenham retratado a liberdade e a verdade como antitéticas, na realidade elas se apoiam mutuamente e, de fato, dependem uma da outra. A defesa da liberdade acadêmica e a atitude interrogativa a que ela serve e apoia deve, pelo menos implicitamente, apelar para o conceito de verdade, e qualquer argumento plausível para a liberdade acadêmica deve apresentar compreensão, conhecimento e verdade como os valores intrínsecos que tornam a inteligibilidade da liberdade acadêmica indispensável à sua busca e apropriação significativa. Do outro lado da questão, a evidência esmagadora da história, para não mencionar a evidência clara sob nossos narizes quando examinamos a situação contemporânea em grande parte da academia, mostra que a liberdade é tão necessária para a vida intelectual do homem quanto o oxigênio é necessário à sua vida corporal.

A liberdade acadêmica deveria ser ilimitada? Claro que não. E o escopo legítimo de expressão é obviamente mais restrito em instituições fundadas em princípios religiosos e morais específicos do que em instituições que se proclamam não sectárias e apartidárias. Mas o escopo da liberdade, como um valor ordenado à verdade, deve ser generoso – especialmente na academia, onde a livre investigação, exploração e experimentação são, muitas vezes, essenciais para o *insight* e uma compreensão mais rica. Mesmo dentro de seus limites legítimos, a liberdade acadêmica não pode ser abusada? Claro que pode ser, e, muitas vezes, o é. A liberdade acadêmica não garante excelência (ou mesmo bolsa de estudos ou um ensino satisfatório). Às vezes, o respeito por ela isola os abusos de receberem correção. Mas, novamente, as lições da história e a nossa situação atual são claras: a repressão da liberdade acadêmica – longe de nos proteger do erro – mina o próprio processo de busca da verdade.

Mas alguém poderia dizer: "Existem muitas verdades que conhecemos. Por que devemos permitir que sejam negadas e questionadas? Por que não considerar que o erro – ou pelo menos o erro claro – não tem acertos? Caso contrário, a defesa da liberdade acadêmica não colapsa na negação autoestupidificante da possibilidade da verdade? Isso não torna a liberdade, em vez da verdade, o valor acadêmico supremo?".

Já mencionei que *alguns* partidários da liberdade acadêmica erroneamente descrevem a verdade como uma inimiga da liberdade. Eles apelam para, ou pressupõem, uma espécie de relativismo ou subjetivismo ou ceticismo radical na defesa da liberdade de investigação. Agora, é sem dúvida verdade que um motivo para respeitar a liberdade acadêmica é que as pessoas podem se enganar sobre o que consideram – até mesmo firmemente – como verdadeiro. De fato, mesmo a unanimidade de crença não garante sua correção. Mas acho que a possibilidade do erro não é o motivo principal nem o mais poderoso para honrar a liberdade acadêmica e protegê-la mesmo em áreas onde estamos seguros em nosso conhecimento da verdade.

O motivo mais forte e profundo é que a liberdade é a condição de nossa apropriação mais plena da verdade. Eu uso o termo *apropriação* porque conhecimento e verdade têm seu valor para o ser humano justamente como realização das capacidades de compreensão e julgamento. As artes liberais libertam o espírito humano porque o conhecimento da verdade – alcançado pelo exercício de nossas faculdades racionais – é intrinsecamente e não apenas instrumentalmente meritório. "Conhecimento útil" é, sem dúvida, muito positivo. É maravilhoso quando o conhecimento humano pode servir a outros bens humanos, como à saúde, como nas ciências biomédicas, ou à eficiência e crescimento econômicos, ou à construção de grandes edifícios e pontes, ou a qualquer um de um milhão de outros propósitos meritórios. Mas mesmo o "conhecimento útil" é, muitas vezes, mais do que instrumentalmente valioso, e uma grande quantidade de conhecimento que não se qualificaria como "útil" no sentido instrumental é intrínseca e profundamente enriquecedora e *libertadora*. É por isso que honramos – e devemos honrar ainda mais do que fazemos atualmente em nossas instituições de ensino superior – a excelência nas humanidades e na ciência pura (social e natural).

O conhecimento que eleva e enriquece – conhecimento que liberta o espírito humano – não pode ser meramente fictício. *Deve ser pertinente*. Não é – *não pode ser* – uma questão de afirmar ou mesmo acreditar em proposições corretas. O conhecimento que eleva e liberta é o conhecimento não apenas *de que* algo é o caso, mas também por que e como é o caso. Normalmente, esse conhecimento faz mais do que estabelecer algo na mente de alguém; abre novos caminhos de exploração. Sua recompensa inclui novos conjuntos de perguntas, novas linhas de investigação.

Voltemos, assim, à questão de por que devemos respeitar a liberdade, mesmo quando a verdade é conhecida com segurança. É porque a liberdade – a liberdade de indagar, a liberdade de consentir ou recusar o consentimento conforme ditar o melhor julgamento de cada um – é uma condição da apropriação pessoal da verdade pelo sujeito humano; a pessoa humana por causa de quem, para o florescimento de quem, para a libertação de quem – o conhecimento da verdade é intrinsecamente meritório. E é intrinsecamente meritório não em algum sentido abstrato, mas precisamente como um aspecto do bem-estar e da realização dos seres humanos, criaturas racionais cujo florescimento consiste em parte na investigação intelectual, compreensão e julgamento, e na prática das virtudes que tornam possível a excelência na questão intelectual.

A liberdade que devemos defender é a liberdade *para* a prática dessas virtudes. É a liberdade por excelência, a liberdade que nos permite dominarmos a nós mesmos. É uma liberdade que, longe de ser negada por rigorosos padrões de erudição, exige-os. Não é a liberdade do "se faz você se sentir bem, faça"; é, antes, a liberdade da autotranscendência, a liberdade da escravidão ao "eu".

CAPÍTULO 5

DESPOTISMO JUDICIAL: LIÇÕES DO GRANDE EMANCIPADOR

Após a decisão histórica da Suprema Corte em 1954, em *Brown v. Conselho de Educação*, ordenando a dessegregação de escolas públicas em Topeka, Kansas, ações judiciais foram prontamente movidas para desmantelar a segregação legalmente sancionada em outros estados. Um deles foi o Arkansas. Lá, o governador Orval Faubus (1910-1994) e outras autoridades estaduais afirmaram que não estavam vinculados à decisão da Suprema Corte em *Brown*. Essa decisão era constitucionalmente incorreta, eles insistiam, e equivalia à usurpação por um tribunal federal da autoridade constitucional dos estados. Além disso, o Arkansas não era parte no caso. Portanto, argumentaram eles, um tribunal federal inferior em Little Rock não tinha autoridade constitucional para ordenar a dessegregação de escolas públicas no Arkansas com base na decisão de *Brown*.

O recurso do Arkansas da ordem do tribunal inferior acabou chegando à Suprema Corte dos Estados Unidos no caso de *Cooper v. Aaron*, de 1958. Ninguém tinha dúvidas reais sobre qual seria o desfecho daquele caso. Os Juízes certamente manteriam a ordem de dessegregação. E eles a mantiveram, entretanto, em uma decisão que fez mais do que apenas lembrar o governador e outras autoridades estaduais de que "eles não tinham poder para anular uma ordem do tribunal federal". Em um parecer unânime, o tribunal afirmou, pela primeira vez, que "o judiciário federal é supremo na exposição da lei da Constituição".

A ideia de supremacia judicial – ou a ideia de que a supremacia da Constituição implica supremacia judicial na interpretação constitucional – tornou-se tão amplamente defendida não apenas na profissão jurídica, mas também pelo público em geral, que hoje não parece notável. Mas faríamos bem em considerar o quão notável é.

"O despotismo de uma oligarquia"

De acordo com a apresentação convencional da questão, o poder de revisão judicial – isto é, a autoridade do judiciário federal para invalidar atos do Congresso e do presidente quando eles forem considerados inconstitucionais – passou a ser arraigado em nossa lei pela aceitação, tácita ou não, da decisão da Suprema Corte no caso de 1803 de *Marbury v. Madison*. Claro, em nenhum lugar do texto da Constituição tal poder é concedido. Em vez disso, o Presidente da Suprema Corte, John Marshall (1755-1835), depreendeu a existência do poder, ou pelo menos de algo parecido, do fato de que a Constituição escrita se declara a Lei Suprema da Terra [*Supreme Law of the Land*][23], combinada com o princípio evidente de que, na linguagem de Marshall, "é enfaticamente a esfera e o dever de o departamento judiciário dizer o que é a lei".

Bem, existe uma disputa acirrada desde o momento em que a Suprema Corte proferiu sua decisão em *Marbury* quanto ao alcance dessa decisão. Ainda hoje, alguns estudiosos argumentam que ela nada mais fez do que declarar que está no direito da Suprema Corte se recusar a exercer uma autoridade presumidamente conferida a ela pelo Congresso, quando tal autoridade excede a jurisdição concedida ao tribunal pelo art. 3º da Constituição. Certamente, como uma questão técnica, tudo o que o tribunal fez em *Marbury* foi recusar-se a exercer a jurisdição original além do que foi concedido no art. 3º, alegando que a expansão de sua jurisdição original pela seção 13 da Lei Judiciária de 1789 [*Judiciary Act of 1789*] era inconstitucional. Assim, argumenta o estudioso constitucional contemporâneo Robert Lowry Clinton, é um erro ler o caso como reivindicando um poder judicial para dizer ao presidente ou ao Congresso o que eles podem ou não fazer de acordo com a Constituição. Clinton sustenta que a decisão de *Marbury* simplesmente representa o poder da Suprema Corte, como um ramo coigual do governo, para agir de acordo com sua própria interpretação da Constituição ao decidir o que pode e o que não pode fazer. Isso, observa ele, é inteiramente consistente com o reconhecimento de um poder semelhante nos outros ramos.

Mas a leitura convencional de *Marbury* – compartilhada tanto pelos amigos quanto pelos inimigos da decisão – representa um escopo consideravelmente

23 A expressão "lei da terra" ["*law of the land*"] é um termo legal, equivalente ao latim *lex terrae*. Refere-se a todas as leis em vigor em um país ou região, incluindo lei estatutária e jurisprudência. É, portanto, o documento ou as ideias em que se baseiam outras leis e tem prioridade sobre quaisquer leis estaduais conflitantes. Ver: https://constitutionus.com/constitution/the-supreme-law-of-the-land-in-the-usa/. (N.T.)

mais amplo de autoridade judicial. Thomas Jefferson (1743-1826) condenou a decisão precisamente por considerá-la como reivindicando para os tribunais o poder de impor interpretações constitucionais aos outros poderes. Isso, afirmou ele mais tarde, teria o efeito de "colocar-nos sob o despotismo de uma oligarquia". E, no extremo oposto da leitura do professor Clinton, está a leitura que a Suprema Corte ofereceu em *Cooper v. Aaron*. O que descrevi como uma reivindicação "notável" à supremacia judicial, os Juízes de Cooper apresentaram como nada mais do que uma implicação direta, incontroversa e totalmente lógica da proposição de Marshall sobre a "esfera e o dever do departamento judiciário". De fato, o parágrafo em que os Juízes fazem a reivindicação não oferece nada em seu apoio além da invocação de *Marbury*.

Seja o que for que *Marbury* quisesse dizer sobre o escopo do poder de revisão judicial, é um fato notável que a Suprema Corte tenha se recusado, por mais meio século, a exercer esse poder para declarar outro ato do Congresso inconstitucional. Não o fez até 1857, quando decidiu no caso de *Dred Scott v. Sandford*. Scott era um escravo no Missouri que havia sido levado por seu mestre para o estado livre de Illinois e o território livre de Wisconsin. Ele então entrou com uma ação no Tribunal do Condado de St. Louis, sob a lei do Missouri, exigindo sua liberdade, alegando que ele tinha o direito legal de ser livre em virtude de ter residido em um estado ou território livre. Ele ganhou no tribunal de primeira instância, mas a Suprema Corte do Missouri reverteu a decisão. Scott então abriu um novo processo nos tribunais federais para considerar, entre outras coisas, se um estado poderia reverter o princípio "uma vez livre, sempre livre" sob o qual o tribunal do Condado de St. Louis havia decidido a seu favor.

A partir do momento em que o assunto entrou nos tribunais federais, tornou-se uma enorme batata quente política. John F. A. Sanford (1086-1857) (um funcionário do tribunal errou a grafia do seu nome, colocando *Sandford*), agindo em nome de sua irmã, que era proprietária de Dred Scott, introduziu no litígio a questão sobre se qualquer pessoa negra, livre ou escrava, poderia ser cidadã do Estados Unidos. Além disso, ele contestou diretamente a constitucionalidade do Compromisso do Missouri de 1820, que proibia a escravidão no território da Louisiana ao norte da latitude 36°30'. Embora o poder do Congresso para proibir a escravidão em territórios federais fosse bem definido, Sanford argumentou que os escravos eram um tipo de propriedade privada protegida pela Constituição contra destituição sem o devido processo legal e que, portanto, o Congresso não tinha autoridade constitucional para banir a escravidão nos territórios.

Quando o assunto chegou à Suprema Corte dos Estados Unidos, o presidente da corte, Roger Brooke Taney, escrevendo por uma maioria de sete homens contra dois dissidentes, aceitou as principais alegações de Sanford, não apenas enviando Scott de volta à escravidão, mas também sustentando, de fato, que ele nunca tinha sido livre. A maioria decidiu que os negros não poderiam ser cidadãos dos Estados Unidos e, portanto, não tinham o direito de entrarem com ações judiciais em tribunais federais. Além disso, os sete Juízes sustentaram que faltava ao Congresso autoridade constitucional para proibir ou abolir a escravidão em territórios federais. Além disso, o tribunal decidiu que, como os escravos eram propriedade pessoal protegida pela Constituição, o Compromisso do Missouri era inconstitucional.

Tudo isso resultou em uma decisão abrangente e profunda. A Suprema Corte inseriu-se maciçamente na questão do dia mais divisiva e altamente carregada de uma perspectiva moral. Em meu livro *Great Cases in Constitutional Law* [*Grandes Casos em Direito Constitucional*], há uma conversa muito interessante entre o professor Cass Sunstein, da Universidade de Chicago, e o professor James McPherson, meu colega em Princeton, a respeito do impacto político da decisão de *Dred Scott*. Sunstein defende a opinião comum de que o caso polarizou um país já perigosamente dividido e tornou a Guerra Civil e seu saldo em carnificina quase inevitáveis. Em vez de encerrar o conflito sobre a escravidão resolvendo-o definitivamente, como Taney aparentemente esperava fazer, a Suprema Corte, segundo Sunstein, intensificou o conflito e exacerbou as emoções. McPherson sustenta a opinião minoritária de que o caso "realmente não polarizou o país mais do que já estava polarizado pela questão da escravidão nos territórios".

Qualquer que seja o estudioso que tenha o melhor argumento, eles concordam que a decisão enfocou o debate sobre a escravidão e introduziu na já inebriante mistura de aspectos envolvidos nesse debate a questão do alcance do poder judiciário sob a Constituição. McPherson aponta que "a decisão de *Dred Scott* permeou e estruturou tão completamente os debates Lincoln-Douglas[24] [em 1858] que, em um desses debates, um apoiador de

---

24 Os Debates Lincoln-Douglas são uma série de sete debates entre o senador democrata Stephen A. Douglas e o adversário republicano Abraham Lincoln durante a campanha senatorial de Illinois em 1858, em grande parte sobre a questão da extensão da escravidão nos territórios. Ver: https://www.britannica.com/event/Lincoln-Douglas-debates. (N.T.)

Douglas gritou da plateia para Lincoln: 'Dê-nos algo além de *Dred Scott!*'. Rápido como um gato, Lincoln (1809-1965) respondeu: 'Sim, sem dúvida você quer ouvir algo que não machuque'".

Lincoln sobre o poder não controlado dos tribunais

Para entender o quanto nossa nação caminhou em suas opiniões sobre o escopo legítimo do poder judicial federal, vamos considerar como Lincoln entendeu a questão.

Para o Grande Emancipador, *Dred Scott* era uma abominação, mas por razões de princípio que iam para além daquelas estabelecidas pelos Juízes dissidentes no caso. Que Lincoln era leal à Declaração de Independência e via sua declaração de princípios como parte integrante do regime americano de governo constitucional é, no mínimo, um eufemismo. Mas a Declaração estava longe de ser o único escrito de Jefferson do qual Lincoln estava ciente. Em uma carta de 28 de setembro de 1820 para William C. Jarvis (1770-1859) – da qual citei a frase sobre o "despotismo" judicial –, Jefferson explicou sua oposição à supremacia judicial na interpretação constitucional:

> A Constituição não erigiu um tal tribunal único, sabendo que a quaisquer mãos que o confiassem, com as corrupções do tempo e do partido, seus membros se tornariam déspotas. Ela, mais sabiamente, tornou todos os departamentos coiguais e cossoberanos dentro de si. Se a legislatura deixar de aprovar leis para um censo, para pagar os juízes e outros funcionários do governo, para estabelecer uma milícia, para naturalização conforme prescrito pela Constituição, ou se eles não se reunirem no Congresso, os juízes não poderão emitir seu *mandamus*[25] para eles; se o Presidente deixar de providenciar o lugar de um juiz, de nomear outros oficiais civis e militares, de emitir as comissões necessárias, os juízes não poderão obrigá-lo.

Essa linguagem é bastante chocante para nós, pois vivemos no rescaldo de uma expansão do poder judicial que a Suprema Corte afirmou formalmente em *Cooper v. Aaron*. Parte disso, sem dúvida, tem a ver com o prestígio de que os tribunais, inclusive a Suprema Corte dos Estados Unidos, gozam em setores

25 *Mandamus* é um recurso judicial na forma de uma ordem de um tribunal para qualquer governo, tribunal subordinado, corporação ou autoridade pública, para praticar algum ato específico que esse órgão é obrigado por lei a fazer e que é da natureza de dever e, em certos casos, de um dever estatutário – mandado de segurança. Ver: https://vademecumbrasil.com.br/palavra/mandamus. (N.T.)

elitistas de nossa cultura. Essas elites muitas vezes percebem qualquer crítica ao escopo do poder judicial como, de fato, um ataque à independência do judiciário ou mesmo ao ideal de independência judicial (embora na esteira das decisões de *Bush v. Gore* e *Citizens United* – ambas extremamente impopulares entre as elites liberais – isso pode estar mudando).

Mas o modo de expressar-se de Jefferson não foi nada chocante para Lincoln. Pelo contrário, estava inteiramente de acordo com seus próprios temores a respeito das consequências políticas da supremacia judicial.

Como Jefferson, Lincoln acreditava que os tribunais, incluindo a Suprema Corte dos Estados Unidos, poderiam violar a Constituição e até minar o governo constitucional. Na visão de Lincoln, que os juízes, sempre que invalidavam atos executivos ou legislativos, pretendiam estar falando em nome da Constituição e alegavam apenas dar efeito a seus comandos, não era garantia contra o despotismo judicial. Ele via o exercício de um poder efetivamente irrestrito pelos juízes como uma ameaça à Constituição não menos do que o exercício de tal poder por outros funcionários do governo. Seu medo não era que os juízes, às vezes, cometessem erros em suas decisões constitucionais. Dada a falibilidade humana, isso é inevitável e normal. Seu medo, ao contrário, era que os juízes, assim como outros funcionários do governo, fossem capazes de exceder a autoridade que lhes foi concedida pela Constituição e, assim, usurpar a autoridade atribuída a outros poderes em um delicado sistema de freios e contrapesos. De fato, Lincoln acreditava que as violações judiciais da Constituição eram, em certos aspectos, assuntos mais graves do que as violações de funcionários eleitos.

Lincoln, é claro, era advogado. Ele sabia por experiência que os juízes vêm em todas as formas e tamanhos – competentes e incompetentes, conscienciosos e descuidados, honrados e corruptos. Não era um cético à moda dos realistas jurídicos que se destacariam nas faculdades de direito cinquenta anos ou mais depois de sua morte. Mas sua visão dos tribunais era realista. Ele sabia que era essencial para o sucesso de um advogado conhecer a lei, mas também sabia que não faria mal conhecer o juiz. Acreditava nos tribunais, mas não os venerava. E também não identificava automaticamente o que os tribunais faziam ou diziam com "a lei".

As reflexões maduras e mais profundas de Lincoln sobre o alcance do poder judicial e o papel do judiciário no sistema constitucional americano emergiram em relação ao debate sobre *Dred Scott*. Em 1858, quando Lincoln concorreu ao Senado contra Stephen Douglas (1813-1861), a questão de como os outros ramos do governo deveriam responder à decisão estava longe de ser resolvida. Lembre-se de que a decisão marcou a primeira vez que o tribunal invalidou uma lei federal em mais de cinquenta anos, e apenas a segunda vez na história do país. A posição de um político sobre a questão pode muito bem determinar seu destino eleitoral. Ligada, como estava, à questão urgente e divisiva da escravidão, a questão não podia ser evitada – apesar dos melhores esforços até mesmo dos tipos políticos mais ágeis, como Douglas.

Após sua eleição como presidente, Lincoln enfrentou o assunto diretamente em seu discurso de posse em 4 de março de 1861. Com o espectro da guerra civil se aproximando, o novo presidente, que havia condenado a decisão de *Dred Scott* repetidamente em sua campanha senatorial contra Douglas, bem como na campanha presidencial, voltou a atenção para isso em suas declarações à nação:

> Não esqueço a posição assumida por alguns de que as questões constitucionais devem ser decididas pela Suprema Corte, nem nego que tais decisões devam ser obrigatórias em qualquer caso para as partes em um processo quanto ao objeto desse processo, enquanto eles também têm direito a muito respeito e consideração em todos os casos paralelos por outros departamentos do governo. E, embora seja obviamente possível que tal decisão possa ser errônea em qualquer caso, ainda assim o efeito negativo que a segue, sendo limitado a esse caso particular, com a chance de ser anulado e nunca se tornar um precedente para outros casos, pode melhor ser suportado do que os males de uma prática diferente. Ao mesmo tempo, o cidadão sincero deve confessar que, se a política do governo sobre questões vitais que afetam todo o povo deve ser irrevogavelmente fixada por decisões da Suprema Corte, no instante em que são feitas em litígio ordinário entre as partes em ações pessoais, o povo terá deixado de ser seu próprio governante, tendo praticamente renunciado a seu governo nas mãos desse eminente tribunal.

Para Lincoln, então, o mal da decisão de *Dred Scott* não foi apenas a expansão da escravidão. Foi também que a decisão ameaçou minar os princípios básicos do governo republicano ao estabelecer a supremacia judicial em questões de interpretação constitucional. Não foi só que a Suprema Corte decidiu a ação em favor da parte errada. Foi também que o tribunal reivindicou autoridade para decidir pelos demais poderes, e de uma vez por todas, o que a Constituição exige, colocando-os assim em posição de inferioridade e subserviência. Para o povo "entregar seu governo nas mãos desse eminente tribunal" seria, de acordo com Lincoln, abandonar o autogoverno democrático e concordar com o despotismo oligárquico. Há um eco não muito fraco de Jefferson na primeira posse de Lincoln.

No cargo, Lincoln deu efeito à sua posição contra a supremacia judicial, recusando-se consistentemente a tratar a decisão de *Dred Scott* como a criação de um Estado de Direito obrigatório para o poder executivo. Seu governo emitiu passaportes e outros documentos para negros livres, tratando-os assim como cidadãos dos Estados Unidos, apesar da negação do tribunal de sua condição de cidadãos. Ele assinou uma legislação que claramente colocava restrições à escravidão nos territórios ocidentais, desafiando a decisão de Taney. Para seus críticos, essas ações, combinadas principalmente com a suspensão do mandado de *habeas corpus*, revelaram que ele era um governante sem lei e tirânico, alguém que não respeitava os limites constitucionais de seu próprio poder. Mas ninguém pode dizer que ele não deixou clara sua oposição à supremacia judicial antes de assumir o cargo.

É irônico que a declaração de supremacia judicial da Suprema Corte em 1958 tenha ocorrido no contexto dos esforços da corte para impor uma decisão na causa da igualdade racial e dos direitos civis. Lincoln havia declarado oposição implacável à supremacia judicial em resposta a uma decisão que manchou a reputação do tribunal como uma instituição dedicada a, como diz acima da entrada de seu templo de mármore em Washington, D. C., "justiça igual sob a lei". A popularidade da decisão do tribunal no caso *Brown* (não, pelo menos inicialmente, no Sul, mas em grande parte do país e especialmente entre jornalistas, professores e outros formadores de opinião) sem dúvida ajuda a explicar por que o notável pronunciamento em *Cooper v. Aaron* foi tão pouco comentado na época, e por que poucos notaram sua incompatibilidade com os princípios de Jefferson e Lincoln.

A maioria dos meus próprios alunos fica bastante surpresa ao conhecer as opiniões do autor da Declaração de Independência, bem como as do Grande Emancipador. Eles também beberam da ideia de que os tribunais, particularmente a Suprema Corte (na qual muitos se imaginam um dia servindo), são os protetores supremos dos direitos e, como tal, deveriam ter a última palavra em questões constitucionais. Afinal, argumentam eles, alguém, ou alguma instituição, tem que ter a palavra final ou então nada será resolvido (e os alunos querem que as coisas sejam resolvidas). E o árbitro definitivo das coisas deve ser um corpo não político. A política, dizem meus alunos, é muito confusa. As instituições democráticas são muito propensas à paixão, preconceito e tolice para que possamos confiar a elas questões de importância constitucional. Não queremos sujeitar nossos direitos ao voto, dizem eles. É preciso haver uma instituição superior para fornecer um controle contra os fanáticos e demagogos da política – uma instituição onde os assuntos são resolvidos por investigação e julgamento calmos e racionais; uma instituição cujos membros são provenientes de um círculo mais estreito, mais refinado e mais altamente educado; uma que não esteja sujeita a retaliações políticas por decisões de base impopulares. O que teria acontecido, perguntam eles, se os ramos políticos se sentissem livres para contestar *Brown v. Board of Education*?

Dá para imaginar Lincoln na sala de aula, lembrando aos jovens que o poder ilimitado para fazer o bem é inevitavelmente também o poder ilimitado para fazer o mal? Se gostamos do que os juízes fizeram em *Brown v. Board*, não nos esqueçamos do que fizeram em *Dred Scott*. E tem mais nessa conta. Afinal, não foi a Suprema Corte que, durante o período de 1905 a 1937, repetidamente invalidou as leis estaduais e federais de proteção ao trabalhador e a legislação previdenciária? Os juízes não leram na cláusula do devido processo da Décima Quarta Emenda um "direito à liberdade de contrato" em cujo nome eles frustraram a vontade legislativa e usurparam a autoridade constitucional dos representantes eleitos do povo? Essa é, em todo caso, a leitura convencional da história, tanto pelos liberais quanto pelos conservadores contemporâneos.

E depois há a questão do aborto, certamente a questão mais vexatória, divisiva e moralmente carregada de nosso tempo. A decisão da Suprema Corte derrubando as proibições estaduais de aborto nos casos de *Roe v. Wade* e *Doe v. Bolton* de 1973 pertence ao lado positivo do livro do tribunal com *Brown v. Board* ou ao lado negativo de *Dred Scott*? Isso, por sua vez, depende se alguém vê o aborto como um direito da mulher ou como uma violação dos direitos de um nascituro? Em caso afirmativo, a visão de alguém sobre o escopo adequado do poder judicial e a legitimidade da supremacia judicial depende do fato contingente de que o tribunal decidiu da mesma maneira sobre o aborto? Afinal, o tribunal poderia ter caído, como ocorreu com o Tribunal Constitucional alemão em uma decisão de 1975 interpretando a

Lei Básica da Alemanha, exatamente da maneira oposta – invalidando uma liberalização do aborto promulgada por lei. Os defensores do direito ao aborto que criticam a decisão alemã apresentam exatamente os mesmos argumentos – os mesmos argumentos lincolnianos – contra a supremacia judicial que os defensores do direito à vida que criticam *Roe v. Wade*. O argumento deles é que, para colocá-lo na linguagem de Lincoln, "se a política do governo sobre questões vitais que afetam todo o povo deve ser irrevogavelmente fixada por decisões da Suprema Corte, no instante em que são feitas em litígio ordinário entre as partes em ações pessoais, o povo terá deixado de ser seu próprio governante, tendo nessa medida praticamente renunciado a seu governo nas mãos daquele eminente tribunal".

CAPÍTULO 6

ALGUMAS PERGUNTAS DIFÍCEIS SOBRE AÇÃO AFIRMATIVA

A ação afirmativa permanece uma questão controversa neste país. Mas a fórmula constitucional foi bem definida já na década de 1970: as classificações raciais e étnicas são suspeitas sob a cláusula de proteção igualitária da Constituição, desencadeando um escrutínio rigoroso que coloca o ônus no Estado (ou instituição financiada publicamente) para demonstrar que uma lei ou política envolvendo qualquer classificação desse tipo é estritamente adaptada para garantir ou promover um interesse governamental imperioso[26]. Então, o que acontece quando a Suprema Corte dos EUA confronta casos envolvendo políticas de admissão de ação afirmativa em universidades estaduais? Em 2003, considerando dois casos em conjunto, o tribunal emitiu decisões sobre tais políticas – neste caso, as políticas de admissão na Universidade de Michigan – que não agradaram a quase ninguém, mas deixaram os defensores das preferências nas admissões menos infelizes do que os oponentes.

Nesses casos – *Gratz v. Bollinger* e *Grutter v. Bollinger* –, ninguém duvidou seriamente que as políticas de admissão em disputa envolviam classificações raciais e étnicas[27]. Evidentemente, então, sob a doutrina constitucional preponderante, o chamado escrutínio estrito era o padrão exigido para a revisão judicial. A questão era se a política de classificar os alunos por raça e etnia, a fim de favorecer alguns – inevitavelmente prejudicando outros –, era apoiada por algo qualificado como um interesse governamental "imperioso" e, em caso afirmativo, se a política era "estreitamente adaptada" para garantir ou adiantar esse interesse[28].

26 Ver, por exemplo, *Adarand Constructors, Inc. v. Pena*, 515 U. S. 200, 227 (1995).
27 *Gratz v. Bollinger*, 123 S. Ct. 2411, 2417 (2003); *Grutter v. Bollinger*, 123 S. Ct. 2325, 2331 (2003).
28 *Gratz*, 123 S. Ct., 2427; *Grutter*, 123 S. Ct., 2337-38.

A Suprema Corte decidiu que o interesse da Universidade de Michigan na "diversidade" racial e étnica se qualifica como imperioso[29]. A questão então passou a ser se os métodos de Michigan para alcançar o tipo de diversidade que desejava contavam como "adaptação estreita". O tribunal julgou que a política de admissão da faculdade de graduação, que formalmente concedia "pontos" meritórios a certos candidatos com base em raça e etnia, falhou no teste de adaptação estreita[30]. Mas o tribunal sustentou que a política da faculdade de direito de considerar raça e etnia em conta sem a atribuição formal de pontos havia sido aprovada[31].

A questão óbvia é se há uma base razoável para a distinção. Eu duvido, assim como pelo menos seis dos nove Juízes. Os Juízes mais favoráveis às políticas de preferência racial e étnica (John Paul Stevens, David Souter e Ruth Bader Ginsburg) juntaram-se aos mais contrários (William Rehnquist, Antonin Scalia [1936-2016] e Clarence Thomas), ao sugerirem que os casos não são distinguíveis: ou ambos os regimes de preferência passam pelo crivo constitucional (como acreditavam Stevens, Souter e Ginsburg) ou ambos são reprovados (como pensavam Rehnquist, Scalia e Thomas)[32]. A questão que os Juízes remanescentes, particularmente a Juíza Sandra Day O'Connor, falharam em abordar adequadamente é: como pode ser inconstitucional fazer honestamente e às claras o que é constitucionalmente permitido fazer "através de piscadelas, acenos de cabeça e disfarces"[33]? Ou, colocando de outra forma: como pode ser constitucionalmente permissível fazer "através de piscadelas, acenos e disfarces" o que é inconstitucional fazer honestamente e às claras?

A resposta que a Juíza O'Connor ofereceu – que a escola de direito estava fazendo algo fundamentalmente diferente do que fazia a faculdade, algo livre do elemento discriminatório que ela encontrou na atribuição de pontos[34] da faculdade – simplesmente não é persuasiva. A identidade racial ou étnica pode e claramente faz pender a balança a favor de alguns candidatos à admissão e contra outros em um número significativo de casos, como resultado do regime de preferência de qualquer uma das instituições. Ambos os regimes

29 *Gratz*, 123 S. Ct., 2427; *Grutter*, 123 S. Ct., 2339.

30 *Gratz*, 123 S. Ct., 2427-28.

31 *Grutter*, 123 S. Ct., 2342.

32 Ver *Gratz*, 123 S. Ct., 2445 (Ginsburg, J., discordante); Grutter, 123 S. Ct., 2349 (Scalia, J., concordante em parte e discordante em parte).

33 *Gratz*, 123 S. Ct., 2446 (Ginsburg, J., discordante).

34 *Grutter*, 123 S. Ct., 2343.

são projetados para fazer isso. O fato de um atingir o objetivo atribuindo pontos formalmente a candidatos de raças ou etnias desejadas, enquanto o outro o faz levando em conta informalmente raça e etnia (juntamente com outros fatores), não distingue os regimes no nível de princípio.

Mas deixemos esse assunto de lado e consideremos uma questão ainda mais fundamental. A Suprema Corte forneceu alguma base para seu julgamento de que a diversidade racial e étnica na Universidade de Michigan e instituições semelhantes constituem um interesse governamental imperioso? Aqui, aqueles que favorecem as preferências raciais e étnicas obtiveram uma vitória decisiva. Eles deveriam ter obtido? Isso pode ser dito a respeito de sua posição: ela foi instada no tribunal nos termos mais apaixonados por pessoas e instituições de enorme prestígio e influência[35]. A lista de *amici curiae*[36] instando o tribunal a defender as políticas de preferência racial e étnica era extraordinária. Não consigo pensar em um caso em que tantas figuras importantes nos mundos da educação, dos negócios e até mesmo das Forças Armadas tenham se unido para proteger uma política sob revisão constitucional. O establishment não deixou dúvidas aos Juízes sobre a posição da opinião dominante sobre o assunto.

No entanto, nem os *amici* nem os Juízes que aceitaram a posição que eles exigiam conseguiram identificar as bases nas quais a diversidade racial e étnica pode ser plausivelmente considerada como um interesse imperioso na qualidade de uma questão de direito constitucional. Dado que Michigan, para início de conversa, não tem nada que se qualifique como um interesse estatal "imperioso" em estabelecer ou manter uma escola de direito de elite, como poderia ter um interesse estatal "imperioso" na diversidade racial e étnica nessa escola de direito? O Juiz Scalia, discordando da negação da tutela à demandante Barbara Grutter, foi direto ao cerne da questão: "O suposto 'interesse imperioso do Estado' em jogo aqui não é o 'benefício educacional' incremental que emana da lendária 'massa crítica' de estudantes de minorias, mas sim o interesse de Michigan em manter uma escola de direito de 'prestígio', cujos padrões normais de admissão excluem desproporcionalmente negros e outras minorias. Se esse é um interesse imperioso do Estado, tudo é"[37].

---

35 Ver *ibid.*, 2340 (descrição do apoio de líderes militares e empresariais para tratar a diversidade como um interesse governamental imperioso).

36 "Amigos da corte", ou do Tribunal. (N.E.)

37 *Ibid.*, 2348-49 (Scalia, J., concordante em parte e dissidente em parte).

Michigan deseja manter uma escola de direito de elite (isto é algo que se *pode* constitucionalmente fazer, mas não algo que seja constitucionalmente *obrigado* a ser feito ou que tenha um *interesse* constitucionalmente *imperioso* em ser feito.) Para atingir seu objetivo, a Escola de Direito de Michigan seleciona os alunos com base em excelente desempenho acadêmico e promessa profissional, conforme refletido em notas, pontuações LSAT e outros fatores. Isso é perfeitamente razoável. Como resultado, no entanto, certos grupos minoritários seriam estatisticamente sub-representados ("sem massa crítica") se os candidatos desses grupos não tivessem alguma vantagem substancial precisamente com base na raça ou etnia[38]. Agora, classificar as pessoas por raça e etnia a fim de favorecer alguns e desfavorecer outros é, do ponto de vista constitucional, algo a ser evitado ("suspeitar"). É permitido apenas pelas razões mais graves ("imperiosas"). Todos os Juízes pareciam concordar *nesse* ponto. No entanto, não está claro que a Escola de Direito de Michigan poderia eliminar o que alega ser a necessidade de se engajar em uma prática constitucionalmente suspeita, abandonando um objetivo – a saber, manter uma escola de direito de elite – que ninguém afirma ser ele próprio apoiado por um interesse estatal imperioso? Se Michigan considera importante a diversidade racial e étnica no *campus*, poderia alcançar a diversidade sem discriminar ninguém simplesmente mudando para uma política de admissão aberta ou distribuindo vagas por algum sistema de alocação justo, mas menos competitivo.

E a Universidade de Michigan, ou as faculdades e universidades de elite que se inscreveram para apoiar seus programas preferenciais, realmente se preocupam com a diversidade no *campus*? Eles realmente valorizam seu valor educacional? Se o fizessem, não haveria preocupação, até mesmo medidas tomadas, para garantir uma "massa crítica" de corpo docente representando pontos de vista políticos e religiosos razoáveis, sustentados por muitas pessoas inteligentes e responsáveis em nossa sociedade, mas grosseiramente sub-representados nas faculdades de elite? Se alunos e professores são beneficiados pela "diversidade" a ponto de se qualificarem como um interesse imperioso que justifica a discriminação que de outra forma seria inconstitucional, por que a falta de preocupação com a ausência em praticamente todas as instituições de elite de uma "massa crítica" de professores protestantes, católicos, conservadores sociais, republicanos e assim por diante? Não é

38 O porquê desse caso é contestado. Em minha opinião, não tem nada a ver com genética.

que os programas de preferência na contratação de professores deixem de incluir membros dessas classes; é que o que poucas pessoas que moldam a política universitária percebem, e com o que muito menos se preocupam, é a ausência de diversidade de pontos de vista políticos e religiosos e afiliações em instituições que supostamente valorizam o engajamento de ideias[39]. Portanto, é difícil acreditar na afirmação de que um desejo pelos benefícios intelectuais da diversidade realmente motiva a defesa dos regimes de preferência.

Independentemente disso, ao decidir como fez em *Grutter*, a Suprema Corte colocou-se no centro das atenções para identificar uma base constitucional de princípios a fim de decidir o que é e o que não é um interesse governamental imperioso. A maioria declarou que a diversidade racial e étnica nos *campi* se qualifica como tal interesse, sem dizer nada muito útil sobre por que é assim. Se "compelir o interesse do Estado" é um padrão menos exigente do que a "necessidade pública premente"[40], como os tribunais inferiores – e, nesse caso, a própria Suprema Corte em casos futuros – deveriam reconhecer os interesses verdadeiramente imperiosos e distingui-los dos interesses que, embora talvez substanciais, não sejam atraentes? (E quando os tribunais reconhecem tais interesses, como eles devem decidir se os meios empregados a fim de protegê-los ou promovê-los são elaborados de forma suficientemente estreita para passar pelo crivo constitucional?).

A preocupação, é claro, é que os tribunais irão decidir essas questões não com base em normas legais preexistentes, mas sim com base nos julgamentos pessoais dos juízes sobre o que se qualifica como um objetivo governamental meritório ou importante. Em tais circunstâncias, juízes liberais e conservadores, e juízes nesse intervalo, variariam em seus julgamentos não por causa de diferenças de opinião sobre o direito, mas exclusivamente como resultado de diferenças ideológicas. Os juízes estariam agindo como legisladores. Os

---

39 A ausência de diversidade de opinião entre os acadêmicos se manifesta em muitas áreas, principalmente na questão das políticas de preferência racial e étnica nas admissões universitárias. Muitas pessoas inteligentes e de boa vontade nos Estados Unidos questionam se é prudente, justo e constitucionalmente legítimo conceder preferências a membros de certos grupos raciais e étnicos. No entanto, entre os acadêmicos contemporâneos de direito e ciências sociais, há pouca diversidade de opinião. É fácil encontrar estudiosos que favorecem as políticas em questão; não é tão fácil encontrar estudiosos que se opõem a elas. No caso em análise: quando este ensaio foi publicado originalmente como parte de um simpósio da *Columbia Law Review* sobre *Grutter* e *Gratz*, foi o único em toda a edição escrito por alguém crítico das políticas de preferência racial e étnica.

40 Ver *Grutter*, 123 S. Ct., 2351 (Thomas, J., concordante em parte e dissidente em parte) (revisão de precedentes que definem interesse governamental imperioso como envolvendo "necessidade pública premente").

tribunais funcionariam como fóruns políticos, e não legais. E, uma vez que a política gravita naturalmente para o lugar onde está a ação política, a questão da seleção judicial se politizaria e se formariam grupos que rivalizam em suas linhas ideológicas. Você pode muito bem dizer: "Já estamos lá e estamos há muito tempo". De fato. Nesse sentido, *Gratz* e *Grutter* refletem e reforçam a politização do sistema jurídico.

Mas há alguma maneira de evitar o problema na área de proteção igualitária, sem abandonar completamente a "análise de escrutínio"? Sim. É através da aplicação dos padrões de rigor claramente conotados pelas expressões "interesse imperioso" e "adaptação estreita". Nessa abordagem, um interesse imperioso seria de fato uma questão de necessidade pública premente[41]. A adaptação restrita exigiria que os meios usados para garantir o interesse fossem, se não os únicos disponíveis, aqueles que menos colidissem com os interesses de qualquer um que fosse prejudicado pela lei ou pela política.

Antes de *Gratz* e *Grutter*, alguns especialistas se perguntavam se o desencadeamento de um escrutínio rigoroso automaticamente significava que uma classificação seria invalidada. No caso de *Adarand v. Pena* (1995), a Juíza O'Connor fez questão de dizer que isso não significava tal coisa[42]. Claramente ela estava correta. Quem negaria que é constitucionalmente permitido que os agentes penitenciários intervenham para reprimir uma briga que estourou entre, digamos, prisioneiros hispânicos e anglo-americanos para separá-los temporariamente? Nesse caso, o interesse em restabelecer a ordem e prevenir a violência é manifestamente imperioso – qualquer pessoa razoável pode vê-lo – e os meios utilizados são os únicos disponíveis para aqueles que estão em posição de autoridade. Além disso, nesta situação, a segregação temporária dos presos não funciona como discriminação contra nenhum deles. Nenhum fica em desvantagem pela classificação étnica ou com base na etnia.

Gratz e *Grutter* levantam a questão de saber se existem objetivos sociais que justifiquem a imposição de desvantagens às pessoas com base em raça ou etnia (e, claramente, as demandantes, Barbara Grutter e Jennifer Gratz, estavam em desvantagem na competição para admissão na Universidade de Michigan). Por se tratar de uma situação de admissão competitiva, os candidatos que não

41 Ver *Korematsu v. United States*, 323 U. S. 214, 216 (1944). O padrão anunciado em *Korematsu* estava certo, embora a aplicação do padrão pelo tribunal e, portanto, o resultado do caso estivessem errados.
42 *Adarand*, 515 U. S. 200, 237.

se beneficiam do regime de preferência ficam em desvantagem com ele. Essa desvantagem não é um efeito colateral da política; a política é projetada para produzi-lo. Os responsáveis pela política de admissão de Michigan podem lamentar o que consideram ser a "necessidade" de sua política – dado o que dizem ser a necessidade educacional a fim de manter uma massa crítica de certas minorias[43] –, mas eles deliberada e diretamente impõem desvantagens a certos candidatos ao concederem preferência a outros.

Mas, então, a Universidade de Michigan e seus apoiadores estão realmente interessados em uma massa crítica de (certas) minorias? Se estivessem, seria de se esperar que os regimes de preferência produzissem com mais frequência porcentagens semelhantes de alunos representando minorias dos vários tipos que se qualificam para preferências, independentemente da representação dessas minorias na cultura mais ampla. Mas, normalmente, eles não o fazem. Em vez disso, o resultado comum e o objetivo evidente dos programas de preferência é garantir a representação da minoria no *campus* mais ou menos de acordo com a representação de cada minoria além dos muros da instituição. Como o comissário de Direitos Civis dos Estados Unidos, Peter Kirsanow, perguntou incisivamente: "Por que a massa crítica significa, por exemplo, 12% de negros, mas apenas 8% de hispânicos? Os hispânicos precisam de menos membros de seu grupo étnico para se sentirem confortáveis o suficiente para participarem das aulas? Onde estão os dados que sustentam essa determinação?"[44]. Onde, de verdade.

Uma questão final: a decisão da Suprema Corte nos casos de Michigan meramente preserva o *status quo* – isto é, ela deixa a lei como estava após a decisão histórica da corte em *Regents of the University of California v. Bakke* (1978)[45]? Em *Bakke*, o tribunal considerou inconstitucional o uso rígido de cotas raciais nas políticas de admissão, mas a maioria sustentou que a raça poderia ser usada como um dos critérios de admissão entre vários. Como apontou o escritor sobre liberdades civis Nat Hentoff (1925-2017), há motivos para duvidar que a política da Escola de Direito de Michigan poderia ter sobrevivido à revisão sob *Bakke*[46]. O juiz do Tribunal Distrital Federal Bernard

43 *Grutter*, 123 S. Ct., 2333.
44 KIRSANOW, Peter. "Michigan Impossible". *National Review Online*, 1º jul. 2003. Disponível em: www.nationalreview.com/comment/comment-Kirsanow070103.asp.
45 *Regents of the University of California v. Bakke*, 438 U. S. 265 (1978).
46 HENTOFF, Nat. "What the Supreme Court Left Out: The Smoking Gun in Grutter v. Bollinger". *Village Voice*, 16 jul. 2003, p. 34.

Friedman, cuja invalidação do programa de preferência da escola de direito foi revertida em *Grutter*, concluiu que a escola de direito, de fato, usou "a raça para garantir a matrícula de uma certa porcentagem mínima de alunos minoritários sub-representados"[47]. Por essa razão, ele decidiu que o regime era, de fato, um sistema de cotas e, como tal, inconstitucional mesmo sob *Bakke*[48]. Hentoff, citando o trabalho do repórter do *New York Times* Jacques Steinberg, observou:

> Em 1999, a Escola de Direito da Universidade de Michigan 'aceitou apenas um dos 61 asiáticos-americanos, ou 2%, classificados na faixa intermediária dos grupos de candidatos, conforme definido por suas notas e pontuações nos testes, de acordo com os autos do tribunal. A taxa de admissão para brancos com notas e pontuações semelhantes era de 3%. *Mas entre os candidatos negros com históricos escolares semelhantes, 22 de 27, ou 81%, foram admitidos* [grifo nosso]'[49].

É difícil argumentar contra a conclusão de Hentoff: "Se o Juiz Lewis Powell (1907-1998) tivesse visto históricos escolares de graduação ou pós-graduação juntamente com os números comparativos de admitidos e rejeitados – no contexto de um sistema de cotas – ele, com base em seu 'fator positivo' decidido em *Bakke*, teria declarado essas políticas de admissão claramente inconstitucionais. E elas são!"[50].

47 *Grutter v. Bollinger*, 137 F. Supp. 2d 821, 849 (E. D. Mich. 2001), revisado em parte e anulado [vacated] em parte, 288 F.3d 732 (6º Cir. 2002), afirmado, 123 S. Ct. 2325 (2003).
48 *Ibid.*, p. 853.
49 HENTOFF, Nat. "What the Supreme Court Left Out", citando STEINBERG, Jacques. "The New Calculus of Diversity on Campus". *New York Times*, 2 fev. 2003.
50 *Ibid.*

CAPÍTULO 7

IMIGRAÇÃO E O EXCEPCIONALISMO AMERICANO

O fato de os Estados Unidos da América serem uma nação excepcional me parece uma proposição cuja verdade é óbvia demais para ser debatida. Nossa nação foi, como disse nosso maior presidente, "concebida na liberdade e dedicada à proposição de que todos os homens são criados iguais". E não apenas nossa nação foi "concebida e assim dedicada": nós, como nação, provamos ao mundo que "uma nação concebida e assim dedicada pode perdurar por muito tempo". A história de nossa nação é a história de "Nós, o Povo" – o povo americano – lutando (às vezes, uns contra os outros) para proteger, honrar e viver de acordo com os princípios excepcionais em torno dos quais nos integramos e nos constituímos como povo. E embora nosso histórico esteja longe de ser impecável, não deixamos de ser abençoados com o sucesso.

Ninguém precisa ser lembrado de que parte do que é único sobre os Estados Unidos é que nossos laços comuns não estão no sangue ou mesmo no solo, mas em um credo político-moral compartilhado. "Consideramos essas verdades evidentes por si mesmas, que todos os homens são criados iguais, que são dotados por seu Criador de certos direitos inalienáveis, que entre estes estão a vida, a liberdade e a busca da felicidade". Isso fica mais claro no fato de que as pessoas realmente podem, no sentido mais rico e completo possível, *tornar-se* americanas. E milhões e milhões de pessoas o fizeram. Claro, alguém pode se *tornar* um cidadão da Grécia, da França ou da China, mas pode alguém realmente se tornar grego, francês ou chinês? Um imigrante que se torna cidadão dos Estados Unidos se torna, ou pelo menos pode se tornar, não apenas um cidadão americano, mas um *americano*. Ele é tão americano quanto o sujeito cujos ancestrais chegaram no *Mayflower*.

Como os imigrantes se tornam americanos? Na prática, isso vai para além de se tornar um cidadão americano e até mesmo de assinar formalmente o credo americano. O ingrediente-chave adicional, acredito, é algo que conheço intimamente pela experiência de minha própria família – a saber, *gratidão*. Normalmente, são os sentimentos de gratidão de um imigrante à América pela liberdade, segurança e oportunidades que nossa nação oferece a ele e à sua família que o levam a apreciar os ideais e instituições da vida cultural, econômica e cívica americana. Desse apreço vem sua crença na bondade dos ideais americanos, conforme articulados, acima de tudo, na Declaração de Independência, e no valor das estruturas e instituições constitucionais pelas quais eles são realizados. E dessa crença surge sua aspiração de se tornar um cidadão americano junto com sua disposição de assumir as responsabilidades da cidadania e até de fazer grandes sacrifícios pela nação, caso se chegue a isso.

Meus próprios avós vieram para os Estados Unidos há pouco mais de cem anos. Como a maioria dos imigrantes de então e de agora, eles não foram atraídos para cá por nenhuma crença abstrata na superioridade do sistema político americano. O pai do meu pai veio da Síria, fugindo da opressão imposta a ele e sua família como membros de uma minoria étnica e religiosa relativamente pequena naquele país problemático. O pai da minha mãe veio para escapar da pobreza do sul da Itália. Ambos trabalharam nas ferrovias e nas minas. Meu avô materno se estabeleceu na Virgínia Ocidental, onde havia uma pequena comunidade de imigrantes italianos em Clarksburg, Fairmont e Morgantown – um trio de cidades ao longo do rio Monongahela, um pouco ao sul da fronteira com a Pensilvânia. Ele conseguiu economizar dinheiro suficiente para abrir uma pequena mercearia, que logo se tornou um negócio próspero. Meu avô paterno passou toda a sua vida como trabalhador braçal. Ele morreu de enfisema, sem dúvida como resultado dos riscos para a saúde pulmonar da mineração de carvão naqueles dias. Ambos os homens estavam extremamente gratos pelo que a América tornou possível para eles e suas famílias. A gratidão deles não diminuiu quando os tempos ficaram difíceis – como aconteceu com todos os americanos – na Grande Depressão. Embora meus dois avós tenham enfrentado preconceito étnico, eles viam isso como uma aberração – uma falha de alguns americanos em viver de acordo com os ideais da nação. Não ocorreu a eles culparem a própria América pelo mau comportamento de alguns americanos. Pelo contrário, a América, aos olhos deles, era uma terra de bênçãos insuperáveis. Era uma nação da qual eles estavam orgulhosos e felizes por se tornarem cidadãos. E, mesmo antes de se tornarem cidadãos, eles se tornaram patriotas – homens que apreciavam profundamente o que a América é e o que ela representa.

Como tantos outros imigrantes, meus avós imigrantes apreciavam particularmente as oportunidades que os Estados Unidos ofereciam a seus filhos. O pai do meu pai tinha uma irmã – ela também imigrante – que tinha um filho chamado John Solomon, que queria ser advogado. Ele terminou a faculdade e depois concluiu a escola de direito na Universidade da Virgínia Ocidental. Naquela época, a escola de direito estava localizada na University Avenue em Morgantown, perto do centro do *campus*. Era um edifício grande no qual se entrava subindo um amplo lance de escadas. Quando a mãe do meu primo John – nós a conhecíamos como Halte Gemile – veio assistir à cerimônia de formatura de seu filho, ela parou para beijar cada degrau enquanto subia aquelas escadas. Tal era sua gratidão. Claro, seu filho ficou completamente envergonhado com essa exibição. Meu pai, que estava lá, conta que seu primo John se virou para a mãe, por volta do quarto degrau, e implorou: "Por favor, mãe, você está agindo como uma imigrante". De fato, ela era.

A experiência da minha família também ilustra como a gratidão pela liberdade, segurança e oportunidade leva os imigrantes a apreciarem os ideais e as instituições americanas a ponto de estarem dispostos a assumir as responsabilidades da cidadania e até a fazer grandes sacrifícios pelo país. Quatro dos cinco filhos de meus avós paternos foram convocados para o exército dos Estados Unidos para servir na Segunda Guerra Mundial. O único filho dos meus avós maternos também foi convocado. Todos esses homens serviram em combate e voltaram com condecorações. Seus pais imigrantes estavam imensamente orgulhosos deles – orgulhosos deles precisamente porque lutaram pela América e pelo que a América representa. Eles consideravam que seus filhos estavam lutando por *seu* país – não por um país no qual eram residentes estrangeiros ou hóspedes. Eles estavam lutando por um país que não era apenas grande, mas também bom. Um país cujos ideais eram nobres. Um país a quem[51] eles eram imensamente gratos – e não apenas porque fornecia um refúgio contra a pobreza e a opressão. *Um país em cujos princípios eles acreditavam.*

---

51 Embora gramaticalmente o pronome usual para referir-nos a coisas seja que/qual, usamos "quem" porque o autor usou o pronome "*whom*" para fazer referência ao país. Trata-se de uma personificação. (N.T.)

Quando seus rapazes estavam lutando, eles sabiam que era perfeitamente possível – até muito possível – que, no final das contas, fossem chamados a dar o que Lincoln, em Gettysburg, descreveu como a "última medida completa de devoção". Você pode imaginar a ansiedade que isso causaria em uma família italiana cujo único filho havia sido enviado para o combate brutal na região do Pacífico. Mas, por mais que perdessem o sono, eles continuavam orgulhosos do fato de que seu filho lutava por seu país, pelo país deles, pela América. Tampouco o fato de a Itália, sob domínio fascista, estar do outro lado do conflito deu a eles sequer um momento de hesitação. A gratidão que leva à apreciação que leva à convicção e ao compromisso no coração do verdadeiro patriotismo americano não os deixou com dúvidas quanto à sua lealdade.

Tenho a sensação de que o serviço de meus tios à nação em um momento de perigo não foi apenas uma expressão de seu americanismo e do americanismo de seus pais imigrantes, mas também uma profunda confirmação e ratificação dele. Se eles tivessem alguma dúvida sobre se eram verdadeira e totalmente americanos – tão americanos quanto seus concidadãos cujos ancestrais realmente chegaram aqui ao *Mayflower* – o serviço militar apagou essas dúvidas. Atrevo-me a dizer que o mesmo aconteceu sempre que os cidadãos nativos tiveram dúvidas sobre se seus vizinhos imigrantes eram realmente americanos. A disposição dos imigrantes e de seus filhos de correrem riscos e, em muitos casos, de serem contados entre os mortos, não deixa dúvidas sobre a questão da lealdade e da identidade americana.

É claro que alguns americanos protestantes se perguntavam se os não protestantes – e especialmente os católicos – poderiam realmente se tornar americanos. Eles estavam preocupados com o fato de que a forma hierárquica e não democrática de governo da Igreja impediria a possibilidade dos imigrantes não protestantes de apreciarem e prestarem total obediência às instituições democráticas e aos princípios da vida cívica. Alguns até acreditavam que os imigrantes católicos teriam que ser descatolicizados pelo sistema público de ensino e outros mecanismos para se tornarem americanos patriotas. A reação católica natural e compreensível a isso – o estabelecimento de escolas paroquiais católicas em todo o país – apenas aumentou as preocupações dos protestantes. Mas parte do que, por fim, fez com que essas preocupações desaparecessem foi o histórico de serviço e heroísmo de soldados católicos e de outros não protestantes lutando pela democracia e contrarregimes autoritários e ideologias totalitárias na Primeira e, especialmente, na Segunda Guerra Mundial. Os católicos não viam contradição entre sua fé e sua fidelidade aos Estados Unidos da América. Pelo contrário, o compromisso religioso tendia a apoiar a convicção patriótica. Os fiéis católicos queriam ser, e não apenas ser vistos como, os melhores dos bons cidadãos americanos. E como eles viram e veem, isso não requer a menor diluição de sua fé católica.

Eu suspeito que, ao ler as histórias de meus avós, você pensou em histórias, nada diferentes, de seus avós, ou bisavós, ou tataravós, e como eles se tornaram americanos. O que é incrível e maravilhoso é que uma história de família como a minha – de ancestrais imigrantes se tornando americanos, compartilhando as bênçãos da vida americana e assumindo sua parte nos fardos da nação – não é a exceção, é a norma (claro, a história dos africanos trazidos para a América como escravos e depois submetidos à segregação e discriminação após a abolição da escravidão é radicalmente diferente – uma história de injustiça e uma mancha na história de nossa nação. No entanto, os grandes esforços para corrigir esses erros e viver de acordo com nossos ideais nacionais de liberdade e justiça para todos também fazem parte de nossa herança americana).

Acredito que a imigração tem sido uma grande força para a América e que continuará a sê-lo. Certamente espero que os imigrantes em nossa terra continuem querendo ser americanos. Isso significa que rejeito o que veio a ser conhecido como “multiculturalismo”? Bem, depende do que se quer dizer com esse termo. Sem dúvida, não vejo necessidade de encorajar os imigrantes a abandonarem seus costumes, tradições e identidades étnicas ou religiosas; pelo contrário, acho que é bom para as famílias, e bom para a América, que os imigrantes honrem seus costumes e identidades étnicas e os transmitam à próxima geração. Os imigrantes sempre fizeram isso, e é algo belo e bom – uma fonte de força. Mas isso deve ser diferenciado de uma ideologia que promove a rejeição de uma lealdade política primária e central aos Estados Unidos e aos seus ideais e instituições. E seguramente deve ser distinguido de qualquer ideologia que negue a bondade fundamental dos princípios americanos de liberdade política e civil.

Agora, onde floresce uma cultura de *oportunidade*, os imigrantes sentirão, como meus avós sentiram, gratidão pelas oportunidades para elevarem-se e fazerem uma vida melhor para seus filhos por meio de trabalho duro e determinação para ter sucesso. Mas parece ser um fato bruto[52] da psicologia humana que, onde prevalece uma cultura *de direitos*, a gratidão, mesmo pela assistência caritativa, não surgirá. Em parte, isso ocorre porque uma cultura de direitos restringe a mobilidade social ascendente. Esse é o fenômeno conhecido como dependência do assistencialismo. Observei seus efeitos destruidores da alma em muitas famílias de *não imigrantes* na Virgínia Ocidental enquanto eu crescia. Veja bem, a dependência é um destruidor de almas de igualdade de oportunidades. Tal dependência leva ao ressentimento quando as pessoas se convencem de que não estão progredindo porque aqueles que já estão em melhor situação estão manipulando o sistema para reter as pessoas na base da escada (que dependem de benefícios). Portanto, a cultura do direito impede a gratidão que permite aos imigrantes se tornarem americanos.

Como disse, eu *quero* que os imigrantes se tornem americanos. Quero que eles acreditem nos ideais e instituições americanas. Quero que "considerem essas verdades evidentes por si mesmas, que todos os homens são criados iguais, que são dotados por seu Criador de certos direitos inalienáveis, que entre eles estão a vida, a liberdade e a busca da felicidade". Quero que acreditem, como eu acredito, na dignidade do ser humano, em todas as fases e condições da vida, e no governo limitado, na democracia republicana, na igualdade de oportunidades, na liberdade moralmente ordenada, na propriedade privada, na liberdade econômica e no Estado de Direito. Quero que acreditem nesses ideais e princípios não porque sejam nossos, mas porque são nobres, bons e verdadeiros. Eles honram a dignidade profunda, inerente e igual de todos os membros da família humana. Evocam em nós o melhor de que somos capazes. Eles nos enobrecem. Nossos esforços para honrá-los, apesar de nossas falhas e imperfeições, fizeram de nós um grande povo, uma força pela liberdade e justiça no mundo e, é claro, uma nação surpreendentemente próspera. Não é de admirar que a América seja, como sempre foi, um ímã para pessoas de todas as terras que buscam uma vida melhor.

Mas a transmissão dos ideais americanos aos imigrantes – ou a qualquer outra pessoa, incluindo as novas gerações de americanos nascidos no país – depende da manutenção de uma cultura na qual esses ideais floresçam. A manutenção de tal cultura é um assunto complicado, com

---

52 Segundo a filosofia contemporânea, um fato bruto é um fato que não pode ser explicado em termos de um fato mais profundo, mais "fundamental". (N.T.)

muitas dimensões. Mas nessa nação de imigrantes, na qual "Nós, o Povo" temos o privilégio e a responsabilidade de nos governarmos, isso é assunto de todos os cidadãos. E é certamente o assunto especial das instituições de ensino superior. Para tais instituições, a educação cívica – educação que promove a compreensão dos princípios e instituições constitucionais de nossa nação – é um chamado elevado e uma obrigação solene. Se, como disse James Madison, "somente um povo bem instruído pode ser permanentemente um povo livre", então a educação cívica é vital para o sucesso do grande experimento de liberdade ordenada que Madison e os outros Pais Fundadores legaram a nós e à nossa posteridade.

PARTE II

A MORALIDADE E A PRAÇA PÚBLICA

CAPÍTULO 8

LEI NATURAL, DEUS E DIGNIDADE HUMANA

Abraham Lincoln começou seus comentários em Gettysburg, em 1863, observando que a nação à qual ele serviu, e com a qual estava travando uma guerra civil para preservar, foi fundada "oitenta e sete anos atrás" ["*four score and seven years ago*"][53]. Se fizermos os cálculos, isso nos remete não à ratificação da Constituição, em 1788, nem à sua adoção pela convenção constitucional, em 1787, mas à assinatura e publicação da Declaração de Independência, em 1776. Nesse aspecto, como em tantos outros, o entendimento de Lincoln estava muito alinhado com o dos Fundadores da nação. Eles também acreditavam que, com a Declaração, estabeleciam uma nova nação, apesar de ser uma nação cujas instituições políticas e leis fundamentais foram alteradas de forma significativa pela Constituição e depois por suas emendas. Lincoln observou que a nação que eles fundaram foi "concebida em liberdade e dedicada à proposição de que todos os homens são criados iguais". Essa compreensão da "lei natural" da fundação americana e do regime americano é, mais uma vez, algo que Lincoln manteve em comum com os próprios Fundadores. Como a própria Declaração proclama: "Consideramos essas verdades autoevidentes, que todos os homens são criados iguais, que são dotados por seu Criador de certos direitos inalienáveis, que entre estes estão a vida, a liberdade e a busca da felicidade".

Foi com base nisso que os estadistas fundadores dos Estados Unidos lançaram seu "experimento em liberdade ordenada", o experimento que iria, como disse Lincoln em Gettysburg, testar se um verdadeiro regime de governo republicano "pode durar muito" e se "o governo do povo, pelo povo

53 Um "score" é um conjunto de 20, então "quatro scores e sete" significa 87 anos. Esta é uma referência ao Congresso Continental que adotou o idioma da Declaração de Independência em 4 de julho de 1776 – 87 anos, 4 meses e 16 dias antes de Lincoln fazer seu famoso discurso. É com essa expressão que Lincoln abre o Discurso de Gettysburg em 19 de novembro de 1863. (N.T.)

e para o povo" – isto é, o governo republicano – sobreviveria no continente norte-americano ou, infelizmente, "desapareceria da face da terra". O experimento, portanto, era ousado. Mesmo assim, Thomas Jefferson, o principal redator da Declaração, insistiu que não havia nada de novo na filosofia da lei natural que ele e seus colegas tivessem estabelecido naquele documento como a base da liberdade republicana na nova nação. Refletindo sobre a Declaração em maio de 1825 – pouco mais de um ano antes de sua morte (e da morte de seu colega revolucionário, então inimigo político, então amigo, John Adams [1735-1826]), que ocorreu no quinquagésimo aniversário da Declaração – Jefferson disse em uma carta a Henry Lee (1732-1794) que o ponto do documento:

> não era para descobrir novos princípios ou novos argumentos nunca antes pensados, nem apenas para dizer coisas que nunca foram antes ditas, mas para colocar diante da humanidade o bom senso do assunto [...]. Destinava-se a ser uma expressão da mente americana e a dar a essa expressão o tom e o espírito adequados exigidos pela ocasião. Toda a sua autoridade repousa sobre os sentimentos harmoniosos do momento, sejam eles expressos em conversas, cartas, ensaios impressos ou nos livros elementares de direito público, como Aristóteles, Cícero, Locke, Sidney etc.

Bem, Jefferson, um erudito, estava ciente de que, em uma vasta gama de particularidades, a abordagem de Aristóteles à razão prática e à teoria moral e política difere da abordagem de Cícero (106 a.C.-43 a.C.), que, por sua vez, difere da abordagem de Locke, e assim por diante. Então, obviamente, Jefferson não estava afirmando que os Estados Unidos da América foram fundados em uma teoria particular da lei natural comum aos quatro filósofos políticos que ele menciona, além de outros cuja influência ele sinaliza com esse "etc.". A alegação, pelo contrário, é que uma ampla tradição de reflexão sobre a verdade moral e sua relação com a ordem política influenciou profundamente a "mente americana" que produziu a Declaração e os "sentimentos harmonizadores do momento" que motivaram a ousada e perigosa decisão de se rebelar contra a coroa britânica. Essa tradição inclui filósofos gregos e juristas romanos da Antiguidade, e continua através dos pensadores iluministas do próprio tempo dos Fundadores. É uma tradição de pensamento sobre a lei natural e os direitos naturais que é amplamente aristotélica (e tomista) em suas concepções fundamentais.

Não pretendo que este relato reproduza com exatidão o pensamento dos Pais Fundadores da América. Mas ele emerge da ampla tradição que Jefferson identifica como uma das principais fontes das crenças e sentimentos que encorajaram os Fundadores da América a comprometerem suas "vidas, fortunas e honra sagrada" na causa de uma lei ainda maior do que as regras estabelecidas por reis ou parlamentos.

Conhecimento da lei natural

O conhecimento que alguém tenha sobre a lei natural, como todo conhecimento, começa com a experiência, mas não termina nem se detém nela. Conhecer é uma atividade – uma atividade intelectual, é certo, mas, ainda assim, uma atividade. Todos nós temos a experiência de conhecer. Mas conhecer não é meramente experimentar. Conhecer é uma atividade complexa e dinâmica. O papel da experiência na atividade de conhecer é fornecer dados sobre os quais o intelecto investigador trabalha em prol da causa de alcançar a compreensão. *Insights* são *insights* sobre dados. Eles são, como o filósofo e teólogo Bernard Lonergan (1904-1984) brilhantemente demonstrou ao convidar os leitores a observarem e refletirem sobre suas próprias operações intelectuais comuns, fruto de um processo dinâmico e integrado de experimentar, entender e julgar[54].

Então, quais são os dados fornecidos pela experiência que estão na base dos julgamentos práticos – isto é, *insights* que constituem o conhecimento da lei natural? Eles são objetos de possibilidades inteligivelmente dignas de escolha – possibilidades que, na medida em que fornecem razões para agir (isto é, mais do que razões meramente instrumentais), nós as percebemos como *oportunidades*.

Em nossa experiência de amizade verdadeira, por exemplo, nós a compreendemos pelo que normalmente é um exercício sem esforço daquilo que Aristóteles chamou de "razão prática", o ponto inteligível de ter e ser um amigo. Entendemos que a amizade é desejável não apenas por razões instrumentais – na verdade, uma amizade puramente instrumental não seria amizade de forma alguma –, mas, acima de tudo, para seu próprio benefício. Porque percebemos o ponto inteligível de ter e ser um amigo, e compreendemos que o ponto fundamental da amizade é a própria amizade,

54 Ver LONERGAN, Bernard J. F. *Insight: A Study of Human Understanding*. Londres: Longman's, 1955.

não objetivos extrínsecos à amizade para os quais a atividade da amizade é apenas um meio; julgamos razoavelmente que a amizade é intrinsecamente valiosa. Sabemos que a amizade é um aspecto constitutivo e irredutível do bem-estar e realização humanos, e que, *precisamente como tal*, a amizade fornece uma razão para a ação que não requer, para sua inteligibilidade, nenhuma razão adicional ou mais profunda ou fator motivador sub-racional para o qual seja um meio.

O mesmo é verdade se mudarmos nosso foco para nossa experiência da própria atividade de conhecer. Em nossa experiência de admiração e curiosidade, de levantar questões e conceber estratégias para obter respostas corretas, de executar essas estratégias seguindo linhas de investigação, de alcançar *insights*, compreendemos (pelo que, novamente, para a maioria das pessoas, na maioria das circunstâncias, é um exercício sem esforço da razão prática) o ponto inteligível de buscar a verdade e encontrá-la. Entendemos que o conhecimento, embora possa ter um enorme valor instrumental, é também intrinsecamente valioso. Estar atento, informado, reflexivo, lúcido, cuidadoso, crítico e criterioso em seu pensamento e julgamento é ficar inerentemente enriquecido em uma dimensão-chave da vida humana. Julgamos justificadamente a atividade de conhecer, então, como um bem humano intrínseco (ou "básico"), um aspecto constitutivo e irredutível de nosso florescimento como seres humanos. Como a amizade e vários outros tipos de atividade, o conhecimento fornece uma razão para escolher e agir que não requer, para sua inteligibilidade, nenhuma razão adicional ou mais profunda ou fonte sub-racional de motivação para a qual seja um meio.

O conhecimento da lei natural, então, não é inato. Não oscila livre da experiência ou dos dados fornecidos pela experiência. Mesmo quando é facilmente alcançado, o conhecimento prático (isto é, o conhecimento da lei natural) é uma conquista. É fruto de *insights* sobre dados que a experiência fornece. O *insight* – o conhecimento – de que a amizade ou o próprio conhecimento é intrinsecamente gratificante para o ser humano está, em última análise, enraizado em nossas experiências elementares das atividades de amizade e conhecimento. Além dessas experiências, não haveria dados sobre os quais a razão prática pudesse trabalhar a fim de produzir uma compreensão do *ponto inteligível* (e, portanto, do valor) da amizade ou do conhecimento; não haveria dados para julgar que essas atividades são realizações intrínsecas da pessoa humana e, como tais, objetos dos princípios primários da razão prática e preceitos básicos da lei natural.

É claro que nem todo conhecimento prático é, estritamente falando, conhecimento moral (isto é, conhecimento de normas morais ou de suas aplicações corretas). Mas todo conhecimento moral é conhecimento prático; é (ou, centralmente, inclui) o conhecimento dos princípios para a direção e orientação da ação[55]. O conhecimento dos princípios práticos mais fundamentais que orientam a ação na direção dos bens humanos básicos e para longe de suas privações, embora não falando estritamente do conhecimento das normas morais, é fundamental para a geração e identificação de tais normas. Isso, porque as normas morais são princípios que orientam nossas ações em consonância com os princípios práticos primários integralmente concebidos. As normas de moralidade são especificações da diretividade dos vários aspectos do bem-estar e realização humanos que, tomados em conjunto, constituem o ideal do florescimento humano integral. Portanto, se o primeiro princípio da razão prática é, como diz Tomás de Aquino, "o bem deve ser feito e buscado, e o mal deve ser evitado"[56], então o primeiro princípio da moralidade é que "deve-se sempre escolher e, caso contrário, desejar de uma forma que seja compatível com uma vontade orientada para realização humana integral"[57]. E, assim como o primeiro princípio da razão prática é especificado, como Tomás de Aquino deixa claro ao identificar os vários aspectos irredutíveis do bem-estar e da realização humana (a saber, amizade, conhecimento, apreciação estética, desempenho habilidoso, religião e assim por diante), da mesma forma o primeiro princípio da moralidade é especificado pela identificação das normas de conduta que são acarretadas por um amor sincero ao bem humano (isto é, o bem das pessoas humanas) tomado como um todo.

Lei natural e direitos humanos

Uma teoria da lei natural é um relato crítico e reflexivo dos aspectos constitutivos do bem-estar e da realização das pessoas humanas e das comunidades que elas formam. Tal teoria irá propor-se a identificar princípios de ação correta – princípios morais –, especificando o primeiro e mais geral

55 Visto que o primeiro e mais básico princípio prático que direciona a escolha humana em direção ao que é inteligivelmente valioso e para longe de suas privações é fundamental para a identificação do conhecimento moral, há um sentido em que o conhecimento desse princípio é incipientemente conhecimento moral.
56 AQUINO, Tomás de. *Suma Teológica*, I-II, Q. 94, A. 2.
57 Sobre o primeiro princípio da moralidade e suas especificações, ver FINNIS, John; BOYLE JR., Joseph M. e GRISEZ, Germain. *Nuclear Deterrence, Morality, and Realism*. Oxford: Clarendon Press, 1987, p. 281-87.

princípio de moralidade: a saber, que se deve escolher e agir de maneira compatível com uma vontade orientada para a realização humana integral. Entre esses princípios estão o respeito pelos direitos que as pessoas possuem simplesmente em virtude de sua humanidade, direitos que, por uma questão de justiça, os outros são obrigados a respeitar, e os governos são obrigados não apenas a respeitar mas também, na medida do possível, proteger.

Os teóricos da lei natural do meu tipo entendem a realização humana – o bem humano – como variada. Existem muitas dimensões irredutíveis do bem-estar humano. Isso não é negar que a natureza humana é determinada. É afirmar que nossa natureza, embora determinada, é complexa. Somos animais, mas racionais. Nosso bem integral inclui não apenas nosso bem-estar corporal, mas também nosso bem-estar intelectual, moral e espiritual. Somos indivíduos, mas a amizade e a sociabilidade são aspectos constitutivos do nosso florescimento.

Ao refletir sobre os bens básicos da natureza humana, em especial aqueles mais imediatamente pertencentes à vida social e política, os teóricos do direito natural se propõem a chegar a uma compreensão sólida dos princípios de justiça, incluindo aqueles princípios que chamamos de direitos humanos. À luz de como os teóricos do direito natural entendem a natureza humana e o bem humano, não deveria ser surpresa saber que os teóricos do direito natural tipicamente rejeitam tanto o individualismo estrito quanto o coletivismo. O individualismo negligencia o valor *intrínseco* da sociabilidade humana e tende erroneamente a ver os seres humanos de forma atomística. Deixa de dar conta do valor intrínseco da amizade e de outros aspectos da sociabilidade humana, reduzindo todas as relações a *meios* pelos quais os parceiros colaboram com vistas a alcançar de forma mais plena ou eficiente suas metas e objetivos individuais. O coletivismo, enquanto isso, compromete a dignidade dos seres humanos ao tender a instrumentalizá-los e subordiná-los e ao seu bem-estar aos interesses de unidades sociais maiores – a comunidade, o Estado, o *volk*, a pátria, o *führer*, a futura utopia comunista. Individualistas e coletivistas têm teorias de justiça e direitos humanos, mas elas são, a meu ver, altamente insatisfatórias. Elas estão enraizadas em importantes mal-entendidos da natureza humana e do bem humano. Nenhuma das duas pode fazer justiça ao conceito de *pessoa* humana, isto é, um animal racional que é um *locus* de valor intrínseco (e, como tal, *um fim em si mesmo* que nunca pode tratar-se legitimamente ou ser tratado por outros como um mero *meio*), mas cujo bem-estar inclui intrinsecamente as relações com os outros e a pertença a comunidades (começando pela família) nas quais ele ou ela tem, por uma questão de justiça, tanto direitos quanto responsabilidades.

Os direitos humanos existem (ou são alcançados) se os princípios da razão prática nos orientam a agir ou a nos abstermos de agir de determinadas maneiras em respeito ao bem-estar e à dignidade das pessoas cujos interesses legítimos podem ser afetados por aquilo que fazemos. Eu sem dúvida acredito que existam tais princípios. Eles não podem ser substituídos por considerações de utilidade. Em um nível muito geral, eles nos orientam, nas palavras de Immanuel Kant (1724-1804), a tratar os seres humanos sempre como fins e nunca apenas como meios. Quando começamos a especificar essa norma geral, identificamos deveres negativos importantes, como o dever de abster-se de escravizar pessoas. Embora não precisemos colocar a questão em termos de "direitos", é perfeitamente razoável, e acredito útil, falar de um *direito* contra ser escravizado e falar da escravidão como uma violação dos *direitos* humanos. Não é um direito que temos em virtude de sermos membros de uma determinada raça, sexo, classe ou grupo étnico, mas unicamente em virtude de nossa humanidade[58]. Nesse sentido, é um direito *humano*. Mas há, além dos deveres negativos e seus direitos correspondentes, certos deveres positivos. E estes também podem ser articulados e discutidos na linguagem dos direitos, embora aqui devamos ser claros sobre quem e como um dado direito deve ser honrado.

Às vezes se diz, por exemplo, que a educação ou a assistência médica é um direito humano. Certamente não é irracional falar dessa maneira, mas muito mais precisa ser dito para que seja uma declaração significativa. Quem deve fornecer educação ou assistência médica a quem? Por que essas pessoas ou instituições devem ser as provedoras? Que lugar deve ocupar a educação ou a assistência médica na lista de prioridades sociais e políticas? É melhor que a educação e a assistência médica sejam fornecidas por

---

58 Pela expressão "nossa humanidade", refiro-me mais precisamente à natureza dos humanos como seres racionais. A natureza dos seres humanos é uma natureza racional. Assim, em virtude de nossa natureza humana, nós, seres humanos, possuímos uma dignidade profunda e inerente. O mesmo seria verdade, no entanto, de outros seres não humanos cuja natureza é uma natureza racional, se de fato existem tais seres. No caso dos humanos, mesmo os indivíduos que ainda não adquiriram as capacidades imediatamente exercíveis para o pensamento conceitual e outros atos racionais, e mesmo aqueles que as perderam temporária ou permanentemente, e, de fato, mesmo aqueles que não as possuem, nunca as possuíram, e (a menos que aconteça um milagre) nunca os possuirão, possuem uma natureza racional.

governos sob sistemas socializados ou por provedores privados nos mercados? Essas questões vão além da aplicação de princípios morais. Eles exigem um julgamento prudente à luz das circunstâncias contingentes que as pessoas enfrentam em uma determinada sociedade, em um determinado momento. Com frequência, não há uma resposta única e exclusivamente correta. A resposta a cada pergunta pode levar a outras perguntas. Os problemas podem ser extremamente complexos, muito mais complexos do que a questão da escravidão, onde uma vez identificado um direito, sua universalidade e os termos básicos de sua aplicação são bastante claros. Todo mundo tem o direito moral de não ser escravizado, e todo mundo tem a obrigação, por uma questão estrita de justiça, de se abster de escravizar os outros; os governos têm a obrigação moral de respeitar e proteger esse direito e, consequentemente, fazer cumprir a obrigação[59].

Dignidade humana

A compreensão da lei natural dos direitos humanos está ligada a uma consideração particular da dignidade humana. De acordo com esse aspecto, as capacidades humanas naturais para a razão e a liberdade são fundamentais para a dignidade dos seres humanos – a dignidade que é protegida pelos direitos humanos. Os bens básicos da natureza humana são os bens de uma criatura racional, uma criatura que, a menos que seja prejudicada ou impedida de agir assim, naturalmente desenvolve e exerce capacidades de deliberação, julgamento e escolha. Essas capacidades são divinas, embora, é claro, de forma limitada. De fato, do ponto de vista teológico, elas constituem uma certa participação – limitada sem dúvida, mas real – no poder divino. Isso é o que significa, creio eu, o ensino bíblico, de outra forma extraordinariamente intrigante, de que o homem foi feito à própria imagem e semelhança de Deus. Mas quer alguém reconheça ou não a autoridade bíblica ou acredite

59 Tendo dito isso, não quero sugerir uma diferença mais nítida do que pode ser justificada entre direitos positivos e negativos. Mesmo no caso de direitos negativos, às vezes é relevante perguntar como um direito deve ser honrado e quem, se houver, tem a responsabilidade particular de protegê-lo. Além disso, pode acontecer que não haja uma resposta exclusivamente correta para questões sobre qual lugar a proteção do direito deve ocupar na lista de prioridades sociais. Considere, por exemplo, o direito de não ser submetido a ataque ou agressão. Embora seja óbvio que os indivíduos têm a obrigação de respeitar esse direito, e igualmente óbvio que os governos têm a obrigação de proteger as pessoas dentro de sua jurisdição daqueles que o violam, diferentes comunidades diferenciam-se razoavelmente não apenas quanto aos meios de proteger as pessoas contra ataques e agressões, mas também quanto ao nível de recursos que alocam para proteger as pessoas contra violações do direito. Sou grato a Allen Buchanan por esse ponto.

em um Deus pessoal, é verdade que os seres humanos possuem um poder tradicionalmente atribuído à divindade – o poder de um agente para causar o que o agente não é causado para causar. Esse é o poder de imaginar uma possível realidade ou estado de coisas que não existe ou não se alcança agora, para perceber o ponto inteligível – o valor – de trazê-lo à existência e, então, agir por escolha (e não apenas por impulso ou instinto, como um animal bruto faria) para trazê-lo à existência. Esse estado de coisas pode envolver qualquer coisa, desde o desenvolvimento de uma habilidade intelectual à obtenção de um item de conhecimento, passando pela criação ou apreciação crítica de uma obra de arte, até o estabelecimento de comunhão conjugal. Seu significado moral ou cultural pode ser grande ou, muito mais comumente, comparativamente menor. O que importa aqui é que é um produto da razão e da liberdade humanas. É fruto de deliberação, julgamento e escolha.

Uma outra questão irá apresentar-se à mente de qualquer um que reconheça a semelhança divina de nossas capacidades de racionalidade e liberdade, capacidades que são imateriais e espirituais por natureza. Essa questão é se os seres capazes de tais poderes poderiam existir separados de uma fonte e fundamento divinos de seu ser. Assim, encontra-se na afirmação desses poderes um fundamento decisivo para a rejeição do materialismo e discerne-se a base de uma abertura e até mesmo as raízes de um argumento a favor do teísmo. Voltaremos a esse ponto mais adiante.

E quanto à autoridade dessa visão da natureza humana, do bem humano, da dignidade humana e dos direitos humanos? Os teóricos da lei natural estão interessados nas *razões* inteligíveis que as pessoas têm para suas escolhas e ações. Estamos particularmente interessados em razões que podem ser identificadas sem apelo a nenhuma autoridade que não a da própria razão. Isso não é para negar que, muitas vezes, é razoável reconhecer e submeter-se à autoridade religiosa ou secular (por exemplo, legal) ao decidir o que fazer e o que não fazer. De fato, os teóricos da lei natural fizeram importantes contribuições para se entender por que e como as pessoas, às vezes, podem ser moralmente obrigadas a se submeterem e a serem guiadas em suas ações por vários tipos de autoridade[60]. Mas mesmo aqui, a preocupação especial dos teóricos da lei natural é com as *razões* que as pessoas têm para reconhecer e

---

60 Ver, por exemplo, SIMON, Yves R. *A General Theory of Authority*. Chicago: University of Chicago Press, 1962; FINNIS, John. *Natural Law and Natural Rights*. Oxford: Oxford University Press, 2ª ed. 2011, p. 59-127.

honrar reivindicações de autoridade. Não simplesmente apelamos à autoridade para justificar a autoridade.

Alguém poderia, então, perguntar se os seres humanos são de fato racionais em algo além do que em um sentido instrumental. Podemos discernir quaisquer razões inteligíveis para escolhas e ações humanas? Todos reconhecem que alguns fins ou propósitos perseguidos por meio da ação humana são inteligíveis, pelo menos na medida em que fornecem meios para outros fins. Por exemplo, as pessoas trabalham para ganhar dinheiro, e isso é perfeitamente racional. O dinheiro é um meio valioso para muitos fins importantes. Ninguém duvida de seu valor instrumental. A questão é se alguns fins ou propósitos são inteligíveis quanto a fornecer *mais do que* razões *meramente instrumentais* para agir. Existem bens intrínsecos, como também instrumentais? Os céticos negam que existam fins ou propósitos inteligíveis que tornem possível a ação *racionalmente motivada*. Os teóricos da lei natural, por outro lado, sustentam que a amizade, o conhecimento, a apreciação estética crítica e alguns outros fins ou propósitos são intrinsecamente valiosos. Eles são inteligivelmente "dignos de escolha", não como meios para outros fins, mas como fins em si mesmos. Não podem ser reduzidos a, nem seu apelo inteligível pode ser explicado exclusivamente em termos de emoção, sentimento, desejo ou outros fatores motivadores sub-racionais. Esses bens humanos básicos são aspectos constitutivos do bem-estar e realização das pessoas humanas e das comunidades que elas formam e, portanto, fornecem os fundamentos dos julgamentos morais, incluindo nossos julgamentos relativos à justiça e aos direitos humanos.

É claro que muitas pessoas hoje adotam doutrinas filosóficas ou ideológicas que negam as capacidades humanas que eu defendo serem o cerne da dignidade humana. Elas adotam uma visão puramente instrumental e essencialmente não cognitivista da razão prática (por exemplo, a visão de Hume de que a razão nada mais é do que "a escrava das paixões"[61]) e argumentam que a experiência humana de deliberação, julgamento e escolha é ilusória. Os fins que as pessoas perseguem, insistem eles, são determinados por fatores motivadores não racionais, como sentimento, emoção ou desejo. "Os pensamentos estão para os desejos", Hobbes os ensinou a supor, "como batedores e espiões estão para se espalharem e encontrarem o caminho

61 HUMME, David. *A Treatise of Human Nature*. Oxford: Clarendon Press, 1888 [1739], l. 2, pt. 3, s. 3, p. 415.

para a coisa desejada"[62]. A ação verdadeiramente motivada pela razão é impossível para criaturas como nós. Não há mais do que razões meramente instrumentais para a ação, nenhum bem humano básico.

Se os proponentes dessa visão não cognitivista e subjetivista da ação humana estiverem certos, então me parece que todo o negócio da ética é uma farsa e a dignidade humana é um mito. Mas eu não acho que eles estejam certos. Na verdade, não acho que eles possam prestar qualquer conta das normas de racionalidade às quais devem apelar ao defender a razão e a liberdade, uma defesa que é consistente com a negação de que as pessoas sejam capazes de mais do que uma racionalidade meramente instrumental e verdadeira liberdade de escolha. Não nego que a emoção esteja presente na ação humana – obviamente está, e, em muitas ocasiões, ela (ou outros fatores sub-racionais) faz o principal trabalho de motivação. Mas eu sustento que as pessoas podem ter, e muitas vezes têm, razões básicas para suas ações – razões fornecidas por fins que elas entendem como humanamente gratificantes e *desejam exatamente como tal*. Esses fins também figuram na motivação[63].

Imperfeição humana e falha moral

Agora, se eu e outros teóricos do direito natural estamos corretos ao afirmar que a razão humana pode identificar os direitos humanos como a base genuína das obrigações para com os outros, como podemos explicar ou entender falhas generalizadas em reconhecer e respeitar os direitos humanos e outros princípios morais? Como seres humanos, somos animais racionais, mas imperfeitamente racionais. Somos propensos a cometer erros intelectuais e morais e somos capazes de nos comportar de maneira excessivamente irracional – em especial quando desviados por emoções fortes que vão contra as exigências da razoabilidade. Os cristãos têm um nome para isso: pecado. E outro nome: queda. Sofremos fraqueza de vontade e escuridão de intelecto. Mesmo seguindo nossa consciência, como somos moralmente obrigados a fazer, podemos errar. Um julgamento consciencioso pode, no entanto, ser errôneo.

---

62 HOBBES, Thomas. *Leviathan*. Edwin Curley (ed.). Londres: Hackett Publishing Company, 1994 [1651], p. 41.

63 Apresento uma crítica detalhada do ceticismo humeano e uma defesa de minha própria visão da relação da razão com o sentimento, a emoção e coisas do gênero em GEORGE, Robert P. *In Defense of Natural Law*. Oxford: Oxford University Press, 1999, cap. 1. Ver também FINNIS, John. *Reason in Action*. Oxford: Oxford University Press, 2011, cap. 1: "Practical Reason's Foundations".

Às vezes, as pessoas falham em reconhecer e respeitar os direitos humanos porque têm motivos de interesse próprio para fazê-lo. Na maioria dos casos de exploração, por exemplo, a falha fundamental é moral, não intelectual. Em alguns casos, porém, as falhas intelectuais e morais estão intimamente ligadas. Egoísmo, preconceito, partidarismo, vaidade, avareza, luxúria, má vontade e outras delinquências morais podem, de maneiras às vezes bastante sutis, impedir julgamentos éticos sólidos, incluindo julgamentos relativos aos direitos humanos. Culturas inteiras ou subculturas podem ser infectadas com falhas morais que cegam um grande número de pessoas para as verdades sobre justiça e direitos humanos; ideologias hostis a essas verdades quase sempre serão causas e efeitos dessas falhas. Considere o caso da escravidão no sul dos Estados Unidos antes da guerra. A ideologia da supremacia branca foi tanto a causa da cegueira de muitas pessoas para a perversidade da escravidão quanto um efeito da exploração e degradação de suas vítimas.

Lei natural e Deus

Voltemo-nos agora para a questão de Deus e da fé religiosa na teoria da lei natural. A maioria, mas não todos, os teóricos da lei natural são teístas. Eles acreditam que a ordem moral, como qualquer outra ordem na experiência humana, é o que é porque Deus a cria e a sustenta como tal. Ao explicar a inteligibilidade da ordem criada, eles depreendem a existência de uma inteligência livre e criativa – um Deus pessoal. Na verdade, eles normalmente argumentam que a livre escolha criativa de Deus fornece a única explicação satisfatória sobre a existência das inteligibilidades que os humanos apreendem em todos os domínios de investigação[64].

Os teóricos da lei natural não negam que Deus possa revelar verdades morais, e muitos acreditam que Deus escolheu revelar muitas dessas verdades. Mas os teóricos da lei natural também afirmam que muitas verdades morais, incluindo algumas que são reveladas, também podem ser apreendidas pela reflexão ética à parte da revelação. Eles afirmam, com São Paulo (c. 5-c. 67), que existe uma lei "escrita nos corações", mesmo dos gentios que não conheciam a lei de Moisés – uma lei cujo conhecimento é suficiente para a responsabilidade moral. Portanto, as normas básicas contra assassinato e

64 Ver, por exemplo, FINNIS, John. *Religion and Public Reasons*. Oxford: Oxford University Press, 2011, especialmente o cap. 1: "Darwin, Dewey, Religion, and the Public Domain".

roubo, embora reveladas no Decálogo, podem ser conhecidas mesmo à parte da revelação especial de Deus[65]. Podemos conhecer a lei natural e conformar nossa conduta a seus termos, em virtude de nossas capacidades humanas naturais de deliberação, julgamento e escolha. A ausência de uma fonte divina da lei natural seria uma coisa intrigante, assim como a ausência de uma fonte divina de toda e qualquer outra ordem inteligível na experiência humana seria uma coisa intrigante. A perplexidade de um ateu pode muito bem levá-lo a reconsiderar a ideia de que não existe uma fonte divina da ordem que percebemos e entendemos no universo. É muito menos provável, penso eu, levar alguém a concluir que nossa percepção é ilusória ou que nosso entendimento é uma farsa, embora isso, sem dúvida, seja logicamente possível.

Coloca-se, assim, a questão: pode a lei natural – assumindo que verdadeiramente existem princípios da lei natural – fornecer alguma medida de base moral comum, e até mesmo política, para pessoas que não concordam com a existência ou a natureza de Deus e o papel de Deus na vida humana? Na minha opinião, qualquer pessoa que reconheça as capacidades humanas para a razão e a liberdade tem boas razões para afirmar a dignidade humana e os direitos humanos básicos. Esses fundamentos permanecem em vigor, independentemente de alguém fazer ou não a pergunta: "Existe uma fonte divina da ordem moral cujos princípios discernimos na investigação sobre a lei natural e os direitos naturais?". Acontece que, a meu ver, a resposta a essa pergunta é "sim", e que devemos estar abertos à possibilidade de que Deus se revelou de maneiras que reforçam e complementam o que pode ser conhecido por conta própria. Mas não precisamos concordar sobre a resposta, desde que concordemos sobre as verdades que dão origem à questão – a saber, que os seres humanos, possuindo poderes divinos (literalmente *impressionantes*) de razão e liberdade, são portadores de uma profunda dignidade que é protegida por certos direitos básicos.

Portanto, se existe um conjunto de normas morais, incluindo normas de justiça e direitos humanos, que pode ser conhecido por investigação, compreensão e julgamento racionais, mesmo à parte de qualquer revelação especial, então essas normas da lei natural podem fornecer a base para um entendimento comum dos direitos humanos – um entendimento que pode ser compartilhado mesmo na ausência de acordo religioso. Claro, não devemos

65 Ver AQUINO, Tomás de. *Suma Teológica*, I-II, Q. 91, art. 2, Q. 100, art. 1.

esperar consenso. Existem céticos morais que negam a existência de verdades morais. Existem fideístas religiosos que sustentam que as verdades morais não podem ser conhecidas sem a revelação especial de Deus. E mesmo entre aqueles que acreditam na lei natural, há diferenças de opinião sobre seu conteúdo preciso e implicações para certas questões. Portanto, acredito que seja nossa condição permanente discutir e debater esses aspectos, tanto como uma questão de filosofia abstrata quanto como uma questão de política prática.

Desafios à filosofia do direito natural

Às vezes, é considerado um embaraço para o pensamento do direito natural que algumas grandes figuras antigas e medievais na tradição do direito natural falharam em reconhecer – ou negaram – os direitos humanos que os teóricos contemporâneos do direito natural afirmam, e até mesmo consideram, fundamentais. Considere, por exemplo, o direito humano básico à liberdade religiosa. Esse direito não foi amplamente reconhecido no passado, e até foi negado por alguns proeminentes teóricos do direito natural. Como observou o professor de Oxford John Finnis, eles erroneamente acreditavam que uma ampla concepção de liberdade em questões de fé pressupunha o relativismo religioso ou o indiferentismo, ou acarretava que os votos religiosos eram imorais ou não obrigatórios, ou que as comunidades eclesiais devem ser subservientes ao Estado[66]. É interessante que, quando a Igreja católica se declarou firmemente em apoio ao direito à liberdade religiosa na *Dignitatis Humanae* do Concílio Vaticano II, ela apresentou tanto um argumento de direito natural quanto um argumento de fontes especificamente teológicas. O argumento da lei natural para a liberdade religiosa está fundamentado na obrigação de cada pessoa de buscar a verdade sobre questões religiosas e viver em conformidade com seus julgamentos conscientes[67]. Essa obrigação está, por sua vez, enraizada na proposição de que a religião – considerada como a busca conscienciosa da verdade em relação às fontes últimas de significado e valor – é uma dimensão crucial do bem-estar e da realização humana, e está entre os bens humanos básicos que fornecem motivação racional para

66 Ver FINNIS, John. *Moral Absolutes: Tradition, Revision, and Truth*. Washington: Catholic University of America Press, 1991, 26-50.

67 CONCÍLIO VATICANO II. *Declaração* Dignitatis Humanae *sobre a Liberdade Religiosa*, secs. 2-3. Reimpresso em *Second Vatican Council: The Conciliar and Post-Conciliar Documents*. Austin Flannery, OP (ed.). Northport: Costello, ed. rev. 1988, p. 800-801.

o nosso escolher. O direito à liberdade religiosa decorre da dignidade do homem como um buscador consciencioso da verdade.

Esse direito e outros direitos humanos são negados e atacados hoje de várias partes, e em muitas partes do mundo eles são rotineiramente violados. A justificativa ideológica para sua negação e violação pode ser religiosa ou secular. Em algumas partes do mundo, a liberdade religiosa e outros direitos humanos básicos são negados em nome da verdade teológica. Em outras partes do mundo, as ameaças vêm de ideologias secularistas. Onde as ideologias secularistas são liberais na forma, as reivindicações de um direito abrangente à autonomia (ou uma versão corrompida do verdadeiro direito de ter a mesma dignidade respeitada) são frequentemente afirmadas para justificar escolhas, ações e políticas que os teóricos da lei natural acreditam que são injustas e que prejudicam o bem comum. Se a visão do direito natural sobre essas questões estiver correta, então são as falhas morais conspirando com os erros intelectuais que sustentam as ideologias que comprometem os direitos humanos. Em certo sentido, as falhas estão em polos opostos. No entanto, da perspectiva da lei natural, os partidários das ideologias concorrentes fazem críticas válidas uns aos outros. Os radicais islâmicos, por exemplo, condenam duramente as características decadentes das culturas nas quais floresce a ideologia da Geração do Eu ("Se faz você se sentir bem, faça"). Por outro lado, os liberais ideológicos denunciam a subjugação das mulheres e a opressão dos dissidentes religiosos onde impera o Islã fundamentalista.

Como os teóricos do direito natural veem, as ameaças à dignidade humana e aos direitos humanos existem porque todos nós, como seres humanos, somos imperfeitamente razoáveis e imperfeitamente morais. Para colocar isso em termos cristãos, somos criaturas decaídas, pecadores. Ao mesmo tempo, a esperança existe porque realmente possuímos as capacidades de razoabilidade e virtude; a verdade – incluindo a verdade moral – é acessível a nós e tem seu próprio esplendor e apelo poderoso. Jamais, neste vale de lágrimas, apreenderemos completamente a verdade ou de forma totalmente isenta de erros. Nem viveremos plenamente de acordo com as verdades morais que percebemos. Mas, assim como progredimos ao abolirmos o mal da escravidão, ao acabarmos com a segregação racial legalmente sancionada, ao reconhecermos o direito à liberdade religiosa e ao nos afastarmos das políticas de eugenia outrora favorecidas por tantas pessoas respeitáveis, os teóricos do direito natural esperam que possamos fazer progressos e reverter declínios em outras áreas, inclusive na proteção da vida humana contra o aborto, a pesquisa destrutiva de embriões e a eutanásia, e na proteção e revitalização da cultura do casamento, começando com a preservação do casamento como união conjugal de marido e mulher.

Claro, as pessoas que rejeitam a compreensão da lei natural da dignidade humana e dos direitos humanos irão diferir dos teóricos da lei natural em questões sobre o que constitui progresso e declínio. Os islâmicos radicais considerarão o tipo de liberdade religiosa defendida pelos teóricos da lei natural como heresia licenciosa e irresponsabilidade religiosa, e verão as ideias da lei natural apenas como uma forma retoricamente atenuada do secularismo liberal ocidental. Em contraste, os secularistas liberais considerarão as ideias da lei natural sobre aborto, sexualidade e outras questões morais polêmicas como intolerantes e opressivas – uma forma filosoficamente enfeitada de fundamentalismo religioso. No final, porém, as ideias da lei natural – assim como o islamismo radical ou as ideias secularistas liberais – terão de permanecer ou cair por seus próprios méritos. Qualquer um que se pergunte se elas são boas ou ruins terá que considerar os argumentos oferecidos em seu apoio e os contra-argumentos apresentados por seus críticos.

A "nova" teoria do direito natural

Mesmo entre as pessoas que são consideradas, ou que se consideram, como teóricos da lei natural, existem abordagens concorrentes da lei natural e dos direitos naturais. Em vários escritos, associei-me ao que, às vezes, é chamado de "nova teoria da lei natural", de Germain Grisez (1929-2018) e John Finnis. Mas se há algo realmente *novo* em nossa abordagem, é questionável. O cerne do que Grisez, Finnis e eu dizemos no âmbito da teoria moral fundamental está presente, pelo menos implicitamente, nos escritos de Aristóteles, Tomás de Aquino e outros pensadores antigos, medievais e do início da Era Moderna. Alguns analistas têm insistido que o que dizemos é fundamentalmente novo (e, do ponto de vista de nossos críticos dentro do campo da lei natural, equivocado), porque estamos decididos a respeitar a distinção entre descrição e prescrição — ou seja, a evitar a falácia (como a vemos) de propor a derivação de julgamentos normativos de premissas *puramente* factuais que *descrevem* a natureza humana. Seria falacioso, por exemplo, inferir o valor do conhecimento do fato de que os seres humanos são naturalmente curiosos e desejam conhecer. Mas aqui estamos sendo fiéis aos *insights* metodológicos e restrições de Tomás de Aquino. Ao contrário do que às vezes se supõe, ele reconheceu que o que mais tarde viria a ser chamado de "falácia naturalista" é de fato uma falácia, e ele foi muito mais rigoroso em evitá-la do que David Hume, que às vezes é creditado por "descobri-la"[68].

Se, apoiando-nos em Aristóteles e Tomás de Aquino, pudemos contribuir com algo significativo para a tradição da teorização do direito natural, isso se baseia no trabalho do professor Grisez, que mostra como "modos de responsabilidade" permanecem como implicações da diretriz integral dos princípios mais básicos da razão prática, que direcionam a ação humana para os bens humanos básicos e para longe de suas privações. Os modos de responsabilidade são intermediários em sua generalidade entre o primeiro e mais geral princípio da moralidade ("deve-se sempre escolher [...] de uma forma que seja compatível com uma vontade direcionada para realização humana integral") e as normas morais totalmente especificadas que regem escolhas particulares. Os modos incluem a Regra de Ouro da justiça e o Princípio Paulino, que afirma que atos que são maus em si mesmos (*mala in se*) não podem ser praticados mesmo em prol de boas consequências. Eles começam a especificar o que significa agir (ou deixar de agir) de maneira compatível com uma vontade positivamente direcionada (ou, pelo menos, não negativamente) para o bem-estar de todos os seres humanos em todos os aspectos em que os seres humanos podem florescer – a realização humana integral.

Nossa explicação dos modos de responsabilidade ajuda a esclarecer as maneiras pelas quais as teorias do direito natural são semelhantes e diferentes das abordagens utilitárias (e outras consequencialistas) da moralidade, por um lado, e das abordagens kantianas (ou "deontológicas"), por outro. Como as abordagens utilitárias, e ao contrário das kantianas, as teorias do direito natural estão fundamentalmente preocupadas com o bem-estar e a realização humanos – e, de fato, com a identificação de princípios que direcionam nossa escolha para bens humanos básicos e para longe de suas privações – como pontos de partida de reflexão ética. Ao contrário das abordagens utilitárias, no entanto, eles entendem as formas básicas do bem humano (conforme figuram nas opções de escolha moralmente significativa) como incomensuráveis, de maneiras que tornam sem sentido a estratégia utilitarista de tentar escolher

68 Ver FINNIS, John. *Natural Law and Natural Rights*. Oxford: Clarendon Press, 2nd ed. 2011, p. 33-48.

a opção que, em geral e em longo prazo, trará a melhor proporção líquida de benefício para dano (independentemente de como "benefício" e "dano" podem ser entendidos e definidos). Como os kantianos, os teóricos do direito natural rejeitam explicações agregativas da moralidade que consideram a obtenção de consequências suficientemente boas ou o evitamento de consequências suficientemente ruins como justificativas para escolhas que, em circunstâncias comuns, seriam excluídas pela aplicação de princípios morais. Ao contrário dos kantianos, no entanto, eles não acreditam que as normas morais possam ser identificadas e justificadas à parte de uma consideração da diretiva integral dos princípios da razão prática, direcionando a escolha e a ação humanas para o que é humanamente satisfatório e longe do que é contrário ao bem humano. Os teóricos do direito natural não acreditam em normas morais puramente "deontológicas". O raciocínio prático é o raciocínio sobre *ambos* o "certo" e o "bom", e os dois estão conectados. O conteúdo do bem humano molda as normas morais na medida em que tais normas acarretam os aspectos básicos do bem-estar e da realização humanos considerados integralmente.

Tal visão pressupõe a possibilidade de livre escolha – isto é, uma escolha que não é o produto puro nem de forças externas nem de fatores motivadores internos, mas sub-racionais, como o mero desejo. Assim, uma teoria completa da lei natural incluirá uma abordagem dos princípios da razão prática, incluindo normas morais, como princípios para a orientação racional das escolhas livres e uma defesa da escolha livre como uma possibilidade genuína. Isso acarreta a rejeição do racionalismo estrito, segundo o qual todos os fenômenos são vistos como causados. Ela entende os seres humanos – alguns seres humanos, pelo menos às vezes – como capazes de causar realidades que eles trazem à existência *por razões fruto de escolhas livres*. Na explicação da lei natural da ação humana, a liberdade e a razão são mutuamente vinculadas. Se as pessoas não fossem realmente livres para escolher entre as opções – livres no sentido de que nada além da própria escolha determina qual opção será escolhida –, a ação verdadeiramente motivada racionalmente não seria possível. Por outro lado, se a ação racionalmente motivada não fosse possível, a experiência que temos de escolher livremente seria ilusória[69].

---

69 Em defesa da liberdade de escolha (ou liberdade de vontade) conforme descrito aqui, ver BOYLE JR., Joseph M.; GRISEZ, Germain e TOLLEFSEN, Olaf. *Free Choice: A Self-Referential Argument*. Notre Dame: University of Notre Dame Press, 1976.

Outra característica da abordagem da lei natural da ação humana que os "novos" teóricos da lei natural enfatizam é o conjunto de distinções entre vários modos de voluntariedade. Entendemos a moralidade como fundamentalmente uma questão de retidão no querer. Nos juízos morais sensatos e nas escolhas e ações corretas, a vontade do agente orienta-se positivamente para o bem humano integralmente concebido. Ao escolher e agir, não se está buscando todos os bens humanos – isso não é possível –, mas está-se buscando, pelo menos, um bem humano básico, e, se alguém está escolhendo e agindo de maneira moralmente correta, está respeitando os outros. No entanto, não é óbvio que muitas escolhas corretas – escolhas de bons fins buscados por meios moralmente bons – têm algumas consequências ruins?

Por exemplo, sabemos com certeza moral que, ao autorizar motoristas de rodovias a operar a uma velocidade de, digamos, 105 quilômetros por hora, estamos permitindo a existência de uma circunstância em que vários milhares de pessoas a cada ano morrerão em acidentes automobilísticos. Mas, de acordo com a compreensão da lei natural da ação humana, há uma distinção real e, às vezes, moralmente crítica entre a *intenção* de prejudicar um bem humano básico (e, portanto, uma pessoa, uma vez que os bens humanos não são meras abstrações, mas aspectos do bem-estar de seres humanos de carne e osso) e aceitar o dano previsto como efeito colateral de uma escolha moralmente justificada. Por exemplo, a intenção de tirar a vida de alguém (seja como um fim em si ou como um meio para outro objetivo) é diferente de aceitar a morte como um *efeito colateral* (mesmo que o efeito colateral seja claramente previsto, pois prevemos a morte de motoristas e passageiros nas rodovias em acidentes comuns)[70].

Lei natural e virtude moral

Deixe-me concluir com mais uma proposição enfatizada pelos teóricos da lei natural – a saber, que por meio de nossas escolhas e ações não apenas alteramos estados de coisas no mundo externo a nós, mas também determinamos e nos constituímos (para o bem ou para o mal) como pessoas com um certo

70 Embora a distinção entre intencionar efeitos colaterais ruins e aceitá-los seja muitas vezes pertinente à avaliação moral de acordo com a lei natural, não se deve supor que seja impossível violar normas morais ao aceitar efeitos colaterais. Pelo contrário, alguém pode se comportar injustamente, por exemplo, ao aceitar efeitos colaterais ruins, mesmo quando não infringiu a norma contra a intenção, digamos, de matar ou ferir um ser humano inocente. Ver, por exemplo, GEORGE, Robert P. *In Defense of Natural Law*. Oxford: Oxford University Press, 1999, p. 106.

caráter[71]. O reconhecimento dessa autoformação ou qualidade "intransitiva" da escolha moralmente significativa leva a um foco nas virtudes como hábitos nascidos da escolha correta que nos orientam e nos dispõem a uma escolha mais correta, especialmente diante das tentações de comportar-se imoralmente.

As pessoas às vezes perguntam: a lei natural é sobre regras ou virtudes? A resposta do ponto de vista da "nova" teoria da lei natural é que se trata de *ambas*. Uma teoria completa da lei natural identifica normas para distinguir o certo do errado, bem como hábitos ou traços de caráter cujo cultivo dispõe as pessoas a escolherem em conformidade com as normas e, portanto, de forma compatível com o que poderíamos chamar, tomando emprestada uma expressão de Kant, uma boa vontade, uma vontade orientada para a realização humana integral.

---

71 Ver, por exemplo, ARISTÓTELES. *Ética a Nicômaco*, 1113b5-13.

CAPÍTULO 9

POR QUE VERDADES MORAIS IMPORTAM

As obrigações e os propósitos da lei e do governo são proteger a saúde pública, a segurança e a moral e promover o bem-estar geral, incluindo, principalmente, a proteção dos direitos e liberdades fundamentais das pessoas.

À primeira vista, essa formulação clássica (ou combinação de formulações clássicas) parece conceder poderes vastos e abrangentes à autoridade pública. Mas, na verdade, o bem-estar geral – o bem comum – exige que o governo seja limitado. A responsabilidade do governo é primordial quando as questões envolvem defender a nação de ataques e subversões, proteger as pessoas de agressões físicas e várias outras formas de depredação e manter a ordem pública. De outras formas, porém, seu papel é *subsidiário*: apoiar o trabalho das famílias, comunidades religiosas e outras instituições da sociedade civil que assumem o encargo primário de formarem cidadãos íntegros e decentes, cuidarem dos necessitados e encorajarem as pessoas a cumprirem suas responsabilidades umas para com as outras, enquanto as desencoraja de prejudicar a si mesmas ou às outras.

O respeito governamental à liberdade individual e à autonomia das esferas de autoridade não governamentais é, portanto, uma exigência da moralidade política. O governo não deve tentar administrar a vida das pessoas ou usurpar os papéis e responsabilidades das famílias, entidades religiosas e outras comunidades de autoridade formadoras de caráter e cultura. A usurpação da autoridade justa de famílias, comunidades religiosas e outras instituições é injusta por princípio, muitas vezes gravemente, e o registro de governo grande no século XX – mesmo quando não degenerou em um totalitarismo vicioso – mostra que isso faz pouco bem em longo prazo e frequentemente prejudica aqueles a quem procura ajudar.

O governo limitado é um princípio fundamental do liberalismo clássico – o liberalismo de pessoas como Madison e Tocqueville[72] –, embora hoje seja considerado um ideal conservador. De qualquer forma, alguém que acredita em governo limitado não precisa abraçar o libertarianismo. A posição estritamente libertária, parece-me, vai longe demais ao privar o governo até mesmo de seu papel subsidiário. Ela subestima a importância de manter uma ecologia moral razoavelmente saudável, especialmente para a criação dos filhos, e omite o papel legítimo do governo em apoiar as instituições não governamentais que arcam com o ônus principal na ajuda aos necessitados.

Ainda assim, o libertarianismo responde a certas verdades sobre o governo grande, especialmente nas dimensões burocráticas e gerenciais do governo. A liberdade econômica não pode garantir a liberdade política e a justa autonomia das instituições da sociedade civil, mas, na ausência da liberdade econômica, outras honrosas liberdades pessoais e institucionais raramente são garantidas. Além disso, a concentração do poder econômico nas mãos do governo é algo que todo verdadeiro amigo das liberdades civis já deveria ter aprendido a temer.

Existe uma verdade ainda mais profunda, que vai além da economia, à qual o libertarianismo responde: a lei e o governo existem para proteger as pessoas humanas e garantir seu bem-estar. Não é o contrário, como supõem os comunistas e outras formas de ideologia coletivista. Os indivíduos não são engrenagens em uma roda social. Normas estritas de justiça política proíbem que as pessoas sejam tratadas como meros servidores ou instrumentos do Estado. Essas normas igualmente excluem o sacrifício da dignidade e dos direitos das pessoas em prol de algum suposto "bem geral maior".

O que é a verdade?

É um erro profundo supor que o princípio do governo limitado está enraizado na negação da verdade moral ou em uma suposta exigência dos governos de absterem-se de agir com base em julgamentos sobre a verdade moral. Pois nosso compromisso com o governo limitado é em si fruto de uma convicção moral – convicção fundada, em última análise, em verdades

72 Cabe, assim, diferenciar, no contexto determinado de cada parte desta obra, a qual "liberalismo" se refere o autor: ao liberalismo de matriz clássica, mais próxima do que hoje denominamos no Brasil de "conservadorismo" ou "liberal-conservadorismo"; ou o liberalismo estilo americano contemporâneo (*liberals*), o qual comummente chamamos "progressismo". (N.E.)

que os Fundadores da nossa nação proclamaram como evidentes, a saber: "que todos os homens são criados iguais, que são dotados por seu Criador de certos direitos inalienáveis, que entre estes estão a vida, a liberdade e a busca da felicidade".

Na base está a proposição de que cada ser humano possui uma dignidade profunda, inerente e igual simplesmente em virtude de sua natureza como uma criatura racional, uma criatura que possui, embora em medida limitada (e no caso de alguns seres humanos na raiz ou em forma rudimentar), razão e liberdade, poderes que tornam possíveis fenômenos humanos e humanizadores como a investigação intelectual, a apreciação estética, o respeito por si mesmo e pelos outros, a amizade e o amor. Essa grande verdade da lei natural, que está no cerne de nossa ordem civilizacional e cívica, tem sua expressão teológica no ensino bíblico de que o homem, diferentemente dos animais brutos, é feito à própria imagem e semelhança do divino criador e governante do universo.

É fundamental ter em mente essa grande verdade. Não devemos adotar uma compreensão meramente pragmática ou falar apenas de considerações práticas ao abordar as questões prementes de nossos dias. Posições sólidas não podem ser efetivamente apresentadas e defendidas por cidadãos e estadistas que não desejam ou são incapazes de engajar-se em argumentos morais. É por isso que devemos, em minha opinião, nos dedicarmos novamente a entender e defender a moralidade da santidade da vida humana em todos os estágios e condições, e a dignidade do casamento como a união conjugal de um homem e uma mulher.

Por favor, não me entenda mal. Não estou dizendo que considerações práticas devam ou mesmo possam ser deixadas de fora do argumento. Em uma compreensão adequada da moralidade, as considerações práticas não são "meramente" práticas. O argumento moral para a reforma das leis de divórcio unilateral, por exemplo, inclui referência às consequências sociais devastadoras – indutoras de pobreza e promotoras do crime – do colapso de uma cultura de casamento saudável e ao papel do divórcio unilateral em contribuir para esse colapso. O argumento moral para restaurar a proteção legal ao nascituro inclui referência às consequências psicológicas adversas e, em alguns casos, físicas do aborto em muitas mulheres que se submetem ao procedimento. Nossa tarefa deve ser entender a verdade moral e pronunciá-la a todo momento, oportuna e inoportunamente. Os pragmatistas puros nos dirão que o público já está demasiadamente imerso no relativismo moral ou mesmo na delinquência moral para ser alcançado pelo argumento moral. Mas devemos ter fé que a verdade é luminosamente poderosa, de modo que, se testemunharmos a verdade sobre, digamos, o casamento e a santidade da vida humana – com amor, civilidade, mas também com paixão e determinação –, e se honrarmos a verdade promovendo nossas posições, até mesmo muitos de nossos concidadãos que agora se encontram do outro lado dessas questões irão cair em si.

Falar da verdade assusta algumas pessoas hoje. Elas evidentemente acreditam que as pessoas que afirmam saber a verdade sobre qualquer coisa – especialmente sobre questões morais – são fundamentalistas e totalitárias em potencial. Mas, como o professor de Amherst Hadley Arkes explicou pacientemente, aqueles que estão do outro lado dos grandes debates sobre questões sociais, como o aborto e o casamento, fazem reivindicações de verdade – reivindicações de verdade moral – o tempo todo. Eles afirmam suas posições com não menos confiança e não mais dúvida do que se encontra na defesa dos pró-vida e defensores do casamento conjugal. Eles proclamam que as mulheres têm o direito fundamental ao aborto. Eles sustentam que "o amor faz uma família" e fazem outras reivindicações morais fortes e controversas. A questão, então, não é se existem verdades sobre coisas como a moralidade do aborto e a natureza do casamento; a questão em cada caso é: o que é a verdade?

O que é central e decisivamente verdadeiro sobre embriões e fetos humanos é que eles são indivíduos vivos da espécie *Homo sapiens* – membros da família humana – em estágios iniciais de seu desenvolvimento natural. Cada um de nós já foi um embrião, assim como cada um de nós já foi um adolescente, uma criança, um bebê e um feto. Cada um de nós se desenvolveu desde o embrião até os estágios fetal, bebê, criança e adolescente de nossas vidas e até a idade adulta, com sua distinção, unidade e identidade totalmente intactas. Como a embriologia moderna confirma sem sombra de dúvida, nunca fomos partes de nossas mães; éramos, desde o início, organismos completos e autointegrados que se desenvolveram até a maturidade por meio de um processo gradual, contínuo e autodirigido. Nosso princípio fundamental da dignidade profunda, inerente e igual de todo ser humano exige que todos os membros da família humana sejam respeitados e protegidos, independentemente não apenas de raça, sexo e etnia, mas também de idade, tamanho, localização, estágio de desenvolvimento e condição de dependência. Excluir alguém da proteção da lei é tratá-lo injustamente.

E assim me parece que a justiça exige nossa oposição resoluta à morte de embriões humanos para pesquisas biomédicas e ao aborto eletivo. Se quisermos fazer aos outros o que gostaríamos que fizessem a nós, insistiremos que a lei e as políticas públicas respeitem a vida de todos os membros da família humana, incluindo aqueles no que o falecido Paul Ramsey (1913-1988) chamou de limites da vida: os nascituros, os gravemente deficientes, os frágeis, os idosos.

Claro, a política é a arte do possível. E, como Frederick Douglass nos lembrou em sua homenagem a Lincoln, a opinião pública e outras restrições, por vezes, limitam o que pode ser feito no momento a fim de promover qualquer causa justa. O movimento pró-vida nos últimos anos estabeleceu uma estratégia incrementalista para proteger a vida humana nascente. Desde que incrementalismo[73] não seja um eufemismo para rendição ou negligência, pode ser totalmente honroso. Muitas vidas foram salvas, e muitas mais podem ser salvas, por leis que proíbam o financiamento público do aborto; que exijam o consentimento dos pais, ou pelo menos notificação, para abortos realizados em menores; que ordenem a divulgação completa, às mulheres que pretendem abortar, de informações factuais sobre o desenvolvimento fetal e as possíveis consequências para a saúde física e mental de se submeterem ao aborto; que proíbam abortos tardios e métodos particularmente horríveis de aborto, como o aborto de nascimento parcial; e proíbam a produção de seres humanos por clonagem ou outros métodos para fins de pesquisa em que sejam destruídos na fase embrionária ou fetal. Além disso, a implantação, na lei, de premissas cuja lógica exige, ao final, o pleno respeito a todos os membros da família humana pode ser algo valioso a se fazer, mesmo quando essas premissas pareçam modestas.

O que é o casamento?

Deixe-me voltar para a outra grande questão moral que enfrentamos hoje: o casamento. A instituição do casamento está agredida em nossa cultura, mas não está perdida. Muitos danos foram causados por má legislação e política, quase sempre em nome de reforma. Essa legislação e política precisam agora elas mesmas de reforma.

---

73 O incrementalismo, teoria da formulação de políticas públicas segundo a qual as políticas resultam de um processo de interação e adaptação mútua entre uma multiplicidade de atores que defendem valores diferentes, representam interesses diferentes e possuem informações diferentes. Ver: https://www.britannica.com/topic/incrementalism. (N.T.)

Se quisermos restaurar e assegurar a instituição do casamento, devemos recuperar uma compreensão sólida do que é o casamento e de por que é do interesse público que a lei e as políticas tomem dele conhecimento e o apoiem. O casamento é uma forma pré-política de associação – o que pode ser chamado de instituição natural. Não é criado por lei, embora a lei o reconheça e o regule em todas as culturas. Em nenhum lugar isso é tratado como um assunto puramente privado.

Alguns que se encontram na margem do libertário brincam com a ideia de que o casamento pode ser privatizado, e até mesmo alguns que não estão nessa margem se perguntam se essa pode ser a melhor solução para a controvérsia a respeito do casamento entre pessoas do mesmo sexo. Entendo por que alguém consideraria essa ideia, mas ela me parece ruim. Há uma razão para que todas as culturas tratem o casamento como uma questão de interesse público e até o reconheçam na lei e o regulem. A família é a unidade fundamental da sociedade. Os governos contam com as famílias para produzirem algo de que os governos precisam, mas que, por conta própria, não poderiam produzir: pessoas íntegras e decentes que se tornam cidadãos honestos, cumpridores da lei e com espírito público. E o casamento é o fundamento indispensável da família. Embora todos os casamentos em todas as culturas tenham suas imperfeições, os filhos florescem em um ambiente onde se beneficiam do amor e cuidado da mãe e do pai, e do amor dedicado e exclusivo de seus pais um pelo outro.

Qualquer um que acredite em governo limitado deve fortemente promover o apoio do governo à família. Isso soa paradoxal? Na ausência de uma forte cultura de casamento, as famílias não se formam e, quando o fazem, com frequência são instáveis. Pais[74] ausentes tornam-se um problema sério, nascimentos fora do casamento são comuns e segue-se uma série de patologias sociais. Com as famílias fracassando em desempenhar suas funções de saúde, educação e bem-estar, cresce a demanda pelo governo, seja na forma de maior policiamento ou como provedor de outros serviços sociais. Burocracias devem ser criadas, e elas inexoravelmente se expandem; na verdade, elas se tornam poderosos lobistas para sua própria preservação e expansão. Todos sofrem, com os mais pobres e vulneráveis sofrendo mais.

74 O termo usado em inglês mostra que o autor se refere especificamente à figura paterna. (N.T.)

Argumentos práticos ou pragmáticos são legítimos e importantes. Mas a defesa efetiva do casamento contra o atual ataque exigirá uma compreensão do casamento como uma questão de verdade moral. Bem poucos políticos pró-casamento estão dispostos a dizer muito sobre o que o casamento realmente é. Isso dá aos que querem abolir a concepção conjugal do casamento uma importante vantagem no debate público. Eles martelam com sua retórica de "o amor faz uma família" e exigem saber como o casamento de qualquer pessoa seria ameaçado se os parceiros do mesmo sexo da casa ao lado também pudessem se casar.

Todos concordam que o casamento, seja o que for ou faça, é um relacionamento no qual as *pessoas* estão unidas. Mas o que são pessoas? E como é possível que duas ou mais delas se unam? De acordo com a visão implícita na ideologia sexual-liberacionista, a pessoa é entendida como o aspecto consciente e desejante do eu. A pessoa, assim compreendida, habita um corpo, mas o corpo é considerado (ainda que apenas implicitamente) como uma parte subpessoal do ser humano, em vez de parte da realidade pessoal do ser humano de quem é o corpo. O corpo é visto como servindo aos interesses do aspecto consciente e desejante do eu, funcionando como um instrumento pelo qual o indivíduo produz ou participa de satisfações e outras experiências desejáveis e realiza vários objetivos e metas.

Para aqueles que aceitam formal ou informalmente essa compreensão do que são os seres humanos, a unidade pessoal não pode ser alcançada pela união corporal como tal. As pessoas se unem unindo-se *emocionalmente* (ou, como dizem aqueles de certo tipo de mentalidade religiosa, *espiritualmente*). Se isso for verdade, então as pessoas do mesmo sexo podem se unir e compartilhar experiências sexuais que, supõem, aumentarão sua união pessoal, permitindo-lhes expressar afeto, compartilhar o prazer exclusivamente intenso do sexo e sentir mais intensamente em virtude de seu jogo sexual.

A visão alternativa do que são as pessoas é aquela incorporada tanto em nossa lei histórica do casamento quanto no que Isaiah Berlin (1909-1997) certa vez chamou de tradição central do pensamento ocidental. De acordo com essa visão, os seres humanos não são pessoas incorpóreas que habitam e usam corpos impessoais. O corpo não é um mero instrumento para induzir satisfações em prol do aspecto consciente e desejante do eu. Em vez disso, uma pessoa humana é uma unidade dinâmica de corpo, mente e espírito. O corpo, longe de ser um instrumento, faz parte intrinsecamente da realidade pessoal do ser humano. A união corporal é, portanto, união pessoal, e a união pessoal abrangente – a união conjugal – é fundada na união corporal. O que há de único no casamento é que ele é verdadeiramente uma partilha abrangente da vida, uma partilha fundada na união corporal tornada unicamente possível pela complementaridade sexual do homem e da mulher, uma complementaridade que torna possível a dois seres humanos tornarem-se, na linguagem da Bíblia, "uma só carne", e que essa união em uma só carne seja o fundamento de um relacionamento no qual seja inteligível que duas pessoas se liguem uma à outra em promessas de permanência, monogamia e fidelidade.

Então, como devemos entender o que *é* o casamento? O casamento, considerado não como uma mera convenção legal ou artefato cultural, é uma comunhão em uma só carne de pessoas que é consumada e atualizada por atos que são procriativos em tipo, sejam ou não procriativos em efeito. É um bem humano intrínseco e, precisamente como tal, fornece uma razão mais do que instrumental para a escolha e a ação.

A união corporal dos cônjuges em atos conjugais é a matriz biológica de seu casamento como um compartilhamento de vida abrangente e multinível: um relacionamento que une os cônjuges em todos os níveis de seu ser. O casamento é inequivocamente ordenado para o bem da procriação (e, de fato, é unicamente apto para alimentar e educar os filhos), bem como para o bem da unidade esponsal. Ao mesmo tempo, não é um mero bem instrumental cuja finalidade é gerar e criar filhos. O casamento, considerado como uma união em uma só carne, é *intrinsecamente* valioso.

Para compreender como pode acontecer que, por um lado, gerar e educar os filhos seja uma perfeição do casamento, e não algo meramente acessório a ele, e, por outro lado, o casamento não seja simplesmente um meio para o bem de gerar e criar filhos, é importante ver que os bens procriativos e unitivos do casamento estão fortemente ligados. A unidade em uma só carne dos cônjuges é possível *porque* humanos (como outros mamíferos) machos e fêmeas, ao acasalar, unem-se organicamente – eles formam um único princípio procriador.

É um aspecto simples de fato biológico que a reprodução é uma função única, mas não é realizada por um ser humano individual, macho ou fêmea, mas por um macho e uma fêmea como um par acasalado. Portanto, no que diz respeito à reprodução, embora não em relação a outras atividades (como locomoção ou digestão), o par acasalado é um único organismo; os parceiros formam um único princípio procriador: eles se tornam uma só carne. Algumas pessoas querem desesperadamente negar isso. Mas considere este experimento mental: imagine um tipo de ser corpóreo e racional que se reproduz não por acasalamento, mas por algum desempenho individual. Imagine que, para esses seres, porém, a locomoção ou a digestão não seja realizada por indivíduos, mas apenas por pares biologicamente complementares que se unem para esse fim. Alguém familiarizado com tais seres teria dificuldade em entender que, no que diz respeito à reprodução, o organismo que executa a função é o indivíduo, enquanto no que diz respeito à locomoção ou digestão, o organismo que executa a função é o par unido? Alguém negaria que a unidade efetuada para fins de locomoção ou digestão é uma unidade orgânica? Justamente pela unidade orgânica alcançada nos atos conjugais, os corpos das pessoas que se unem biologicamente não são reduzidos ao *status* de instrumentos extrínsecos de satisfação ou expressão sexual. Em vez disso, o fim, objetivo e ponto inteligível da relação sexual é o bem inteligível do próprio casamento como uma união em uma só carne.

Nesse entendimento, o corpo não é tratado como um mero instrumento do aspecto consciente e desejante do eu, cujos interesses em satisfações são os supostos fins para os quais os atos sexuais são meios. Nem o próprio sexo é instrumentalizado. A unidade em uma só carne do casamento não é apenas um *bem instrumental*, uma razão de agir cuja inteligibilidade como razão depende de outros fins para os quais é um meio. Essa unidade é um *bem intrínseco*, uma razão de agir cuja inteligibilidade como razão não depende de nenhum fim ulterior. O ponto central e justificador do sexo não é o prazer, por mais que o prazer sexual seja corretamente buscado como aspecto da perfeição da união conjugal; o objetivo do sexo, ao contrário, é o próprio casamento, considerado como uma união corporal essencial e irredutível de pessoas, uma união efetuada e renovada por atos de encontro sexual. Como o sexo não é instrumentalizado em atos conjugais, tais atos estão livres das qualidades autoalienantes que fizeram pessoas sábias e ponderadas, de Platão a Agostinho, e dos escritores bíblicos a Kant, tratarem a imoralidade sexual como um assunto da maior seriedade.

Em atos verdadeiramente conjugais, o desejo de prazer e mesmo de filhos é integrado com e, em um sentido importante, subordinado ao bem central e definidor da unidade em uma só carne. A integração de objetivos subordinados com o bem conjugal garante que tais atos não efetuem nenhum dualismo prático que separe o corpo do aspecto consciente e desejante do "eu" e trate o corpo como um mero instrumento para a produção de prazer, a geração de filhos, ou qualquer outro objetivo extrínseco.

Mas alguém pode perguntar: e a procriação? Na visão tradicional do casamento, a união sexual dos cônjuges não é instrumentalizada para o objetivo de ter filhos? É verdade que Santo Agostinho, em certos escritos, parece ser um proponente dessa visão. A concepção do casamento como um bem instrumental foi rejeitada, no entanto, pela corrente principal da reflexão filosófica e teológica do final da Idade Média em diante, e a compreensão do sexo e do casamento que passou a ser incorporada tanto no direito canônico quanto no direito civil não trata o casamento como meramente instrumental para ter filhos. A lei matrimonial ocidental tem tradicionalmente e universalmente entendido o casamento como consumado por atos que cumprem as condições comportamentais da procriação, quer as condições não comportamentais da procriação aconteçam ou não.

Em contraste, a esterilidade dos cônjuges – desde que sejam capazes de consumar o seu casamento cumprindo as condições comportamentais da procriação (e, portanto, de alcançar a verdadeira unidade corporal e orgânica) – nunca foi tratada como um impedimento ao casamento, mesmo onde a esterilidade é certa e até certa de ser permanente. Os filhos que podem ser concebidos em atos conjugais são entendidos não como fins extrínsecos ao casamento, mas sim como dádivas – realização para o casal como unidade conjugal, e não meramente como indivíduos – que sobrevêm a atos cujo ponto central definidor e justificador é precisamente a unidade conjugal de cônjuges. Eu e outros elaboramos em outros lugares, mais plenamente, o argumento moral para a concepção conjugal do casamento como a união de um homem e uma mulher comprometidos com a permanência e a fidelidade e comprometidos em cuidar dos filhos que vêm como fruto de sua união matrimonial. Argumentei que a aceitação da ideia de que duas pessoas do mesmo sexo poderiam realmente se casar uma com a outra tornaria absurdas as principais características do casamento e necessariamente exigiria o abandono de qualquer base de princípio para supor que o casamento é a união de apenas duas pessoas, em oposição de três ou mais. Como veremos no capítulo 14, apenas um fino verniz de sentimento, se acontecer de existir (e apenas enquanto existir), pode impedir a aceitação do poliamor como uma opção conjugal legítima, uma vez que tenhamos desistido do princípio do casamento como uma união homem-mulher.

A esses argumentos, acrescento aqui uma razão adicional para rejeitar a ideia do casamento entre pessoas do mesmo sexo: a aceitação da ideia fere a liberdade religiosa e a autonomia familiar, pois os defensores do casamento entre pessoas do mesmo sexo exigem, em nome da igualdade, o uso do poder governamental para colocar os outros na linha. Uma vez que o casamento é atingido ou formalmente redefinido, os princípios de não discriminação são rapidamente usados como porretes contra comunidades religiosas e famílias que desejam defender o verdadeiro casamento por preceito e exemplo. Mesmo antes de a Suprema Corte dos EUA, em *Obergefell v. Hodges* (2015), descobrir um "direito fundamental" ao casamento entre pessoas do mesmo sexo, ações judiciais, estatutos antidiscriminação e meios culturais informais, como vergonha, ridicularização e perseguição, tornaram-se meios comuns para esmagar aqueles que discordavam da nova ortodoxia em Estados e jurisdições estrangeiras que já haviam reconhecido uniões entre pessoas do mesmo sexo como casamentos. Esse foi o futuro dos fotógrafos, padeiros e floristas que se recusaram a participar de casamentos entre pessoas do mesmo sexo; o estudante de aconselhamento que se recusou a treinar para aconselhar casais do mesmo sexo; o chefe dos bombeiros de Atlanta que escreveu um livro defendendo os ensinamentos bíblicos sobre casamento e moralidade sexual; e Brendan Eich, o gênio da tecnologia que foi pressionado a desistir do cargo principal da Mozilla porque havia contribuído para um referendo pró-casamento tradicional na Califórnia[75].

Parte do problema que os políticos pró-casamento e outros têm em defender o casamento decorre do fato de que essas patologias que afligem a cultura do casamento são generalizadas, e os defensores do casamento, sendo humanos, não são imunes a elas. Isso não isenta ninguém da responsabilidade pessoal.

Mas o fato é que manter um casamento apesar do colapso de muitos de seus apoios sociais é difícil. Ao tentar defender o casamento, líderes políticos, intelectuais e ativistas que tiveram seus próprios problemas conjugais são

75 ECKHOLM, Erik. "Colorado Court Rules against Baker Who Refused to Serve Same-Sex Couples". *New York Times*, 13 ago. 2015; SCHMIDT, Peter. "Federal Judge Upholds Dismissal of Counseling Student Who Balked at Treating Gay Clients". *Chronicle of Higher Education*, 27 jul. 2010; RILEY, Jason L. "Christian Belief Cost Kelvin Cochran His Job". *Wall Street Journal*, 10 nov. 2015; KIM, Susanna. "Mozilla CEO Brendan Eich Resigns after Protests from Gay Marriage Supporters". *ABC News*, 3 abr. 2014.

acusados de hipocrisia. Muitos, portanto, censuram a si mesmos. Como resultado, o movimento pró-casamento perde a liderança de algumas de suas pessoas mais talentosas. A questão do casamento entre pessoas do mesmo sexo é importante ao extremo, mas reconstruir e renovar a cultura do casamento vai muito além disso. Ao abolir o entendimento básico do casamento como uma união inerentemente conjugal, o reconhecimento legal do casamento entre pessoas do mesmo sexo é desastroso. Mas muitos dizem que tal reconhecimento simplesmente ratifica o colapso do casamento que se seguiu ao divórcio generalizado, à coabitação sexual não conjugal e a outros fatores que nada têm a ver com a conduta homossexual. É sem dúvida verdade que a origem das patologias que afligem o casamento está em tais fatores. Reconstruir a cultura do casamento exigirá reformas legais cuidadosas e adicionais para reverter o divórcio unilateral, acompanhadas de esforços hercúleos por parte de instituições não governamentais – especialmente igrejas e outras entidades religiosas – a fim de preparar os casais de maneira mais adequada para o casamento, ajudá-los a cultivar relacionamentos conjugais fortes, e assistir aqueles que estão lidando com problemas conjugais. As parcerias público-privadas serão essenciais, a meu ver, para reduzir o índice de divórcios. Isso não será fácil. Se o casamento não fosse tão importante, não valeria a pena tentar.

Por fim, há a questão das uniões civis. Alguns políticos e outros dizem que são contra o casamento entre pessoas do mesmo sexo, mas a favor do reconhecimento legal das uniões entre pessoas do mesmo sexo, com todos ou a maioria dos direitos e responsabilidades do casamento, apenas sob uma rubrica diferente. Se a lei e a política devem pelo menos não prejudicar o casamento, é fundamental que evitem tratar a conduta e os relacionamentos não conjugais como se fossem conjugais. Existem linhas morais claras – e não meramente semânticas – entre o que é conjugal e o que não é, e a lei deve respeitá-las. Quando são borradas ou apagadas, a compreensão pública do significado do casamento se desgasta.

Alguns dos benefícios tradicionalmente associados ao casamento podem, de modo legítimo, ser amplamente disponibilizados em um esforço para atender às necessidades de pessoas que são financeiramente interdependentes de uma pessoa ou pessoas com quem não são casados. Os contratos privados entre essas pessoas devem ser suficientes para realizar tudo ou a maior parte do que consideram desejável. Se, no entanto, uma jurisdição se move no sentido de criar um sistema formalizado de parcerias domésticas, é moralmente crucial que os privilégios, imunidades e outros benefícios e responsabilidades contidos no pacote oferecido a parceiros não casados não sejam baseados na existência ou presunção de uma relação sexual entre eles. Os benefícios devem ser disponibilizados, por exemplo, para um avô e um neto adulto que morem juntos e cuidem um do outro. As necessidades que os esquemas de parceria doméstica procuram atender não têm nada a ver com o fato de os parceiros compartilharem uma cama e o que eles fazem nela. A lei simplesmente não deveria levar em conta a questão de uma relação sexual. Isto é, não deve tratar uma relação sexual não conjugal como um bem público.

Causas urgentes

A defesa da vida contra o aborto e contra a pesquisa destrutiva de embriões chama a América de volta aos princípios fundadores de nosso regime e à reflexão sobre o ponto justificador e os propósitos da lei e do governo. A defesa do casamento, enquanto isso, reforça as pré-condições culturais para um regime de governo democrático-republicano dedicado à igualdade humana, aos direitos humanos fundamentais e aos limites de princípios dos poderes governamentais. Essas causas não devem ser consideradas como distrações de outros objetivos prementes, como crescimento econômico, assistência aos necessitados, proteção ambiental e defesa da nação contra o terrorismo. Elas são, ao contrário, causas que brotam dos propósitos morais fundamentais da lei e do Estado. Estão hoje entre as causas mais urgentes.

CAPÍTULO 10

DOIS CONCEITOS DE LIBERDADE... E CONSCIÊNCIA

Uma das conquistas duvidosas do governo Obama foi colocar a questão da liberdade religiosa e dos direitos de consciência de volta à agenda da política americana. Mais notoriamente, o governo procurou impor aos empregadores privados, incluindo pessoas religiosas e até mesmo instituições religiosas, a exigência de fornecer cobertura de seguro saúde para drogas indutoras de aborto, esterilizações e contraceptivos, mesmo que o empregador não possa, por uma questão de consciência, cumprir. Os mandatos do governo foram contestados em tribunais federais em todo o país e, em 2014, a Suprema Corte, de acordo com a Lei de Restauração da Liberdade Religiosa (*Religious Freedom Restoration Act*, RFRA), permitiu que corporações com fins lucrativos de capital fechado ficassem isentas de uma lei à qual os proprietários de empresas se opunham conscientemente por motivos religiosos.

Claro, o governo argumentou que seus mandatos não violavam a liberdade religiosa ou os direitos de consciência, devidamente compreendidos. De fato, seus defensores argumentaram que os mandatos – que continham apenas as isenções mais limitadas – eram necessários para proteger a liberdade e os direitos de consciência das mulheres que desejavam usar contraceptivos e drogas abortivas como a "Ella" (alguns dos quais eles negaram ser realmente indutoras de aborto) ou recorrer a procedimentos de esterilização. Então encontramos pessoas em ambos os lados do debate afirmando ser defensoras da liberdade e da consciência. Seria bom para nós, então, fazermos uma pausa para refletirmos de maneira filosoficamente rigorosa sobre os fundamentos morais de conceitos concorrentes de liberdade e consciência. Para tanto, podemos considerar as ideias de dois dos mais ilustres pensadores da história intelectual moderna – John Stuart Mill (1806-1873) e John Henry Newman (1801-1890).

Mill e Newman foram os maiores intelectuais ingleses do século XIX. Eram homens de aprendizado profundo e amplo e de uma inteligência formidável. Ambos escreveram poderosas defesas da liberdade. A de Mill tinha a forma de um ensaio intitulado simplesmente *On Liberty* [*Sobre a Liberdade*] (1859). Ali ele defendeu o que descreveu como "um princípio muito simples [que tem] o direito de governar absolutamente as relações da sociedade com o indivíduo na forma de compulsão e controle, independentemente de o meio usado ser a força física na forma de penalidades legais ou ser a coerção moral da opinião pública". Esse princípio foi denominado de o "princípio do dano" de Mill:

> O único propósito pelo qual o poder pode ser legitimamente exercido sobre qualquer membro de uma comunidade civilizada, contra a sua vontade, é evitar danos a outros. Seu próprio bem, seja físico ou moral, não é garantia suficiente. Ele não pode ser legitimamente obrigado a fazer ou deixar de fazer porque será melhor para ele fazê-lo, porque irá deixá-lo mais feliz, porque, na opinião dos outros, fazê-lo seria sensato ou mesmo correto[76].

O princípio de Mill é frequentemente invocado em conversas em coquetéis e em discussões em turmas de calouros. No entanto, foi duramente criticado até mesmo por filósofos de orientação geralmente liberal, como o falecido H. L. A. Hart (1907-1992), da Universidade de Oxford, que argumentam que é muito abrangente ao descartar razões paternalistas para limitar certas formas de liberdade[77]. Filósofos mais conservadores, eu mesmo entre eles, temos sido ainda mais céticos e críticos. Para o propósito em questão, porém, estou menos interessado no escopo ou amplitude do princípio de Mill, ou em seu conteúdo, do que em seu *fundamento*. O que, para Mill, fornece a base moral para respeitar a liberdade das pessoas? Qual é o fundamento da obrigação?

Mill não esconde o jogo:

> É apropriado afirmar que renuncio a qualquer vantagem que possa derivar para meu argumento oriunda da ideia de direito abstrato, como algo independente da utilidade. Considero a utilidade como o apelo último em todas as questões éticas; mas deve ser utilidade no

76 MILL, John Stuart. *On Liberty and Other Essays*. Oxford: Oxford University Press, 1991, p. 13-14.
77 HART, H. L. A. *Law, Liberty, and Morality*. Oxford: Oxford University Press, 1963.

> sentido mais amplo, fundamentada nos interesses permanentes do homem como um ser progressivo[78,79].

Mill fundamenta seu princípio de liberdade e a obrigação de respeitá-lo na crença de que o respeito à liberdade, em suas consequências, será, como um todo, benéfico para [...] bem, para quem? Ou para quê?

Para a comunidade? Qual comunidade? Local? Nacional? Imperial? Internacional? Mill não diz exatamente. Como vimos, ele diz, no entanto, o seguinte: o conceito de utilidade que deve reger como critério de moralidade em nossa escolha e como fundamento da obrigação moral, incluindo a obrigação de respeitar e proteger a liberdade, deve ser a utilidade "no sentido mais amplo, fundamentado nos interesses permanentes do homem como um ser progressivo".

Observe duas coisas sobre a defesa da liberdade de Mill, seja a liberdade de expressão (que Mill trata como central) ou a liberdade de religião (que lhe interessa menos) ou qualquer outra liberdade. Primeiro, a base última das reivindicações morais de liberdade é o benefício social: "utilidade". Não é um "direito abstrato". Em segundo lugar, a visão de Mill sobre a humanidade está imbuída do otimismo do século XIX e da crença no progresso. O homem é naturalmente bom – um "ser progressivo". Ele, portanto, em sua maturidade cultural e pessoal, fará bem a si mesmo e aos outros se for deixado livre de restrições paternalistas e moralistas para se envolver em experiências de vida das quais ele, coletiva e individualmente, aprenderá o que conduz à felicidade e o que não. Libertado dos velhos moralismos e superstições religiosas e outras – liberado para ser o ser progressista que, por natureza, ele é – ele florescerá. Esses velhos moralismos e superstições, longe de impedi-lo de cair no vício e na degradação, ou mesmo de ajudá-lo nesse projeto, prendem-no e ferem seu espírito. Eles impedem profundamente (e têm impedido) seu pleno florescimento e autorrealização. Livres para fazerem o que lhes agradar, livres para fazerem o que quiserem desde que não prejudiquem os outros, as pessoas maduras, em culturas maduras, irão, em geral, querer fazer coisas boas e produtivas – isto é, que aumentem a utilidade. (E não há perigo de regressão à condição anterior das coisas em

78 MILL, John Stuart. *On Liberty and Other Essays*. Oxford: Oxford University Press, 1991, p. 15

79 Aqui o termo "progressismo" está sendo empregado tal como Mill o empregou quando escreveu, a saber, para fazer referência ao progresso que o mundo experimentava no século XIX, algo que, naturalmente, estava trazendo inúmeras consequências e de diversas naturezas. (N.T.)

sociedades bárbaras e em pequenas comunidades ameaçadas, em ambos os casos a defesa da liberdade de Mill não era válida, pensava ele.)

Tenho criticado severamente o conceito e a defesa da liberdade de Mill[80]. Seu otimismo e progressismo ingênuos estavam errados, com certeza. E o utilitarismo também estava errado. A antropologia filosófica cristã, considerada por Mill como uma relíquia de eras supersticiosas, provou ser muito mais plausível e confiável do que a alternativa que Mill, de forma bastante acrítica, aceitou. E o utilitarismo e outras formas de consequencialismo na ética são, no final, impraticáveis e até mesmo incoerentes. Eles pressupõem uma espécie de comensurabilidade dos valores humanos e suas instanciações particulares que simplesmente não se enquadram nem na realidade nem nas condições de deliberação e escolha. Os aspectos básicos do bem-estar e realização humanos, que juntos constituem o ideal do florescimento humano integral, não são redutíveis entre si nem a alguma substância ou fator comum que eles compartilham. Esses bens humanos básicos, embora forneçam mais do que razões meramente instrumentais para a ação e parcialmente constituam nosso bem-estar geral (que é como e por que eles são bens intrínsecos, e não apenas instrumentais), são bons não em um sentido unívoco, como se fossem constituídos pela mesma substância, mas só a manifestassem de maneira diferente, mas unicamente em sentido analógico. Eles diferem substancialmente como dimensões distintas de nosso florescimento e realizações de nossas capacidades como pessoas humanas (animais racionais); são, como tais, incomensuráveis de uma forma que torna sem esperança o projeto utilitário de identificar uma opção de escolha – ou mesmo uma regra de escolha – que prometa "a maior felicidade para o maior número"[81].

Mas Mill, de forma alguma, estava completamente errado. Ele estava certo, em minha opinião, ao renunciar a um apelo ao "direito abstrato" e ao buscar o fundamento moral da liberdade em consideração ao bem-estar e à realização – em uma palavra, ao florescimento – dos seres humanos (o que ele chama "o fim do homem" e caracteriza como "aproximar os próprios seres humanos do melhor que podem ser"). As pessoas têm direitos, incluindo direitos às liberdades, porque existem bens humanos básicos – isto é, fins ou propósitos que não apenas conduzem para, mas realmente *constituem* seu

---

80 Ver, por exemplo, GEORGE, Robert P. *Making Men Moral: Civil Liberties and Public Morality*. Oxford: Clarendon Press, 1993.

81 Ver FINNIS, John. *Fundamentals of Ethics*. Oxford: Oxford University Press, 1983, cap. 3.

florescimento. A plena defesa de qualquer liberdade particular, incluindo a liberdade de religião, requer a identificação e a defesa daqueles bens humanos, daqueles aspectos básicos do bem-estar e realização humana, que a liberdade assegura, protege ou promove.

O problema era que Mill não era muito sensível à religião, pelo menos em suas manifestações tradicionais. Seu "princípio do dano", é claro, se estenderia a atividades e práticas religiosas, mas duvido que ele as visse como tendo muito valor real. Elas logo iriam, eu suspeito que ele acreditava nisso, definhar em uma era de liberdade (uma vez que o homem é um "ser progressivo" e a liberdade traz "iluminação").

Por outro lado, John Henry Newman era um gênio religioso. E sua compreensão da religião permitiu-lhe produzir uma descrição da liberdade – em particular da liberdade de consciência – que era profundamente superior à de Mill e da qual temos muito a aprender hoje. Como Mill, Newman não apela ao "direito abstrato" como fundamento da liberdade, mas, em vez disso, localiza o fundamento das liberdades honrosas na preocupação com a excelência humana e com o florescimento humano. Newman tem a imensa vantagem sobre Mill por acreditar no decaimento humano (o que a fé cristã conhece como pecado original), e assim ele é poupado do otimismo ingênuo e da fé no progresso humano. Além disso, como um cristão determinado, ele não vê nenhum apelo em uma abordagem utilitária da tomada de decisão moral (e tudo o que ela pressupõe e acarreta). Ele está ciente da necessidade de *restrições* à liberdade para que os homens não caiam no vício e na autodegradação, e da suprema importância das liberdades centrais como condições para a realização de valores que realmente constituem o florescimento integral de homens e mulheres como criaturas livres e racionais, criaturas cuja liberdade e racionalidade refletem o fato de terem sido feitas à própria imagem e semelhança de Deus.

A dedicação de Newman aos direitos de consciência é bem conhecida. Mesmo muito depois de sua conversão do anglicanismo ao catolicismo, ele fez um famoso brinde "ao papa, sim, mas primeiro à consciência", como disse em sua *Carta ao Duque de Norfolk* (1875). Nossa obrigação de seguir a consciência era, ele insistia, em um sentido profundo, primordial e até mesmo imperiosa. Existe o dever de seguir os ensinamentos do papa? Sim, com certeza. Como católico, ele afirmaria isso de todo o coração. Se, no entanto, surgisse um conflito, tal que a consciência (formada da melhor maneira possível) proibisse alguém de seguir o papa, bem, é a obrigação da consciência que deve prevalecer.

É claro que muitos católicos dissidentes contemporâneos seriam tentados a gritar ali mesmo: "É isso mesmo, irmão Newman!". Mas só seria assim se eles não soubessem do resto da história. Newman, embora o mais poderoso defensor da liberdade de consciência, manteve uma visão de consciência e de liberdade que não poderia estar mais profundamente em desacordo com a ideologia liberal que é dominante (mesmo, alguém ousaria dizer, ortodoxa?) na cultura intelectual secular contemporânea e nos setores da cultura religiosa que caíram sob sua influência. Vamos permitir que Newman fale por si mesmo, pois ele já havia identificado no século XIX a tendência de pensamento sobre direitos, liberdade e consciência que hoje se tornou a ortodoxia liberal secular:

> A consciência tem direitos porque tem deveres; mas nesta época, com grande parte do público, é o próprio direito e liberdade de consciência que dispensam a consciência. A consciência é um observador severo, mas neste século foi substituída por uma falsificação, da qual os dezoito séculos anteriores nunca ouviram falar e não poderiam ter confundido com ela se tivessem. É o direito da vontade própria[82].

A consciência, como Newman a entendia, é exatamente o oposto da "autonomia" no sentido liberal moderno. Não é um emissor de autorizações do responsável[83]. Não está no ramo de nos licenciar para fazermos o que quisermos ou nos conferir (nas palavras da Suprema Corte dos Estados Unidos) "o direito de definir o próprio conceito de existência, de significado, do universo e do mistério da vida humana"[84]. Pelo contrário, a consciência é o último melhor julgamento de uma pessoa, especificando a sustentação dos princípios morais que ela apreende, mas, de forma alguma, compensa a si mesma, em propostas concretas de ação. A consciência identifica os *deveres* de alguém sob a lei moral. Fala do que se deve fazer e do que não se deve

---

82 NEWMAN, John Henry. *Certain Difficulties Felt by Anglicans Considered [...] A Letter Addressed to the Duke of Norfolk*. Londres: Longmans, Green, 1897, p. 250.

83 O termo em inglês "permission slip" é especificamente uma autorização dada por alguém que tem autoridade sobre outro alguém, concedendo-lhe permissão para fazer algo. (N.T.)

84 *Planned Parenthood v. Casey*, 505 U. S. 833 (1992) (pluralidade de pareceres pelos Juízes Sandra Day O'Connor, Anthony Kennedy e David Souter).

fazer. Entendida dessa forma, a consciência é de fato o que Newman disse que é: um observador severo.

Compare essa compreensão de consciência com o que Newman condena como sendo sua falsificação. A consciência como "vontade própria" é uma questão de sentimento ou emoção, não de razão. Ela se preocupa não tanto em identificar o que alguém tem o dever de fazer ou não fazer, apesar de seus sentimentos e desejos contrários, mas sim em colocar ordem em seus sentimentos. A consciência como vontade própria identifica permissões, não obrigações. Ela licencia o comportamento estabelecendo que a pessoa não se sente mal por fazer algo, ou pelo menos não se sente tão mal por fazê-lo que prefere a alternativa de não o fazer.

Estou com Newman. Sua principal distinção é entre a consciência, compreendida autenticamente, e a vontade própria – a consciência como o departamento de permissões. Seu *insight* central é que a consciência tem direitos *porque tem deveres*. O direito de seguir a própria consciência e a obrigação de respeitar a consciência – especialmente em matéria de fé, onde o direito de consciência assume a forma de liberdade religiosa de indivíduos e comunidades de fé – não existem porque as pessoas, como agentes autônomos, devem poder fazer o que quiserem; existem, e são rigorosos e às vezes imperiosos, porque as pessoas têm deveres e a obrigação de cumpri-los. O dever de seguir a consciência é um dever de fazer coisas ou de abster-se de fazer coisas não porque se queira cumprir o dever, mas mesmo se alguém fortemente *não* quiser cumpri-lo. O direito de consciência é um direito que alguém tem de fazer o que julga ser sua obrigação de fazer, quer aceite a obrigação, quer deva vencer uma forte aversão para cumpri-la. Se existe uma formulação em palavras que resume a antítese da visão de consciência de Newman como um observador severo, é o slogan imbecil que permanecerá para sempre como um monumento verbal à chamada Geração do Eu: "Se faz você se sentir bem, faça".

Deixe-me concluir com algumas palavras sobre a centralidade e pode-se até dizer a *prioridade* da liberdade religiosa entre as liberdades civis básicas. Observada de uma certa perspectiva, qualquer liberdade básica pode receber uma espécie de prioridade: a liberdade de expressão, por exemplo, que é tão essencial para o empreendimento do governo republicano (e, na verdade, para um bom governo de qualquer tipo); ou liberdade de associação e reunião; ou o direito de autodefesa e defesa de sua família e comunidade. O colapso de qualquer um desses direitos colocaria todos os outros em risco.

Ainda assim, há um sentido especial em que a liberdade de religião tem prioridade ou pelo menos uma espécie de lugar de destaque. É corretamente rotulada na América como "a primeira liberdade", não apenas porque está listada em primeiro lugar em nossa Declaração de Direitos e por causa de seu papel histórico fundamental no estabelecimento de instituições livres, mas ainda mais significativamente porque protege um aspecto de nosso florescimento como pessoas humanas que é arquitetônico para a maneira como conduzimos nossas vidas. A religião diz respeito às coisas últimas. Nos casos centrais, representa nossos esforços para nos colocarmos em um relacionamento de amizade com fontes transcendentes de significado e valor. Nosso questionamento, compreensão, julgamento e prática religiosos moldam o que fazemos não apenas nos aspectos especificamente "religiosos" de nossas vidas (oração, liturgia, comunhão e assim por diante), mas em todos os aspectos de nossas vidas. Isso nos ajuda a vermos nossas vidas como um todo e a direcionarmos nossas escolhas e atividades de maneira *íntegra* – tanto no sentido moral desse termo quanto no sentido mais amplo de ter uma vida coerente.

A religião não é o único bem humano básico; nem os outros bens humanos básicos são meros meios para a realização mais plena do bem da religião. Mas a religião é um aspecto intrínseco e constitutivo de nosso florescimento integral como pessoas humanas e também um bem que molda e integra todos os outros aspectos intrínsecos e constitutivos do bem-estar e realização humanos[85].

Finalmente, há o papel crítico da religião e, portanto, da liberdade religiosa, na sociedade civil na execução de funções essenciais de saúde, educação e bem-estar e, dessa forma, na limitação do escopo do governo e na verificação do poder do Estado. A religião fornece estruturas de autoridade e, onde floresce e é saudável, está entre as principais instituições da sociedade civil, proporcionando um amortecedor entre o indivíduo e o Estado. Essa é uma maneira vital pela qual a religião e as instituições religiosas, quando respeitam a legítima autonomia da esfera secular e evitam o iliberalismo, a subserviência oportuna ao Estado e à teocracia, servem ao bem comum. Diante de regimes tirânicos, elas podem, se evitarem a corrupção e a cooptação, servir

85 Ver FINNIS, John. *Natural Law and Natural Rights*. Oxford: Oxford University Press, 2ª ed. 2011, p. 89-90.

ao bem comum de maneira ainda mais dramática, fazendo, por exemplo, o que a Igreja católica fez diante da tirania comunista na Polônia[86].

A religião pode, em outras palavras, contribuir tanto para a teoria quanto para a prática da resistência, mas apenas quando é basicamente saudável (isto é, não corrompida) e capaz de fornecer – ou prover recursos para – o testemunho profético. Essa é mais uma razão para valorizar a liberdade religiosa e lutar contra as forças que ameaçam erodi-la ou diminuí-la, especialmente quando as ameaças vêm de governos que vão longe demais nos excessos.

86 Ver WEIGEL, George. *Witness to Hope: The Biography of Pope John Paul II*. Nova York: HarperCollins, 1999.

CAPÍTULO 11

LIBERDADE RELIGIOSA: UM DIREITO HUMANO FUNDAMENTAL

Os pontos de partida de toda reflexão ética são aqueles aspectos fundamentais e irredutíveis do bem-estar e da realização da pessoa humana, que alguns filósofos chamam de "bens humanos básicos"[87]. Esses bens, como mais do que fins ou propósitos meramente instrumentais, são os elementos dos princípios primeiros da razão prática que regem todo pensamento racional com vistas à ação, quer os atos praticados sejam, ao final, devidamente julgados como moralmente bons ou ruins[88]. Os princípios primeiros da razão prática direcionam nossa escolha para o que é racionalmente desejável porque é humanamente gratificante (e, portanto, inteligivelmente disponível para escolha) e para longe das privações desses bens humanos básicos[89]. É, em última instância, a diretriz integral desses princípios que fornecem o critério (ou, quando especificado, o conjunto de critérios – as normas morais) pelo qual é possível distinguir racionalmente o certo do errado – o que é moralmente bom do que é moralmente mau – incluindo o que é justo e injusto[90]. Escolhas moralmente boas são escolhas que estão de acordo com os vários aspectos fundamentais do bem-estar e da realização humana integralmente concebidos; escolhas moralmente ruins são escolhas que não estão.

Fazer essas declarações muito abstratas é simplesmente explicar filosoficamente o argumento que Martin Luther King apresentou em sua *Carta da Prisão de Birmingham* sobre leis justas e injustas – leis que honram os direitos das pessoas e aquelas que os violam. O grande defensor dos direitos civis

87 Ver FINNIS, John. *Natural Law and Natural Rights*. Oxford: Oxford University Press, 2nd ed. 2011, caps. 3-4.
88 GRISEZ, Germain. "The First Principle of Practical Reason: A Commentary on the *Summa Theologiae*, 1-2, Question 94, Article 2". *Natural Law Forum* 10, 1965, p. 168-96.
89 *Ibid*.
90 Ver FINNIS, John. *Natural Law and Natural Rights*. Oxford: Oxford University Press, 2nd ed. 2011, p. 450-52.

antecipou um desafio à bondade moral dos atos de desobediência civil que o colocaram atrás das grades em Birmingham. Ele antecipou a pergunta de seus críticos: "Como você, dr. King, pode se envolver em infrações deliberadas da lei, quando você mesmo enfatizou a importância da obediência à lei ao exigir que os funcionários dos estados do Sul cumpram a decisão de desagregação da Suprema Corte em *Brown v. Board of Education*?". Aqui está a resposta de King ao desafio:

> A resposta está no fato de que existem dois tipos de leis: as justas e as injustas. Eu seria o primeiro a defender a obediência a leis justas. A pessoa tem não apenas uma responsabilidade legal, mas também moral, de obedecer a leis justas. Por outro lado, a pessoa tem a responsabilidade moral de desobedecer a leis injustas. Eu concordaria com Santo Agostinho que 'uma lei injusta não é lei alguma'.
>
> Agora, qual é a diferença entre as duas? Como alguém determina se uma lei é justa ou injusta?
>
> Uma lei justa é um código feito pelo homem que se ajusta à lei moral ou à lei de Deus. Uma lei injusta é um código que está em desacordo com a lei moral. Para colocar nos termos de São Tomás de Aquino: uma lei injusta é uma lei humana que não está enraizada na lei eterna e na lei natural.
>
> Qualquer lei que eleva a personalidade humana é justa. Qualquer lei que degrada a personalidade humana é injusta. Todos os estatutos de segregação são injustos porque a segregação distorce a alma e prejudica a personalidade. Dá ao segregador uma falsa sensação de superioridade e ao segregado uma falsa sensação de inferioridade[91].

Assim, as leis justas elevam e enobrecem a personalidade humana, ou ao que King, em outros contextos, se refere como espírito humano; leis injustas o rebaixam e degradam. Seu ponto sobre a moralidade ou imoralidade das leis é um bom lembrete de que o que é verdade sobre o que, às vezes, é chamado de "moralidade pessoal", também é verdade sobre a "moralidade política". As escolhas e ações das instituições políticas em todos os níveis, como as escolhas e ações dos indivíduos, podem ser certas ou erradas, moralmente boas ou moralmente más. Elas podem estar em consonância com o bem-estar e a realização humanos em todas as suas múltiplas dimensões,

91 KING, Martin Luther. *Letter from Birmingham Jail*. Nova York: HarperCollins, 1994. A carta foi originalmente escrita e publicada em 1963.

ou podem não respeitar o florescimento integral da pessoa humana. Em muitos casos, quando as leis, políticas e instituições falham em cumprir os requisitos da moralidade, falamos de forma inteligível e correta de uma violação dos direitos humanos. Isso é particularmente verdadeiro quando a falha é propriamente caracterizada como uma injustiça – deixar de honrar o igual valor e dignidade das pessoas, deixar de dar a elas, ou mesmo negar ativamente, o que lhes é devido.

Mas, ao contrário do ensinamento do falecido John Rawls e da corrente extraordinariamente influente do pensamento liberal contemporâneo da qual ele foi o principal expoente[92], desejo sugerir que o bem é anterior ao direito e, de fato, aos direitos. Certamente, os direitos humanos, incluindo o direito à liberdade religiosa, estão entre os princípios morais que exigem respeito de todos nós, incluindo de governos e instituições internacionais (que são moralmente obrigados não apenas a respeitar os direitos humanos mas também a protegê-los). Respeitar as pessoas, respeitar a sua dignidade, é, entre outras coisas, honrar os seus direitos, incluindo o direito à liberdade religiosa. Como todos os princípios morais, no entanto, os direitos humanos (incluindo o direito à liberdade religiosa) são moldados e recebem conteúdo pelos bens humanos que protegem. Os direitos, como outros princípios morais, são inteligíveis como princípios racionais, orientadores da ação, porque acarretam e, em algum nível, especificam a diretriz integral dos princípios da razão prática que direcionam nossa escolha para o que é humanamente satisfatório e enriquecedor (ou, como diria o dr. King, edificante) e para longe do que é contrário ao nosso bem-estar como o tipo de criatura que somos – ou seja, pessoas humanas.

Assim, por exemplo, importa para a identificação e defesa do direito à vida – um direito violado pelo aborto, pelo infanticídio de recém-nascidos deficientes e pelo assassinato de outras pessoas com deficiência física ou mental, pela eutanásia de pessoas que sofrem da doença de Alzheimer e outras demências, e por todos os outros atos de assassinato direto de seres humanos inocentes – que a vida humana não é um mero bem instrumental, mas um aspecto intrínseco do bem das pessoas humanas, uma dimensão integral de nosso florescimento integral[93]. E é importante para a identificação e defesa

---

92 RAWLS, John. "On the Priority of Right and Ideas of the Good". *Philosophy and Public Affairs* 17, nº 4 (1988), p. 251-76.

93 FINNIS, John; BOYLE JR., Joseph M. e GRISEZ, Germain. *Nuclear Deterrence, Morality, and Realism*. Oxford: Clarendon Press, 1987, p. 304-309.

do direito à liberdade religiosa que a religião seja mais um aspecto irredutível do bem-estar e da realização humana – um bem humano básico[94].

O bem da religião

Mas o que é religião?

Em seu sentido mais pleno e robusto, a religião é o ser da pessoa humana em relação correta com o divino – a fonte ou fontes mais do que meramente humanas, se é que existe tal coisa, de significado e valor. Claro, mesmo os maiores entre nós ficam aquém da perfeição de várias maneiras. Mas, no ideal da religião perfeita, a pessoa entenderia da forma mais abrangente e profundamente possível o corpo de verdades sobre as coisas espirituais e ordenaria plenamente sua vida e participaria da vida de uma comunidade de fé que é ordenada em consonância com essas verdades. Na realização perfeita do bem da religião, conseguir-se-ia a relação que o divino – digamos o próprio Deus, assumindo por um momento a verdade do monoteísmo – deseja que tenhamos com Ele.

Claro, diferentes tradições de fé têm diferentes visões do que constitui a religião em seu sentido mais completo. Existem diferentes doutrinas, diferentes escrituras, diferentes estruturas de autoridade, diferentes ideias sobre o que é verdadeiro a respeito das coisas espirituais e do que significa estar em um relacionamento adequado com as fontes de significado e valor mais do que meramente humanas que diferentes tradições entendem como divindade[95].

De minha parte, acredito que a razão tem um papel muito importante a desempenhar para cada um de nós na decisão sobre onde a verdade espiritual pode ser encontrada com mais firmeza. E por razão aqui, quero dizer não apenas nossa capacidade de raciocínio prático e julgamento moral, mas também nossa capacidade de entender e avaliar reivindicações de todos os tipos: lógicas, históricas, científicas e assim por diante. Mas não é preciso concordar comigo sobre isso para afirmar que existe um bem humano básico distinto da religião – um bem que é exclusivamente arquitetônico em moldar a busca e a participação de todos os bens humanos básicos –, e que

94 Sobre a religião como um bem humano básico, ver FINNIS, John. *Natural Law and Natural Rights*. Oxford: Oxford University Press, 2nd ed. 2011, p. 89-90.

95 Para um tratamento profundamente informado e sensível das semelhanças e diferenças nas religiões históricas do mundo, ver DINOIA, Augustine. *The Diversity of Religions: A Christian Perspective*. Washington: Catholic University Press, 1992.

começamos a perceber e participar desse bem a partir do momento em que se inicia a busca para compreender as fontes de sentido e valor mais do que simplesmente humanas e para viver autenticamente, ordenando a própria vida de acordo com os melhores julgamentos da verdade em termos de religião.

Se eu estiver certo, então o levantamento existencial de questões religiosas, a identificação honesta de respostas e o cumprimento do que alguém acredita sinceramente serem seus deveres à luz dessas respostas são partes do bem humano da religião – um bem cuja busca é uma característica indispensável do florescimento abrangente de um ser humano. Se eu estiver certo, em outras palavras, então o homem é, como diz o fundador do Fundo Becket, Seamus Hasson, intrinsecamente e por natureza um ser religioso – *homo religiosus*, para pegar emprestada uma expressão de Eliade – e o florescimento da vida espiritual do homem é parte integrante de seu total bem-estar e realização.

Mas, se isso for verdade, então o respeito pelo bem-estar de uma pessoa, ou mais simplesmente o respeito pela pessoa, exige respeito por seu florescimento como buscador da verdade religiosa e como homem ou mulher que vive de acordo com seus melhores julgamentos do que é verdadeiro em assuntos espirituais. E isso, por sua vez, requer respeito por sua liberdade na busca religiosa – a busca de compreender a verdade religiosa e ordenar a própria vida de acordo com ela. Porque a fé de qualquer tipo, incluindo a fé religiosa, não pode ser autêntica – não pode ser *fé* – a menos que seja livre; o respeito pela pessoa (isto é, o respeito pela sua dignidade de criatura livre e racional) exige o respeito pela sua liberdade religiosa. É por isso que faz sentido, do ponto de vista da razão, e não apenas do ponto de vista do ensinamento revelado de uma determinada fé, entender a liberdade religiosa como um direito humano fundamental.

Tragicamente, a consideração pelo bem-estar espiritual das pessoas às vezes tem sido a premissa e o fator motivador para *negar* a liberdade religiosa ou concebê-la de maneira exígua e limitada. Antes de a Igreja católica abraçar a robusta concepção de liberdade religiosa que honra o direito civil de dar testemunho e expressão pública a opiniões religiosas sinceras (mesmo quando errôneas), na *Dignitatis Humanae*, do Concílio Vaticano II, alguns católicos rejeitaram a ideia de um direito à liberdade religiosa com base na teoria de que "só a verdade tem direitos". A ideia era que o Estado, sob condições favoráveis, deveria não apenas identificar-se publicamente com o catolicismo como a verdadeira fé, mas também proibir a defesa religiosa ou o proselitismo que poderia levar as pessoas ao erro religioso e à apostasia.

O erro aqui não estava na premissa: a religião é um grande bem humano, e quanto mais verdadeira a religião, melhor para a realização daquele que crê. Isso é verdade. O erro, ao contrário, estava na suposição de que o bem da religião não estava sendo promovido ou participado fora do contexto da única fé verdadeira, e que poderia ser protegido e promovido de maneira confiável por meio de agências do Estado imporem restrições civis à defesa de ideias religiosas. Ao rejeitar essa suposição, os Padres do Concílio Vaticano II não abraçaram a ideia de que o erro tem direitos; eles perceberam, em vez disso, que as *pessoas* têm direitos, e têm direitos mesmo quando estão no erro[96]. E entre esses direitos, essenciais à religião autêntica como um aspecto fundamental e irredutível do bem humano, está o direito de expressar o que a pessoa acredita ser verdadeiro sobre assuntos espirituais, mesmo que suas crenças sejam, de uma forma ou de outra, menos do que totalmente sadias, e, de fato, mesmo que sejam falsas[97].

Quando indiquei o documento *Dignitatis Humanae* para os cursos que tratam das questões da liberdade religiosa, sempre enfatizei aos meus alunos a importância de lerem junto com ele outro documento do Concílio Vaticano II, a declaração *Nostra Aetate*. Seja alguém católico ou não, não creio que seja possível alcançar uma boa compreensão da Declaração sobre a Liberdade Religiosa e do ensinamento desenvolvido pela Igreja católica sobre a liberdade religiosa, sem considerar o que os Padres conciliares proclamam na Declaração sobre Religiões não Cristãs. Na *Nostra Aetate*, os Padres prestam homenagem a tudo o que é verdadeiro e sagrado nas religiões não cristãs, incluindo o hinduísmo e o budismo, e especialmente o judaísmo e o islamismo. Ao fazê-lo, reconhecem as maneiras pelas quais a religião enriquece, enobrece e realiza a pessoa humana na dimensão espiritual do seu ser, mesmo quando não inclui o conteúdo definidor do que os Padres, como católicos, acreditam ser religião em seu sentido mais completo e robusto – ou seja, a Encarnação de Jesus Cristo. Isso deve ser honrado e respeitado, na opinião dos Padres conciliares, porque a dignidade da pessoa humana assim o exige. Naturalmente, o não reconhecimento de Cristo como o Filho de Deus deve

---

96 Ver HASSON, Kevin J. *The Right to Be Wrong: Ending the Culture War over Religion in America*. Nova York: Encounter Books, 2005.

97 CONCÍLIO VATICANO II. *Declaração* Dignitatis Humanae *sobre a Liberdade Religiosa*, secs. 2-3. Reimpresso em *Second Vatican Council: The Conciliar and Post-Conciliar Documents*. Austin Flannery, OP (ed.). Northport: Costello, ed. rev. 1988.

contar para os Padres como uma falha nas religiões não cristãs, assim como a proclamação de Cristo como o Filho de Deus deve contar como um erro no cristianismo do ponto de vista judaico ou muçulmano. Mas, ensinam os Padres, isso não significa que o judaísmo e o islamismo sejam simplesmente falsos e sem mérito (assim como nem o judaísmo nem o islamismo ensinam que o cristianismo é simplesmente falso e sem mérito); pelo contrário, essas tradições enriquecem a vida dos seus fiéis nas suas dimensões espirituais, contribuindo assim de forma vital para a realização deles.

O que a liberdade religiosa exige

Bem, a Igreja católica não tem o monopólio do raciocínio do direito natural pelo qual estou explicando e defendendo o direito humano à liberdade religiosa[98]. Mas a Igreja tem um profundo compromisso com tal raciocínio e uma longa experiência com ele. E na *Dignitatis Humanae*, os Padres do Concílio Vaticano II apresentam um argumento do direito natural para a liberdade religiosa – de fato, eles começam apresentando um argumento do direito natural antes de complementá-lo com argumentos apelando para a autoridade da revelação de Deus na Sagrada Escritura. Assim, os principais textos católicos, como os ensinamentos sobre uma fé real, oferecem uma ilustração útil de como os líderes e crentes religiosos, e não apenas os estadistas preocupados em formular políticas em circunstâncias de pluralismo religioso, podem incorporar, em sua compreensão do direito humano básico à liberdade religiosa, princípios e argumentos disponíveis a todos os homens e mulheres sinceros e de boa vontade, em virtude do que John Rawls certa vez referiu-se como "nossa razão humana comum"[99].

Deixe-me fazer uma citação com algum pormenor da *Nostra Aetate* para dar a você uma apreciação da base racional da afirmação da Igreja católica sobre o bem da religião, conforme manifestado em várias fés diferentes. Faço isso para mostrar como uma fé, neste caso o catolicismo, pode alicerçar sua defesa de uma concepção robusta de liberdade religiosa não em um pacto mútuo de não agressão com outras fés, ou no que a falecida Judith Shklar (1928-1992) nomeou

98 Sobre a lei natural e a liberdade religiosa na tradição judaica, ver NOVAK, David. *In Defense of Religious Liberty*. Wilmington: ISI Books, 2009. O rabino Novak gentilmente me dedicou esse belo trabalho. Visto que esta é a primeira vez que tenho a oportunidade de citá-lo em uma publicação, estou feliz por ter a chance de agradecê-lo publicamente pelo que considero uma grande honra.

99 RAWLS, John. *Political Liberalism*. Nova York: Columbia University Press, ed. amp. 1993, p. 137.

de "liberalismo do medo", ou, muito menos, no relativismo ou indiferentismo religioso. Em vez disso, tal defesa pode ser, e é, enraizada em uma afirmação racional do valor da religião incorporada e disponibilizada às pessoas em, e por meio de, muitas tradições de fé. Aqui está o que a *Nostra Aetate* diz:

> Ao longo da história, até hoje, encontra-se entre os diversos povos uma certa consciência de um poder oculto, que está por trás do curso da natureza e dos eventos da vida humana. Às vezes, está presente até o reconhecimento de um ser supremo ou ainda mais de um Pai. Dessa consciência e reconhecimento resulta um modo de vida imbuído de um profundo sentido religioso. As religiões que são encontradas em civilizações mais avançadas procuram, por meio de conceitos bem-definidos e linguagem exata, responder a essas questões. Assim, no hinduísmo, os homens exploram o mistério divino e o expressam tanto nas riquezas ilimitadas do mito quanto nas percepções precisamente definidas da filosofia. Eles buscam a libertação das provações da vida presente por meio de práticas ascéticas, meditação profunda e apelo a Deus com confiança e amor. O budismo em suas várias formas testemunha a inadequação essencial deste mundo em mudança. Propõe um modo de vida pelo qual os homens podem, com segurança e confiança, atingir um estado de perfeita liberação e alcançar a iluminação suprema, seja por seus próprios esforços ou pelo auxílio da ajuda divina. Assim também outras religiões que se encontram em todo o mundo tentam, à sua maneira, acalmar os corações dos homens, delineando um programa de vida que abrange doutrina, preceitos morais e ritos sagrados.
>
> *A Igreja católica não rejeita nada do que é verdadeiro e sagrado nessas religiões.* Ela tem grande consideração pelo modo de vida e conduta, pelos preceitos e doutrinas que, embora difiram em muitos aspectos de seus próprios ensinamentos, muitas vezes refletem verdades que iluminam todos os homens. No entanto, ela anuncia e tem o dever de anunciar sem falta Cristo, que é o caminho, a verdade e a vida (João 1, 6). Nele, em quem Deus reconciliou todas as coisas consigo mesmo (2Coríntios 5, 18-19), os homens encontram a plenitude de sua vida religiosa.
>
> A Igreja, portanto, exorta seus filhos a entrarem com prudência e caridade na discussão e colaboração com os membros de outras religiões. Que os cristãos, enquanto testemunham sua própria fé e modo de vida, reconheçam, preservem e encorajem as verdades espirituais e morais encontradas entre os não cristãos.

A Igreja também tem grande consideração pelos muçulmanos. Eles adoram a Deus, que é único, vivo e subsistente, misericordioso e onipotente, o Criador do céu e da terra, que também falou aos homens. Eles se esforçam para se submeter sem reservas aos decretos de Deus, assim como Abraão se submeteu ao plano de Deus, a cuja fé os muçulmanos vinculam à sua. Embora não reconheçam Jesus como Deus, eles o reverenciam como profeta; sua virgem Mãe eles também honram e, às vezes, até invocam com devoção. Além disso, eles aguardam o Dia do Juízo e a recompensa de Deus após a ressurreição dos mortos. Por essa razão valorizam muito uma vida reta e adoram a Deus, principalmente por meio da oração, da caridade e do jejum.

Ao longo dos séculos, muitas brigas e dissensões surgiram entre cristãos e muçulmanos. O sagrado Concílio apela agora a todos a esquecerem o passado e exorta a que se faça um esforço sincero para alcançar o entendimento mútuo; para o benefício de todos os homens, que juntos preservem e promovam a paz, a liberdade, a justiça social e os valores morais.

Sondando as profundezas do mistério que é a Igreja, este sagrado Concílio recorda os laços espirituais que unem o povo da Nova Aliança à descendência de Abraão.

A Igreja de Cristo reconhece que, no plano de salvação de Deus, o início de sua fé e eleição se encontra nos patriarcas e em Moisés e nos profetas. Ela professa que todos os fiéis de Cristo, que como homens de fé são filhos de Abraão (cf. Gálatas 3, 7), estão incluídos no chamado do mesmo patriarca e que a salvação da Igreja é misticamente prefigurada no êxodo do povo eleito de Deus da terra da servidão. Por esse motivo, a Igreja não pode esquecer que recebeu a revelação do Antigo Testamento por meio daquele povo com quem Deus, em sua inexprimível misericórdia, estabeleceu a antiga aliança. Ela também não pode esquecer que se nutre daquela boa oliveira na qual foram enxertados os ramos de oliveira brava dos gentios (cf. Romanos 11, 17-24). A Igreja acredita que Cristo, que é a nossa paz, por meio de sua cruz, reconciliou judeus e gentios e os tornou um em si mesmo (cf. Efésios 2, 14-16)[100].

---

100 CONCÍLIO VATICANO II. *Declaração* Nostra Aetate *sobre a Igreja e as religiões não-cristãs*, secs. 2-4. Reimpresso em *Second Vatican Council: The Conciliar and Post-Conciliar Documents*. Austin Flannery, OP (ed.). Northport: Costello, ed. rev. 1988.

O respeito pelo bem da religião exige que a autoridade civil respeite (e, de maneira apropriada, até cultive) condições ou circunstâncias nas quais as pessoas possam se engajar na busca religiosa sincera e viver vidas de autenticidade, refletindo seus melhores julgamentos quanto à verdade dos assuntos espirituais. Obrigar um ateu a realizar atos baseados em crenças teístas das quais ele não pode, em sã consciência, compartilhar é negar-lhe a parte fundamental do bem da religião que é dele – qual seja, viver com honestidade e integridade de acordo com o seu melhor julgamento sobre a realidade última. Coagi-lo a praticar atos religiosos não lhe servem de nada, pois a fé realmente deve ser livre, e desonra sua dignidade de pessoa livre e racional. A violação da liberdade é pior do que fútil.

Certamente há limites para a liberdade que devem ser respeitados em nome do bem da religião e da dignidade da pessoa humana como um ser cuja realização integral inclui a busca espiritual e o ordenamento da própria vida de acordo com seu melhor julgamento quanto ao que a verdade espiritual requer. O mal grosseiro – até mesmo a injustiça grave – pode ser cometido por pessoas sinceras por causa da religião. Erros indescritíveis podem ser cometidos por pessoas que buscam sinceramente se acertar com Deus ou com os deuses ou com sua concepção de realidade última, seja ela qual for. A presunção em favor do respeito à liberdade deve, em prol do bem humano e da dignidade da pessoa humana como criatura livre e racional – criatura que, segundo o judaísmo e o cristianismo, é feita à imagem e semelhança de Deus –, ser poderosa e ampla. Mas não é ilimitada. Mesmo o grande objetivo de se acertar com Deus não pode justificar meios moralmente maus mesmo para o crente sincero. Não duvido da sinceridade dos astecas na prática do sacrifício humano, ou da sinceridade daqueles na história de várias tradições de fé que usaram coerção e até tortura em prol do que acreditavam ser religiosamente exigido. Mas essas coisas estão profundamente erradas, e não precisam (e não devem) ser toleradas em nome da liberdade religiosa. Supor o contrário é voltar-se para a incômoda posição de supor que as violações da liberdade religiosa (e outras injustiças de igual gravidade) devem ser respeitadas em nome da liberdade religiosa.

Ainda assim, para superar a presunção poderosa e ampla em favor da liberdade religiosa, para ser justificada a exigência de que o crente faça algo contrário à sua fé ou a proibição de que o crente faça algo que sua fé exige, a autoridade política deve enfrentar um fardo pesado. O teste legal nos Estados

Unidos sob a Lei de Restauração da Liberdade Religiosa é uma forma de capturar a presunção e o ônus: para justificar uma lei que afeta negativamente a liberdade religiosa, até mesmo uma lei neutra de aplicabilidade geral deve ser apoiada por um interesse estatal imperioso e configurar o meio menos restritivo ou intrusivo de proteger ou servir a esse interesse. Podemos debater, como uma questão de direito constitucional americano ou como uma questão de política, se cabe, ou deveria caber, aos tribunais ou legisladores decidir quando isenções a leis gerais e neutras devem ser concedidas em prol da liberdade religiosa, ou para determinar quando a presunção em favor da liberdade religiosa foi suplantada. Mas a questão substantiva do que a liberdade religiosa exige daqueles que exercem as alavancas do poder do Estado deve ser algo sobre o qual pessoas razoáveis de boa vontade em todos os espectros religiosos e políticos devem concordar, precisamente porque é uma questão capaz de ser resolvida por nossa razão humana comum.

CAPÍTULO 12

O QUE O CASAMENTO É – E O QUE NÃO É

O casamento é um compartilhamento abrangente da vida. Envolve, como outros laços, uma união de corações e mentes, mas também, e distintamente, uma união corporal possibilitada pela complementaridade sexual-reprodutiva do homem e da mulher. Por isso, está ordenado aos bens abrangentes da procriação e da vida familiar, e exige um compromisso abrangente, comprometido com a permanência, a exclusividade e a fidelidade sexuais. O casamento une marido e mulher holisticamente, não apenas em um vínculo emocional, mas também no plano corporal em atos de amor conjugal e nos filhos que esse amor gera – por toda a vida. O casamento é uma forma de relacionamento – na verdade, *a* forma de relacionamento – em que um homem e uma mulher se unem em um vínculo que é naturalmente ordenado e seria concretizado por eles na concepção e na criação de filhos juntos. E aqueles que entram nessa forma de relacionamento – o bem humano do casamento – são verdadeira e plenamente participantes dele, mesmo quando seu vínculo não é abençoado com a dádiva dos filhos.

Estar em tal relacionamento – uma união corporal e emocional cujas características e normas distintivas são moldadas por sua orientação e capacidade para a procriação e criação de filhos –, é intrinsecamente, não apenas instrumentalmente, valioso. Portanto, o casamento, embora tenha um vínculo inerente (e não incidental) com a procriação, não é propriamente entendido como tendo seu valor apenas como um meio para o bem de conceber e criar filhos. É por isso que, histórica e justamente, a infertilidade não é considerada um impedimento ao casamento. A verdadeira união corporal em atos que preenchem as condições comportamentais da procriação é possível mesmo quando as condições não comportamentais da procriação não ocorrem. Essa união pode fornecer a base e a matriz do compartilhamento multinível da vida que é o casamento.

Esses *insights* sobre a natureza do casamento como um bem humano não requerem nenhuma teologia particular. Eles são, com certeza, consistentes com a fé judaico-cristã, mas antigos pensadores intocados pela revelação judaica ou cristã – incluindo Aristóteles, Platão, Sócrates, Musonius Rufus (25-95), Xenófanes (560 a.C.-478 a.C.) e Plutarco (c. 46-c. 120) – também distinguiram as uniões conjugais de todas as outras, assim como muitas religiões não bíblicas até hoje. Tampouco o *animus* [hostilidade] contra determinadas pessoas ou categorias de pessoas produziu essa conclusão, que surgiu em várias culturas muito antes do conceito moderno de "orientação sexual".

No entanto, a Suprema Corte dos EUA, como várias nações europeias, redefiniu o casamento para eliminar a norma da complementaridade sexual. Na verdade, o que o tribunal fez foi abolir o casamento como categoria legal e substituí-lo por algo bem diferente – o companheirismo romântico-sexual legalmente reconhecido ou parceria doméstica – ao qual o rótulo de *casamento* foi reatribuído. Portanto, estritamente falando, não estamos falando tanto de uma redefinição quanto da abolição do casamento.

Quando o casamento é entendido como um relacionamento conjugal – isto é, como uma união abrangente (emocional *e* corporal) voltada para a procriação e o sustento de filhos com uma mãe e um pai –, é fácil entender suas características centrais como historicamente compreendidas em culturas ocidentais e outras. Mas eliminar a norma da complementaridade sexual remove qualquer fundamento de princípio para essas características. Afinal, se dois homens ou duas mulheres podem se casar, então o que diferencia o casamento de outros laços deve ser a intensidade emocional ou a prioridade. Mas nada sobre união ou intensidade emocional exige que seja permanente, em oposição a deliberadamente temporário. Nada além do mero sentimento ou preferência subjetiva exigiria que fosse sexualmente "fechado" em oposição a "aberto", ou limitado a relacionamentos de duas pessoas, em oposição a três ou mais em associações sexuais "poliamorosas". Não haveria base para entender o casamento como uma parceria sexual, em oposição a uma parceria integrada em torno de qualquer um de uma série de possíveis interesses ou compromissos não sexuais compartilhados (por exemplo, jogar tênis, ler romances, torcer por um determinado time esportivo). Tampouco haveria base para entender o casamento como uma relação inerentemente enriquecida pela vida familiar e moldada por suas exigências. No entanto, essas sempre foram características e normas definidoras do casamento, características e normas que tornam o casamento diferente de outras formas de companheirismo ou amizade (e diferente em *tipo*, não apenas em grau de intensidade emocional).

Essas considerações reforçam meu ponto de que os debates recentes sobre a definição e o significado do casamento não têm sido sobre "expandir" o casamento para ampliar o grupo de pessoas "qualificadas" para participar dele. Em vez disso, a questão sempre foi manter e apoiar o casamento em nossa lei e cultura ou abandoná-lo em favor de uma maneira diferente de organizar as relações humanas.

A lei do casamento molda nossas ações pela promoção de uma visão do que é o casamento e, portanto, de quais são suas normas e requisitos. Em quase todas as jurisdições ocidentais, o casamento foi profundamente ferido pela cultura do divórcio, pela prática generalizada da coabitação sexual não conjugal, pela normalização da gravidez fora do casamento e por outras práticas. Nenhum desses aspectos tinha a ver com parcerias entre pessoas do mesmo sexo ou conduta homossexual, nem eram ou são responsáveis por pessoas que se sentem atraídas por pessoas do mesmo sexo. Foi o impacto dessas práticas na compreensão pública do casamento que enfraqueceu a percepção das pessoas sobre o casamento como uma união conjugal e tornou concebível a ideia inconcebível de "casamentos" entre pessoas do mesmo sexo. Ainda assim, abolir o casamento como uma categoria legal e reatribuir o rótulo de *casamento* a parcerias domésticas românticas e sexuais completam a goleada, tornando praticamente impossível realizar as reformas necessárias para restaurar a compreensão conjugal do casamento e, com ela, uma cultura matrimonial vibrante e saudável. Quanto mais igualarmos o casamento com o que equivale a uma forma de companheirismo romântico-sexual ou parceria doméstica, mais difícil será para as pessoas viverem de acordo com as normas estabilizadoras específicas do verdadeiro casamento. Essa é a lição do último meio século. A menos que restauremos uma compreensão sólida do casamento e reconstruamos a cultura do casamento, a erosão dos ideais do casamento continuará prejudicando a todos – filhos, cônjuges, sociedade como um todo –, mas especialmente aos mais pobres e vulneráveis. Ao reescrever o ideal da parentalidade, abolir o casamento conjugal como norma legal destrói-se, em nossos costumes e práticas, o valor especial das mães e dos pais biológicos. Além disso, marcar o apoio à visão conjugal como "intolerância" prejudica a liberdade religiosa e a liberdade de expressão e associação.

É importante ter em mente que, sob *qualquer* política de casamento, alguns vínculos, alguns tipos de relacionamento íntimo permanecerão não reconhecidos e, portanto, algumas pessoas permanecerão legalmente não casadas (por mais que desejem que seus relacionamentos sejam considerados casamentos sob a lei). Portanto, precisamos ser capazes de (e devemos) atender às necessidades concretas das pessoas à parte do casamento civil. Além disso, se rejeitarmos a equiparação do casamento com o companheirismo – e das licenças de casamento com aprovação genérica –, veremos que as leis do casamento conjugal não privam ninguém do companheirismo ou de suas alegrias, e não marcam ninguém como menos digno de realização. A verdadeira compaixão significa estender a autêntica comunidade a todos, especialmente aos marginalizados, ao mesmo tempo em que usa a lei do casamento para o objetivo social que melhor atende – o objetivo que justifica a regulamentação de tais laços íntimos em primeiro lugar: garantir que os filhos conheçam o amor comprometido da mãe e pai cuja união os trouxe à existência.

Assim como a compaixão pelas pessoas atraídas pelo mesmo sexo não requer redefinir o casamento, preservar a visão conjugal também não significa torná-los bodes expiatórios para sua erosão. Certamente não se trata de legalizar (ou criminalizar) nada. Mesmo antes da decisão da Suprema Corte dos Estados Unidos sobre o casamento entre pessoas do mesmo sexo, em todos os cinquenta estados, dois homens ou duas mulheres podiam se casar (se por acaso acreditassem no casamento entre pessoas do mesmo sexo) e compartilhar uma vida doméstica. Seus empregadores e comunidades religiosas eram legalmente livres para reconhecer suas uniões. A questão, em vez disso, era se os governos efetivamente coagiriam muitos outros atores na praça pública a fazerem o mesmo. Também estava em questão se o governo iria se expandir. Um forte apoio às normas conjugais serve aos filhos, cônjuges e, portanto, a toda a nossa economia, especialmente aos pobres. A ruptura familiar empurra o Estado para papéis para os quais não é adequado: pai e disciplinador dos órfãos e negligenciados, e árbitro de disputas sobre custódia e paternidade.

Um compartilhamento abrangente de vida

Deixe-me agora abordar a questão em um nível mais profundo e filosófico. Todos concordam que o casamento, seja o que for ou faça, é um relacionamento no qual as *pessoas* estão *totalmente* unidas. Mas o que são *pessoas*? E como é possível que duas (ou mais) delas se unam *totalmente*?

A visão tipicamente (ainda que apenas implicitamente) sustentada pelos defensores de posições liberais em questões de sexualidade e casamento é que a pessoa é o aspecto consciente e desejante do "eu". A "pessoa" (ou seja, a mente, o centro da consciência ou emoção) habita (ou está de alguma forma associada a) um corpo, certamente. Mas o corpo é considerado, ainda que apenas implicitamente, como uma realidade *subpessoal* – um mero receptáculo físico – em vez de uma parte da realidade pessoal do ser humano de quem é o corpo. O corpo é visto como um *instrumento* extrínseco pelo qual o indivíduo produz ou de outra forma participa de satisfações e outras experiências desejáveis e realiza vários objetivos.

Para aqueles que aceitam formal ou informalmente essa compreensão dualística do que são os seres humanos, a unidade pessoal não pode ser alcançada pela união corporal. E isso nos leva ao cerne do debate sobre a natureza e o significado do casamento. De acordo com esse ponto de vista, as pessoas, em vez disso, se unem *emocionalmente* (ou, como dizem os de certa mentalidade religiosa, *espiritualmente*). Claro, se isso for verdade, então as pessoas do mesmo sexo podem se unir (isto é, formar um vínculo emocional intenso) e podem compartilhar experiências eróticas que supõem que aumentarão sua união pessoal, permitindo-lhes expressar afeto, compartilhar prazer e sentirem mais intensamente em virtude de suas brincadeiras sexuais (da mesma forma, conjuntos de três ou mais pessoas podem se unir formando um vínculo emocional intenso e podem compartilhar experiências eróticas que eles supõem que aumentarão sua união poliamorosa).

A alternativa à visão dualista do que são pessoas (e, portanto, de como as pessoas podem ser unidas) é aquela adotada tanto pela lei histórica do casamento quanto pelo que sir Isaiah Berlin descreveu como a tradição central do pensamento ocidental. De acordo com essa visão antidualista, os seres humanos são *pessoas corpóreas*, não consciências, mentes ou espíritos que habitam e usam corpos não pessoais. Uma pessoa humana é uma unidade dinâmica de corpo, mente e espírito. Longe de ser um instrumento extrínseco da pessoa, o corpo faz parte intrinsecamente da realidade pessoal do ser humano. A união corporal orgânica é, portanto, a união *pessoal*, e a união pessoal abrangente – a união conjugal – inclui e é de fato fundada na união corporal.

A união corporal que estamos considerando aqui é possível porque machos e fêmeas humanos se unem organicamente quando acasalam – embora sejam dois, eles se tornam um como o único sujeito unificado realizando o ato que preenche as condições comportamentais da procriação. É por isso que o acasalamento é algo distinto de simplesmente roçar-se um no outro, até mesmo um roçar-se erótico. E o acasalamento continua sendo o acasalamento, e não um mero roçar-se, mesmo quando as condições não comportamentais da procriação acontecem de não serem alcançadas. É por isso que zoólogos ou fazendeiros podem distinguir atos de acasalamento, mesmo em animais não humanos, de fracassos no acasalamento, não importa quanto se roçar tenha acontecido, sem a necessidade de esperar para ver se a concepção ocorreu. A própria concepção, embora seja uma consequência do acasalamento (onde prevalecem as condições não comportamentais da reprodução), é distinta do próprio ato de acasalar. Se o acasalamento ocorreu, é uma coisa; se resultou em concepção, é outra coisa.

Isso deixa a questão do significado existencial e moral do acasalamento humano. Dado que os humanos se tornam um no sentido corporal por meio do acasalamento – o corpo sendo, na visão não dualista, parte da realidade pessoal do ser humano, e não apenas um recipiente ou instrumento subpessoal – o que se segue sobre o significado do casamento como um bem humano distinto?

Para avançar em direção às respostas, vamos explorar um pouco mais o conceito de união corporal como união pessoal. Na união corporal possibilitada pela complementaridade sexual-reprodutiva de macho e fêmea, os parceiros, embora permaneçam pessoas distintas, formam juntos um único princípio reprodutivo. Embora a reprodução seja um ato único, nos humanos (como em muitas outras espécies), o ato reprodutivo é realizado não por membros individuais da espécie, mas por um par acasalado como uma unidade orgânica. Germain Grisez explicou cuidadosamente o ponto:

> Embora um macho e uma fêmea sejam indivíduos completos com relação a outras funções – por exemplo, nutrição, sensação e locomoção – com relação à reprodução, eles são apenas partes potenciais de um par acasalado, que é o organismo completo capaz de se reproduzir sexualmente. Mesmo que o par acasalado seja estéril, a relação sexual, desde que seja o comportamento reprodutivo característico da espécie, torna o macho e a fêmea copulantes um só organismo.

O que há de único no casamento é que ele realmente é um compartilhamento abrangente da vida – uma união não apenas de corações e mentes (como também são as amizades e outros tipos de relacionamento), mas também de corpos. De fato, essa partilha abrangente é fundada na união corporal tornada singularmente possível pela complementaridade sexual-reprodutiva, que permite que um homem e uma mulher se tornem, na linguagem da Bíblia, "uma só carne". Essa união em uma só carne é o alicerce de um relacionamento no qual é inteligível (não uma questão de preferência subjetiva) que duas pessoas se liguem uma à outra em promessas de permanência, monogamia e fidelidade sexual.

Pessoas que rejeitam essa compreensão de sexo e casamento dizem que "o amor faz uma família". E não importa se o amor é entre duas pessoas de sexos opostos ou do mesmo sexo (aqueles que são lúcidos e sinceros reconhecem que, da mesma forma, não importaria se o amor fosse entre três ou mais pessoas). Nem a forma de expressão sexual desse amor faz qualquer diferença.

Argumentos de que o verdadeiro casamento é algo diferente ou mais amplo do que a união de dois cônjuges sexualmente complementares supõem necessariamente que o valor do sexo deve ser instrumental ou para a procriação ou para o prazer, considerado como um fim em si mesmo ou como um meio de expressar afeto, ternura, sentimentos e assim por diante. Os críticos das normas tradicionais de casamento e sexualidade dizem que os atos sexuais de parceiros do mesmo sexo, por exemplo, são indistinguíveis dos atos de coito de cônjuges sempre que a motivação para o coito é outra que não a procriação. Ou seja, os atos sexuais de parceiros do mesmo sexo são indistinguíveis em motivação, significado, valor e significância dos atos conjugais de cônjuges que sabem que pelo menos um dos cônjuges é temporária ou permanentemente infértil. Assim, continua o argumento, o entendimento tradicional do casamento é injusto ao tratar pessoas estéreis de sexos opostos como capazes de se casar, ao mesmo tempo em que trata parceiros do mesmo sexo como inelegíveis para se casar.

Meu amigo e colega professor Stephen Macedo acusou a visão tradicional e seus defensores precisamente desse "duplo padrão". Ele pergunta: "Qual é o sentido do sexo em um casamento infértil? Não é a procriação: os parceiros (suponhamos) sabem que são inférteis. Se fazem sexo, é por prazer e para expressar seu amor, ou amizade, ou algum outro bem. Será exatamente pela mesma razão que casais gays comprometidos e amorosos fazem sexo".

Muitas pessoas acham esse tipo de crítica impressionante, e até mesmo algumas pessoas de orientação conservadora parecem se sentir perplexas com ela. Uma vez que o cerne da visão tradicional é colocado em foco, no entanto, fica claro que a crítica falha porque pressupõe que o ponto do sexo no casamento só pode ser instrumental. De fato, um princípio central da visão tradicional é que o objetivo do sexo é o bem do casamento em si, consumado e atualizado em, e através de, atos sexuais que unem os cônjuges em uma só carne, sua comunhão corporal sendo parte integral e constitutiva de sua unidade conjugal abrangente como pessoas encarnadas. Assim, a visão tradicional rejeita a instrumentalização do sexo (e, portanto, dos corpos dos parceiros sexuais) para fins extrínsecos de *qualquer tipo*. A procriação e o prazer são buscados corretamente, mas estão integrados ao bem básico e ao ponto justificador da relação conjugal, a saber, a união em uma só carne do casamento em si.

Os críticos da compreensão tradicional do casamento que entendem esse ponto devem, portanto, argumentar que a aparente união em uma só carne que distingue a relação conjugal de outros tipos de conduta sexual é ilusória. A aparente comunhão corporal dos cônjuges em atos que preenchem as condições comportamentais da procriação não é realmente possível, dizem eles.

Macedo, por exemplo, afirma que "a 'comunhão em uma só carne' de casais estéreis pareceria [...] ser mais uma questão de aparência do que realidade". Por causa de sua esterilidade, esses casais não podem realmente se unir biologicamente: "Seus corpos [...] não podem formar nenhum 'princípio reprodutivo único', nenhuma unidade real". De fato, Macedo argumenta que, mesmo casais férteis que concebem filhos em atos sexuais, não se unem verdadeiramente biologicamente, porque, diz ele, "pênis e vagina não se unem biologicamente; esperma e óvulos, sim".

John Finnis respondeu apropriadamente que "neste espírito redutivista e legislador de palavras, pode-se declarar que o esperma e o óvulo se unem apenas fisicamente e apenas seus pró-núcleos são biologicamente unidos. Mas seria mais realista reconhecer que todo o processo de cópula [...] é biológico por completo". Além disso, como Finnis aponta, "a unidade orgânica que é instanciada em um ato do tipo reprodutivo não é", como Macedo imagina redutivamente, "a unidade de pênis e vagina. É a unidade das pessoas no ato intencional e consensual da relação sexual".

A unidade a que Finnis se refere aqui – unidade de corpo, sentido, emoção, razão e vontade – é fundamental para nossa compreensão da humanidade. No entanto, é uma unidade da qual Macedo e outros que negam a possibilidade de uma verdadeira comunhão corporal no casamento não podem prestar contas. Pois essa negação pressupõe um dualismo de *pessoa* (como "eu" consciente e desejante), por um lado, e *corpo* (como instrumento do "eu" consciente e desejante), por outro lado, que é totalmente incompatível com essa unidade. O dualismo da pessoa e do corpo está implícito na ideia, central na negação de Macedo, da possibilidade da união marital em uma só carne, de que os atos sexuais sem coito diferem do que a lei e a filosofia têm tradicionalmente considerado como atos conjugais castos e honrados apenas como uma questão de arranjo do "encanamento". De acordo com essa ideia, os órgãos genitais de uma mulher ou de um homem inférteis não são realmente "órgãos reprodutivos" mais do que, digamos, bocas, retos, línguas ou dedos são órgãos reprodutivos. Assim, a relação entre um homem e uma mulher em que pelo menos um dos parceiros é infértil não pode ser realmente um ato do tipo reprodutivo.

Mas o simples fato é que os órgãos genitais de homens e mulheres são órgãos reprodutivos o tempo todo, mesmo durante os períodos de esterilidade. Atos que preenchem as condições comportamentais da procriação são atos do tipo procriativo, mesmo quando as condições não comportamentais da procriação não ocorrem. Dado que o objetivo da relação sexual é a união conjugal – ponto central para a compreensão histórica do casamento como relação conjugal –, os esposos alcançam a desejada unidade (eles se unem biologicamente, tornam-se "dois em uma só carne") precisamente a partir do momento em que se *acasalam*. Ou, para colocar o mesmo ponto de outra forma, eles realizam o tipo de ato sobre o qual o dom de uma criança pode sobrevir – o que a lei e a filosofia tradicionais sempre se referiram como "o ato de geração" e "o ato conjugal".

Hoje em dia, as opiniões de Macedo dificilmente são consideradas radicais. Pelo contrário, muitos consideram suas opiniões sobre sexo e casamento muito conservadoras, até antiquadas. Ele e outros defensores dessa posição de "liberal moderado" foram punidos por aqueles à sua esquerda por afirmarem o princípio da fidelidade sexual e criticarem, ainda que apenas implicitamente, a promiscuidade e os casamentos sexualmente "abertos". Eles têm um compromisso admirável com a noção de casamento como um compartilhamento permanente e exclusivo da vida integrado (mas certamente não redutível) à atividade sexual. Mas eles acham que a *natureza* da atividade sexual simplesmente não importa. Sexo é sexo. Não pode, na opinião deles, unir verdadeiramente as pessoas como uma só carne, mas pode capacitá-los a expressar sua afeição de maneira especial.

Uma vez que o casamento e as relações conjugais são reduzidos ao *status* de bens instrumentais, o único ponto inteligível de entrar no casamento será a realização de algum outro fim ou fins. Para alguns, certamente, o fim do casamento será a procriação, mas, se um determinado casamento é uma "aliança reprodutiva" ou uma aliança para propósitos totalmente não relacionados à reprodução é puramente uma questão de *preferências subjetivas* das partes que entram na aliança. De modo algum o casamento é considerado naturalmente ordenado ao nascimento e à criação dos filhos. Tampouco os contornos do estado civil ou os termos da relação conjugal são entendidos como sendo estabelecidos ou moldados por uma orientação natural para a criação dos filhos.

O casamento, nesse entendimento revisado, é marcado por uma plasticidade ou maleabilidade que nitidamente o distingue da concepção de casamento que se propõe a substituir. Nesse entendimento revisionista, o casamento também é desnecessário, mesmo para a criação dos filhos. Se duas (ou talvez mais) pessoas descobrem, ou supõem, que o estado de casado funciona para elas, então elas têm uma razão para se casar. Se não, então o casamento não é, por uma questão de princípio, entendido como um contexto único, ou mesmo especialmente adequado para eles estruturarem suas vidas juntos.

E quanto ao sexo? Qual é o sentido disso na concepção revisada do casamento? A visão de mundo às vezes chamada de "individualismo expressivo" ou "liberalismo de estilo de vida" rejeita a crença de que o sexo deve ser restrito ao relacionamento conjugal. Certamente não há base de princípio para se opor à coabitação sexual fora do casamento. E, mesmo com relação ao sexo independentemente de relacionamentos estáveis, o liberalismo do estilo de vida é "sem julgamento". Seu principal princípio de retidão em questões sexuais é o princípio do consentimento, não, como na visão tradicional, o princípio do casamento. Desde que não haja coerção ou fraude na obtenção de sexo, as escolhas sexuais – como insiste, por exemplo, Frederick Elliston (1944-1987) – não levantam questões morais.

Mesmo o adultério não é problemático sob a expressiva concepção individualista do casamento se, como nos chamados casamentos abertos, não houver engano do cônjuge envolvido. De fato, sob a expressiva concepção individualista é impossível identificar qualquer *razão* – há apenas preferências subjetivas – para que os cônjuges exijam fidelidade um do outro. Por que eles deveriam "abandonar todos os outros"? Qual é o objetivo da fidelidade sexual? Não há *razão*, estritamente falando, para não se ter um "casamento aberto" – apenas emoções ou preferências puramente subjetivas que algumas pessoas têm e outras não. É por isso que as pessoas que rejeitam os termos tradicionais do casamento – mesmo aquelas, como Macedo, que o fazem por razões supostamente conservadoras, como tornar o bem do casamento disponível para pessoas que preferem experiências eróticas com parceiros do mesmo sexo – acham impossível, no final, condenar a promiscuidade e coisas semelhantes, exceto, ocasionalmente, por motivos pragmáticos.

Abolindo o casamento como o conhecemos

Os defensores da redefinição do "casamento" como um companheirismo sexual-romântico ou parceria doméstica para acomodar relacionamentos entre pessoas do mesmo sexo confirmaram que essa mudança corrói a base para permanência e exclusividade em *qualquer* relacionamento[101].

Andrew Sullivan, um autointitulado defensor do argumento conservador a favor do casamento entre pessoas do mesmo sexo, enalteceu a "espiritualidade" do "sexo anônimo". Ele acolheu o fato de que a "abertura" das uniões entre pessoas do mesmo sexo pode corroer a exclusividade sexual entre os casados do sexo oposto[102].

Da mesma forma, em um perfil da *New York Times Magazine*, o ativista do casamento homossexual Dan Savage incentivou os cônjuges a adotarem "uma atitude mais flexível" sobre sexo fora do seu casamento. Um artigo no *The Advocate*, uma revista de interesse gay, apoia meu ponto ainda mais abertamente:

> Os direitistas anti-igualdade há muito insistem que permitir que os gays se casem destruirá a santidade do "casamento tradicional" e, é claro, a resposta lógica e liberal da linha partidária há muito tem sido "Não, não vai". Mas, e se – pela primeira vez – os malucos hipócritas estiverem certos? Poderia a tradição gay masculina de relacionamentos abertos realmente alterar o casamento como o conhecemos? E isso seria uma coisa tão ruim?[103].

101 Esta seção baseia-se fortemente no material do livro que escrevi em coautoria com Sherif Girgis e Ryan Anderson. Ver GIRGIS, Sherif; ANDERSON, Ryan T. e GEORGE, Robert P. *What Is Marriage? Man and Woman: A Defense.* Nova York: Encounter, 2012, p. 68-70.

102 SULLIVAN, Andrew. *Virtually Normal: An Argument about Homosexuality*. Nova York: Vintage Books, 1996, p. 202-203.

103 KARPEL, Ari. "Monogamish". *The Advocate*, 07 jul. 2011. Disponível em: www.advocate.com/Print_Issue/Features/Monogamish/.

Outros defensores da redefinição do casamento pronunciaram explicitamente o objetivo de enfraquecer a instituição. George W. Bush "está correto", escreveu a jornalista Victoria Brownworth, "quando afirma que permitir que casais do mesmo sexo se casem enfraquecerá a instituição do casamento [...]. Certamente o fará, e isso tornará o casamento um conceito muito melhor do que antes"[104]. Michelangelo Signorile, outro defensor da redefinição do casamento, exortou as pessoas em relacionamentos do mesmo sexo a "exigirem o direito de se casar não como uma forma de aderirem aos códigos morais da sociedade, mas sim para desmascararem um mito e alterarem radicalmente uma instituição arcaica". Ele disse que eles deveriam

> lutar pelo casamento entre pessoas do mesmo sexo e seus benefícios, e então, uma vez concedido, redefinir completamente a instituição do casamento, porque a ação mais subversiva que lésbicas e gays podem realizar [...] é transformarem completamente a noção de "família"[105].

E quanto à conexão com a vida familiar? O escritor E. J. Graff celebrou que reconhecer as uniões entre pessoas do mesmo sexo muda a "mensagem da instituição" de tal forma que "para sempre representará a escolha sexual, para cortar o vínculo entre sexo e fraldas". Promulgar o casamento entre pessoas do mesmo sexo "faz mais do que apenas se encaixar; anuncia que o casamento mudou de forma"[106].

Aqueles que pressionaram para derrubar o entendimento tradicional do casamento como uma parceria homem-mulher concordaram, cada vez mais, que redefinir o casamento minaria suas normas estabilizadoras.

Defender o casamento conjugal equivale à intolerância?

Uma resposta revisionista comum à defesa do casamento conjugal é que tal posição representa intolerância. Afinal, o casamento não foi definido como um relacionamento entre pessoas da mesma raça, com os casamentos inter-raciais sendo proibidos? A Suprema Corte não derrubou as leis antimiscigenação

---

104 BROWNWORTH, Victoria A. "Something Borrowed, Something Blue: Is Marriage Right for Queers"? Greg Wharton e Ian Philips (eds.). *I Do/I Don't: Queers on Marriage*. São Francisco: Suspect Thoughts Press, 2004, p. 53, 58-59.

105 SIGNORILE, Michelangelo. "Bridal Wave". *Out* 42, dez.-jan. 1994, p. 68, 161.

106 GRAFF, E. J. "Retying the Knot". Andrew Sullivan (ed.). *Same-Sex Marriage: Pro and Con: A Reader*. Nova York: Vintage Books, 1997, p. 134, 136.

como limitações inconstitucionais à liberdade de casar-se? As leis que definem o casamento como conjugal não são culpadas da mesma ofensa?

Ao longo da história e em todas as culturas, o casamento foi definido como uma parceria conjugal precisamente porque a complementaridade sexual reprodutiva do homem e da mulher foi entendida como central para ele. Isso tem sido verdade mesmo em culturas que permitem a poligamia. Mas a raça geralmente não era considerada como tendo algo a ver com o que é o casamento ou com os propósitos sociais aos quais serve. Um homem e uma mulher de diferentes raças podem se unir em um vínculo precisamente do tipo que é orientado para a procriação e seria realizado tendo filhos juntos.

As leis antimiscigenação foram introduzidas em certos estados (e em algumas outras jurisdições) com um único propósito: sustentar e reforçar um sistema vicioso de supremacia branca e subordinação e exploração racial que começou com a escravidão baseada na raça. Essas leis não tratavam o casamento inter-racial como impossível ou uma contradição em termos, mas antes proibiam as pessoas de entrarem em tais casamentos e as puniam se o fizessem. O objetivo dessas leis não era aquele louvável de maximizar as chances de que as crianças crescessem com a bênção de uma mãe e de um pai em suas vidas; o objetivo, ao contrário, era o desprezível de manter a "pureza racial" e impedir a "miscigenação" da raça supostamente superior.

No caso de *Loving v. Virginia*, a Suprema Corte derrubou as leis antimiscigenação precisamente porque elas representavam e reforçavam exatamente o tipo de injustiça racial que a Décima Quarta Emenda foi promulgada para desmantelar. As classificações raciais que essas leis introduziram estavam enraizadas em puro preconceito e careciam de qualquer base racional ou relação com um interesse governamental legítimo.

Por outro lado, as leis do casamento conjugal não surgiram do racismo, sexismo ou qualquer outra forma de intolerância. Elas foram criadas e se tornaram a norma em praticamente todos os lugares com o propósito vital de unir os dois sexos em um vínculo que é exclusivamente apto para nutrir e educar as crianças. A ideia do casamento como uma parceria conjugal não está enraizada na crença preconceituosa de que qualquer pessoa ou grupo de pessoas é inerentemente inferior a qualquer outro, mas no entendimento de que mães e pais não são substituíveis – ambos são necessários para a parentalidade.

O objetivo das leis antimiscigenação era manter as raças separadas para que uma pudesse explorar a outra. O objetivo das leis do casamento conjugal é unir os sexos para que o maior número possível de filhos possa ser criado no vínculo de compromisso que une seus pais. Igualdade racial não tem nada a ver com casamento. A diferença sexual – a complementaridade – é fundamental para o próprio conceito de casamento. De fato, não fosse o fato de os seres humanos estarem entre os tipos de criaturas que se reproduzem sexualmente, nenhuma cultura jamais teria concebido a ideia de casamento.

Uma cultura de casamento

Outra resposta revisionista padrão à defesa do casamento conjugal é a alegação de que, mesmo que a posição tradicional seja, do ponto de vista moral, verdadeira, é injusto para a lei incorporá-la. Stephen Macedo, por exemplo, argumenta que, se divergências sobre a natureza do casamento

> estão em [...] difíceis disputas filosóficas, sobre as quais pessoas razoáveis há muito discordam, então nossas diferenças residem precisamente no território que John Rawls acertadamente marca como impróprio para a formação de nossos direitos e liberdades básicos.

Assim, Macedo e outros afirmam que a lei e a política devem ser neutras em relação aos entendimentos conflitantes sobre casamento e moralidade sexual.

Essa afirmação é profundamente infundada. O verdadeiro significado, valor e sentido do casamento são facilmente compreendidos (mesmo que as pessoas, às vezes, tenham dificuldade em viver de acordo com suas exigências morais) em uma cultura – incluindo, criticamente, uma cultura legal – que promove e apoia uma compreensão sólida do casamento. Além disso, ideologias e práticas hostis a uma compreensão e prática sólidas do casamento em uma cultura tendem a minar a instituição do casamento nessa cultura. Portanto, é extremamente importante que os governos evitem tentativas de serem neutros em relação ao casamento e incorporem em suas leis e políticas o entendimento mais sólido e que mais se aproxima do correto.

A lei é um professor. Ou ensinará que o casamento é uma realidade da qual as pessoas podem escolher participar, mas cujos contornos as pessoas não podem fazer e refazer à vontade, ou ensinará que o casamento é uma mera convenção maleável de tal forma que indivíduos, casais ou, de fato, os grupos, podem optar por fazer dele o que for adequado aos seus desejos, objetivos e assim por diante. O resultado, dados os vieses da psicologia sexual humana, será o desenvolvimento de práticas e ideologias que realmente tendem a minar a compreensão e a prática sólidas do casamento, juntamente com o desenvolvimento de patologias que tendem a reforçar as próprias práticas e ideologias que as causam.

O filósofo de Oxford Joseph Raz (1939-2022), um progressista que não compartilha das minhas opiniões sobre a moralidade sexual, critica, com razão, as formas de liberalismo, incluindo o rawlsianismo, que supõe que a lei e o governo podem e devem ser neutros entre concepções concorrentes de bondade moral. Ele observou, por exemplo, que

> a monogamia, assumindo que é a única forma valiosa de casamento, não pode ser praticada por um indivíduo. Requer uma cultura que a reconheça e que a apoie por meio da atitude do público e de suas instituições formais.

Claro, Raz não supõe que, em uma cultura cuja lei e política públicas não apoiam a monogamia, um homem que por acaso acredite nela de alguma forma será incapaz de se restringir a ter uma esposa ou será obrigado a ter esposas adicionais. Seu argumento, ao contrário, é que, mesmo que a monogamia seja um elemento-chave para uma compreensão sólida do casamento, um grande número de pessoas falhará em entender isso ou por que isso é assim – e, portanto, falhará em compreender o valor da monogamia e a razão de praticá-la –, a menos que sejam auxiliadas por uma cultura que apoie formalmente, por lei e política, bem como por meios informais, o casamento monogâmico. O que é verdadeiro para a monogamia é igualmente verdadeiro para os outros elementos de uma compreensão sólida do casamento.

Em suma, o casamento é o tipo de bem que pode ser escolhido e do qual se pode participar de forma significativa apenas por pessoas que tenham pelo menos uma compreensão elementar dele e que o escolham com esse entendimento em mente. No entanto, a capacidade das pessoas de entendê-lo, pelo menos implicitamente, e, portanto, de escolhê-lo, depende crucialmente de instituições e entendimentos culturais que transcendam à escolha individual e sejam constituídos por um grande número de escolhas individuais.

CAPÍTULO 13

O MITO DE UM "GRANDE ACORDO" NO CASAMENTO

Foi apenas ontem, não foi, que nos asseguraram que a redefinição do casamento para incluir uniões entre pessoas do mesmo sexo não teria impacto sobre pessoas e instituições que sustentam a visão tradicional do casamento como uma união conjugal? Não afetará seu casamento ou sua vida, disseram-nos, se a lei reconhecer Henry e Herman ou Sally e Sheila como "casados".

Aqueles que oferecem essas garantias também alegam que a redefinição do casamento não influenciaria a compreensão pública do casamento como uma parceria monogâmica e sexualmente exclusiva. Ninguém, eles insistiam, queria alterar essas normas maritais tradicionais. Pelo contrário, a redefinição do casamento promoveria e divulgaria essas normas de forma mais ampla.

Quando alguns de nós alertamos que tudo isso era um absurdo e apontamos as inúmeras maneiras pelas quais católicos, evangélicos, mórmons, cristãos ortodoxos orientais, judeus ortodoxos, muçulmanos e outros seriam afetados e suas oportunidades e liberdades restritas, os proponentes da redefinição do casamento nos acusaram de "alarmismo". Quando observamos que reduzir o casamento a uma união meramente emocional (que é o que acontece quando a complementaridade sexual-reprodutiva é banida da definição) remove todos os fundamentos de princípio para entender o casamento como uma união sexualmente exclusiva e fiel de duas pessoas, não uma parceria "aberta" ou conjunto sexual poliamoroso, fomos acusados de um raciocínio evasivo e inválido. Lembram?

Ninguém, eles nos garantiram, exigiria que serviços católicos ou outros de assistência social e adoção colocassem crianças em lares homossexuais. Ninguém, disseram eles, exigiria que escolas religiosamente afiliadas e agências de serviço social tratassem parceiros do mesmo sexo como cônjuges, ou imporia penalidades ou limitações àqueles que discordassem. Ninguém seria demitido de seu emprego (ou sofreria discriminação no emprego) por expressar apoio ao casamento conjugal ou criticar condutas e relacionamentos sexuais entre pessoas do mesmo sexo. E ninguém estava propondo reconhecer relacionamentos poliamorosos ou normalizar "casamentos abertos"; nem a redefinição prejudicaria as normas de exclusividade sexual e monogamia na teoria ou na prática.

Isso foi antes; isto é agora.

Devo dizer, porém, que ainda não consigo entender por que alguém acreditou em qualquer uma dessas coisas – mesmo naquela época. Todo o argumento era, e é, que a ideia de casamento como união de marido e mulher carece de uma base racional e equivale a nada mais do que "intolerância". Portanto, nenhuma pessoa razoável de boa vontade pode divergir da posição liberal sobre sexo e casamento, assim como uma pessoa razoável de boa vontade não poderia apoiar a segregação e subordinação racial. E isso porque o casamento, segundo os redefinidores, consiste principalmente na união afetiva de pessoas comprometidas com o afeto e o cuidado mútuos. Quaisquer distinções além desta, eles condenam como infundadas.

Uma vez que a maioria dos liberais e até mesmo alguns conservadores, ao que parece, aparentemente não têm entendimento algum a respeito da concepção conjugal do casamento como uma união em uma só carne – nem mesmo o suficiente para considerá-la e rejeitá-la conscientemente –, eles concebem acriticamente o casamento como companheirismo sexual-romântico ou parceria doméstica, como se não pudesse ser outra coisa. Isso apesar do fato de a concepção conjugal ter sido historicamente incorporada em nossas leis matrimoniais e explicar o seu conteúdo (não apenas a exigência da complementaridade sexual conjugal, mas também as regras relativas à consumação e anulabilidade, normas de monogamia e exclusividade sexual e a garantia de permanência de compromisso) de maneiras que a concepção romântica-sexual de parceria doméstica simplesmente não consegue. Ainda assim, não vendo nenhuma concepção alternativa possível de casamento para a ideia de parceria doméstica sexual-romântica, eles assumem (e é uma suposição gratuita) que não existe nenhuma razão real para considerar a complementaridade sexual-reprodutiva como parte integrante do casamento. Afinal, dois homens ou duas mulheres podem ter um interesse romântico um pelo outro, viver juntos em uma parceria sexual, cuidar um do outro e assim por diante. Então, por que eles não podem se casar? Aqueles que apoiam as "normas tradicionais" do casamento, não tendo nenhuma base racional para seus argumentos, discriminam injustamente.

Dessa forma, mesmo antes de a Suprema Corte dos Estados Unidos reconhecer o direito ao casamento entre pessoas do mesmo sexo, os defensores da redefinição tornaram-se cada vez mais abertos ao dizer que não viam as disputas sobre sexo e casamento como divergências honestas entre pessoas razoáveis de boa vontade. Essas disputas eram, antes, batalhas entre as forças da razão, esclarecimento e igualdade, de um lado, e as da ignorância, intolerância e discriminação, do outro. Os "excluidores" deveriam ser tratados da mesma forma que os racistas são tratados, já que são equivalentes a racistas. Claro, nós (pelo menos nos Estados Unidos) não colocamos racistas na cadeia por expressarem suas opiniões, nós respeitamos a Primeira Emenda. Mas não hesitamos em estigmatizá-los e impor várias formas de impedimentos sociais e até civis a eles e a suas instituições, em áreas como política tributária, licenciamento profissional e credenciamento educacional.

Em nome da "igualdade no casamento" e da "não discriminação", a liberdade – especialmente a liberdade religiosa e a liberdade de consciência – e a igualdade genuína são solapadas.

Um erro fundamental que alguns defensores do casamento conjugal cometeram é imaginar que um grande acordo poderia ser feito com seus oponentes: "Aceitamos a redefinição legal do casamento; você respeitará nosso direito de agir de acordo com nossas consciências sem penalidade, discriminação ou impedimento civil de qualquer tipo. Parceiros do mesmo sexo obterão licenças de casamento, mas ninguém será forçado por qualquer motivo a reconhecer esses casamentos ou sofrer discriminação ou deficiência por se recusar a reconhecê-los". *Nunca houve qualquer esperança de tal acordo sendo aceito*. Talvez as forças liberais aceitassem partes de tal acordo *temporariamente* por razões estratégicas ou táticas, como parte do projeto político de redefinir o casamento. Mas as garantias de liberdade religiosa e não discriminação para pessoas que não podem, em consciência, aceitar o casamento entre pessoas do mesmo sexo poderiam, então, ser corroídas e, por fim, removidas.

Não há, na minha opinião, nenhuma chance – *nenhuma chance* – de persuadir os defensores da liberação sexual (e já deve estar claro que essa é a causa que eles servem) de que eles devem respeitar, ou permitir que a lei respeite, os direitos de consciência daqueles de quem discordam. Veja do ponto de vista deles: por que deveríamos permitir que a "igualdade total" seja superada pela intolerância? Por que deveríamos respeitar religiões e instituições religiosas que são "incubadoras de homofobia"? A intolerância, religiosa ou não, deve ser esmagada e erradicada. A lei não deve dar-lhe reconhecimento ou conferir-lhe qualquer posição ou dignidade.

Aqueles de nós que acreditam que a concepção conjugal do matrimônio é verdadeira e boa, e que desejam proteger os direitos de nossos fiéis e de nossas instituições de honrar essa crença no cumprimento de suas vocações e missões, devem aprender esta lição: o "grande acordo" é uma ilusão que devemos descartar de nossas mentes. Não há alternativa senão vencer a batalha sobre a definição legal de casamento.

Mas com o liberalismo sexual agora tão fortemente entrincheirado nas instituições estabelecidas do setor de elite da nossa cultura (e totalmente abraçado pelo Partido Democrata e financiado por inúmeros bilionários de fundos de hedge e titãs corporativos), alguns veem a defesa do casamento como uma causa perdida. Isso é particularmente verdade na sequência da decisão da Suprema Corte em *Obergefell v. Hodges* declarando que a cláusula do devido processo da Décima Quarta Emenda da Constituição – que dá poderes ao Congresso para garantir que os estados não "privem as pessoas de suas vidas [como em executando-as], liberdade [como em jogando-as na prisão], ou propriedade [como em sujeitando-as a uma multa monetária ou confisco] sem o devido processo legal [ou seja, dando-lhes um julgamento justo]" – criou (embora ninguém soubesse disso no momento da ratificação ou sequer suspeitasse nos próximos 125 anos ou mais) um "direito fundamental" ao "casamento entre pessoas do mesmo sexo" que todo estado deve reconhecer e honrar.

O derrotismo é compreensível em nossa sombria condição atual, mas isso é outro erro – um erro que os partidários da liberação sexual têm todos os motivos para encorajar seus oponentes a cometer e amplos recursos para promover. Todos nós já ouvimos o argumento (ou provocação): "A aceitação total do casamento entre pessoas do mesmo sexo em escala nacional é inevitável. É um fato consumado. Ninguém irá opor-se a *Obergefell*, como Lincoln opôs-se à decisão de *Dred Scott*, ou anulá-la. É melhor você ficar do lado certo da história, para não ser lembrado na companhia de racistas como Orval Faubus (1910-1994)".

Claro, isso é o que nos disseram sobre o chamado "direito da mulher ao aborto" em meados dos anos 1970. E muitas pessoas pró-vida desmoralizadas inicialmente acreditaram nisso. Mas não foi assim que acabou acontecendo. Uma porcentagem maior de americanos é pró-vida hoje do que na década de 1970, e os jovens são mais pró-vida do que as pessoas da geração de seus pais. A ideia promovida pelo lobby do aborto, especialmente depois de *Roe v. Wade*, quando sua causa parecia ser um rolo compressor – que "o povo americano irá inevitavelmente aceitar o aborto como uma questão de direitos das mulheres e higiene social" – provou ser espetacularmente falsa.

Ou, falando em "higiene social", pense nas décadas de 1920 e 1930, quando a eugenia foi adotada por instituições de elite da sociedade americana, das ricas fundações filantrópicas às principais denominações protestantes e à Suprema Corte dos Estados Unidos. Pessoas influentes, sofisticadas e "sensatas" estavam todas a bordo do programa de eugenia. Também parecia um rolo compressor. Apenas aqueles católicos "retrógrados", acompanhados por alguns "fundamentalistas" protestantes, resistiram; o pensamento era que a coluna de sua resistência logo seria quebrada pela pura *racionalidade* da ideia da eugenia. Os eugenistas tinham certeza de que seus adversários estavam do "lado errado da história". A plena aceitação da eugenia era "inevitável". Mas é claro que as coisas não foram bem assim.

Meu ponto aqui *não* é dizer ou sugerir que redefinir o casamento é moralmente como o aborto ou a eugenia. Existem diferenças óbvias e importantes. Meu ponto envolve a alegação dos progressistas e de alguns outros de que o triunfo de cada causa era "inevitável" e que aqueles que se recusaram a acompanhá-lo eram "contra o progresso" e se colocaram do "lado errado da história".

Tudo isso significa que o inverso é verdadeiro, que a concepção conjugal do casamento e a compreensão da moralidade sexual e da integridade da qual ele faz parte acabarão por prevalecer na lei e na cultura? Essa resistência efetiva certamente levará à derrubada de *Obergefell* (ou, por falar nisso, de *Roe*)?

Não. Não há nada inevitável neste domínio. Como o esquerdista – mas anti-hegeliano – teórico jurídico brasileiro Roberto Unger costumava pregar para nós em seus cursos na Escola de Direito de Harvard, o futuro será fruto da deliberação, julgamento e escolha humanos; não está sujeito a leis fixas da história e a forças do determinismo social. Como os marxistas aprenderam da maneira mais difícil, a realidade da liberdade humana é o frustrador permanente das teses da "inevitabilidade". O casamento entre pessoas do mesmo sexo e os ataques à liberdade e à igualdade que se seguem são "inevitáveis" apenas se os defensores do casamento tornarem as profecias de seus adversários autorrealizáveis, acreditando nelas.

Meu apelo aos defensores do casamento e da liberdade religiosa é que se levantem, falem, revidem, resistam. Não fiquem desmoralizados. Recusem-se a ser intimidados. Falem a verdade moral ao poder cultural, político e econômico. Amem abertamente o que é bom e desafiem e resistam a tudo o que se lhe opõe e ameaça. Estejam preparados, se necessário, para pagar o custo do discipulado. Posicionem-se ao lado de qualquer pessoa de qualquer fé – católica, protestante, ortodoxa, judia, mórmon, muçulmana, hindu, budista, sikh, jainista – e daqueles que, embora não tenham um compromisso religioso, entendam a verdade sobre o casamento, que estarão ao seu lado para preservar o casamento e defender a liberdade. Sejam "mansos como as pombas", com certeza, mas também "astutos como as serpentes"[107]. Sejam implacáveis em sua determinação de defender o que é certo.

Então, o que fazemos? Para as pessoas de fé, a primeira coisa a fazer, é claro, é *rezar* – fervorosamente, incessantemente. Em segundo lugar, *trabalhar* diligentemente a fim de eleger para cargos públicos defensores da vida, do casamento e da liberdade religiosa. Terceiro, *lutar* a fim de manter pelo menos um dos principais partidos políticos fiéis aos princípios morais que atraíram para si tantos ex-membros do outro partido nas últimas quatro décadas. Lembrar que o movimento liberal, tendo conquistado o controle total do Partido Democrata, agora dedicará sua atenção e recursos formidáveis ao objetivo de fazer incursões entre os republicanos. Aqueles que são ativos ou afiliados ao Partido Republicano devem derrotar esses esforços, deixando claro para o establishment republicano que a lealdade ao partido é condicionada à fidelidade do partido a seus princípios – incluindo a santidade da vida humana em todos os estágios e condições, casamento como a união de marido e mulher, e liberdade religiosa e os direitos de consciência.

---

107 Referência ao Evangelho segundo S. Mateus 10, 16: "Eis que eu vos envio como ovelhas entre lobos. Por isso, sede prudentes como as serpentes, e sem malícia como as pombas". *Bíblia de Jerusalém*. São Paulo: Edições Paulinas, ed. rev. 1985. (N.E.)

CAPÍTULO 14

O POLIAMOR É O PRÓXIMO?

As jovens são mulheres em um relacionamento sério que se amam, importam-se e cuidam-se entre si. Compartilham tarefas domésticas e responsabilidades financeiras. Compartilham a cama e fazem amor. Têm um filho (cortesia de doação de esperma e fertilização *in vitro*) e pretendem ter mais dois. Uniram-se em uma cerimônia na qual usaram lindos vestidos de noiva brancos e foram conduzidas ao altar por seus pais. São como qualquer outro casal comum de Massachusetts de sexos opostos ou do mesmo sexo.

Só que elas não são um casal. Doll, Kitten e Brynn Young são um "tricasal". E Massachusetts, como outros estados, não reconhece como casamento as uniões "poliamorosas" – parcerias românticas de três ou mais pessoas – pelo menos, por enquanto.

Mas Doll, Kitten e Brynn acham que isso é injusto e deveria mudar. Elas querem igualdade no casamento para si e para outros poliamoristas. Estão orgulhosas de seu estado natal estar na vanguarda do reconhecimento legal de uniões entre pessoas do mesmo sexo como casamentos, graças à ousada intervenção do Supremo Tribunal Judicial de Massachusetts, controlado pelos liberais. Mas insistem que os mesmos princípios que geraram o que elas e a maioria dos liberais (e, ao que parece, alguns conservadores) acreditam ser "igualdade no casamento" para gays deveriam produzir o mesmo resultado para outras minorias sexuais, especialmente pessoas poliamorosas como elas próprias.

Se o *gênero* não importa para o casamento, elas perguntam, por que o *número* deveria importar? "Se o amor faz uma família", como dizia o slogan quando a causa defendida era o casamento gay, então por que a família *delas* deveria ser tratada como de segunda classe? Por que deveria ser negado ao casamento *delas* o reconhecimento legal e a dignidade e posição social que vêm com ele? Doll, Kitten e Brynn se amam e são tão comprometidas umas com as outras e com seu filho e futuros filhos quanto, digamos, Donald

Trump e sua terceira esposa, ou Elton John e seu marido. Elas encontram satisfação em sua parceria sexual de longo prazo, assim como casais do mesmo sexo e de sexos opostos encontram satisfação na deles. A dignidade de seu relacionamento, para não mencionar sua própria dignidade pessoal, é agredida, acreditam elas, quando seu casamento é tratado como inferior e indigno de reconhecimento legal. Seu filho e futuros filhos são estigmatizados por leis que se recusam a tratar seus pais como casados. E para quê? Como isso prejudica o casamento de John e Harold, o casal vizinho, se a comunidade de Massachusetts reconhece o casamento das Young? De fato, que justificativa pode ser dada – que interesse legítimo do Estado pode ser citado – para desonrar Doll, Kitten e Brynn e seu casamento? Certamente, a única explicação, além de escrúpulos religiosos do tipo que o Estado não pode impor constitucionalmente, é o *animus* e o *mero desejo de prejudicar* as pessoas que são diferentes.

A campanha começou

Nos últimos anos, vários sites, jornais e revistas convencionais – *Salon*, *Slate*, *USA Today*, *Newsweek*, *The Atlantic* – têm publicado histórias simpáticas sobre o poliamor. Relações poligâmicas e poliamorosas, muitas vezes com filhos na foto, são retratadas como apenas mais uma forma historicamente incompreendida e, muitas vezes, vitimizada de se constituir uma família. Os parceiros poliamorosos retratados nas histórias às vezes trazem questões sobre os desafios comuns e as alegrias simples da vida doméstica – lidar com desentendimentos, conseguir que as crianças façam o dever de casa ou pratiquem o piano, a comemoração de aniversários e outras ocasiões especiais, juntamente com relatos dos bastidores de como é para um tricasal ou unidades poliamorosas maiores dividir a cama e fazer sexo.

Em julho de 2015 – apenas algumas semanas após a decisão da Suprema Corte dos EUA em *Obergefell v. Hodges* reconhecer o direito ao casamento entre pessoas do mesmo sexo – o *New York Times* publicou um ensaio de William Baude, professor de direito da Universidade de Chicago, exortando os leitores a manterem suas mentes abertas em relação à poligamia e a outras relações sexuais com múltiplos parceiros. Ele observou que elas poderiam ter algumas vantagens em relação a parcerias monogâmicas – por exemplo, mais pais disponíveis para cuidar dos filhos e compartilhar outras tarefas domésticas – e identificou facilmente as fraquezas nos argumentos antipoligamia elaborados por escritores como Richard Posner, que apoiam a redefinição do casamento para incluir parcerias do mesmo sexo, mas deseja traçar a linha ali. "Devemos lembrar", observou Baude, "que as objeções espetaculares de hoje, às vezes, parecem triviais décadas mais tarde. Bem poucas pessoas apoiaram o direito constitucional ao casamento entre pessoas do mesmo sexo quando escritores como Andrew Sullivan e [Jonathan] Rauch o defendiam apenas duas décadas atrás (o juiz Posner, por exemplo, não o fez). À medida que testemunhamos mais experimentos com famílias não nucleares, nossas opiniões sobre o casamento plural também podem mudar".

Muitas pessoas poliamorosas dizem que seu desejo ou *necessidade* sentida por múltiplos parceiros é fundamental para sua identidade e que sabem, desde cedo, que nunca encontrariam satisfação pessoal e sexual em um relacionamento puramente monogâmico. A mensagem é que elas são a próxima minoria sexual cujos direitos humanos, incluindo, é claro, o direito à igualdade no casamento, devem ser respeitados. Elas estão seguindo o mesmo manual dos defensores do casamento entre pessoas do mesmo sexo na integração do poliamor, e colocando em prática os atributos culturais para seu reconhecimento legal.

E está funcionando. Uma pesquisa YouGov de julho de 2015 mostra que um quarto dos americanos está agora preparado para reconhecer casamentos poliamorosos, e entre os cidadãos sem filiação religiosa (cujos números estão subindo nos Estados Unidos) o número é de 58%. Essas porcentagens representam um apoio muito maior do que o casamento gay tinha na memória de mais do que alguns leitores deste livro.

À frente de seu tempo

Durante anos, muitos defensores da liberdade sexual e do casamento entre pessoas do mesmo sexo desaconselharam a defesa aberta do poliamor – seja na forma de poliginia (um marido tendo várias esposas) ou na forma de laços de grupo como o das Youngs – para não alertar os gansos. Mas nem todos ouviram.

Por exemplo, Elizabeth Brake, professora da Universidade Estadual do Arizona, uma proeminente defensora no mundo da filosofia acadêmica para ampliar a compreensão histórica do casamento, promoveu, por muitos anos, o que ela chama de "casamento mínimo", no qual "os indivíduos podem ter relações maritais legais com mais de uma pessoa, de forma recíproca ou assimétrica, determinando eles mesmos o sexo e o número de partes, o tipo de relacionamento envolvido e quais direitos e responsabilidades trocar com cada um"[108].

Judith Stacey, professora de longa data da Universidade de Nova York, também tem desafiado o casamento tradicional por anos. Testemunhando perante o Congresso contra a Lei de Defesa do Casamento, ela expressou esperança de que redefinir o casamento daria a ele "contornos variados, criativos e adaptativos", levando alguns a "questionarem as limitações diádicas do casamento ocidental e a buscarem [...] casamentos de pequenos grupos"[109]. Em um debate de 2013 com Ryan T. Anderson – que, junto com Sherif Girgis, foi meu coautor do livro *What Is Marriage?* [*O que é Casamento?*] – Stacey disse: "O que deveria limitar [o casamento] a dois e por que deve ser monogâmico? Nada, a meu ver, confere ao Estado esse interesse particular"[110].

Já em 2006, em uma declaração intitulada "Beyond Gay Marriage" ["Além do Casamento Gay"], mais de trezentos estudiosos e defensores de "LGBT e aliados" pediram o reconhecimento legal de relações sexuais envolvendo mais de dois parceiros[111]. Entre os signatários estavam figuras muito influentes na esquerda, como Gloria Steinem, Barbara Ehrenreich (1941-2022) e Kenji Yoshino.

Esses e outros defensores abertos do reconhecimento legal do poliamor agora parecem estar à frente de seu tempo. Com o *USA Today*, *Newsweek* e outras publicações respeitadas apresentando o poliamor com simpatia, mais e mais poliamoristas e aliados de sua causa se sentirão mais seguros em se assumir. Embora o poliamor permaneça não convencional, está longe de ser inédito: a *Newsweek* informou em 2009 que havia mais de quinhentos mil lares poliamorosos apenas nos Estados Unidos[112]. Fora dos Estados Unidos, os poliamoristas já obtiveram ganhos. No Brasil, dois grupos diferentes se

---

108 BRAKE, Elizabeth. "Minimal Marriage: What Political Liberalism Implies for Marriage Law". *Ethics* 120, 2010, p. 303.

109 Ver GALLAGHER, Maggie. "(How) Will Gay Marriage Weaken Marriage as a Social Institution: A Reply to Andrew Koppelman". *University of St. Thomas Law Journal* 2, nº 1, 2004, p. 62.

110 FORD, Leslie. "NYU Prof Is for Same-Sex Marriage but Really against Marriage". *Daily Signal*, 29 abr. 2013. Disponível em: http://dailysignal.com/2013/04/29/nyu-prof-is-for- same-sex-marriage-but-really-against-marriage/.

111 "Beyond Same-Sex Marriage: A New Strategic Vision for All Our Families and Relationships". *BeyondMarriage.org*, 26 jul. 2006. Disponível em: beyondmarriage.org/full_ statement.html.

112 BENNETT, Jessica. "Only You. And You. And You: Polyamory — Relationships with Multiple, Mutually Consenting Partners — Has a Coming-Out Party". *Newsweek*, 29 jul. 2009. Disponível em: www.newsweek.com/2009/07/28/only-you-and-you-and-you.html.

uniram em uniões civis no final de 2015[113]. No início de 2016, a Câmara dos Comuns da Grã-Bretanha emitiu um documento informativo sobre a poligamia. Embora o Reino Unido reconheça legalmente apenas casamentos monogâmicos, o relatório observou uma exceção: a poligamia pode ser reconhecida como válida "em circunstâncias em que a cerimônia de casamento foi realizada em um país cujas leis permitem a poligamia e as partes do casamento estavam lá domiciliadas à época". Como resultado, o governo britânico pode realmente pagar a previdência social e outros benefícios para cônjuges múltiplos em arranjos polígamos[114].

Os políticos ainda não estão lá, pelo menos não nos Estados Unidos, mas nesta fase tardia da nossa experiência todos sabemos que eles são quase sempre dos últimos a chegarem à festa. Em breve, um pequeno número quebrará o gelo, assim como fizeram no casamento entre pessoas do mesmo sexo. Eles irão, para usar a famosa descrição do presidente Barack Obama de sua própria reviravolta sobre casamento entre pessoas do mesmo sexo, "evoluir".

O falecido e extraordinariamente influente filósofo legal e teórico constitucional Ronald Dworkin, um defensor da ação judicial agressiva para promover causas liberais, ensinou que o direito é fundamentalmente sobre o compromisso de uma sociedade com certos princípios morais e a elaboração de suas implicações ao longo do tempo. Fundamental para esse empreendimento é tratar casos iguais de forma igual. O cerne do caso para o casamento entre pessoas do mesmo sexo era que as diferenças de gênero são irrelevantes para o que o casamento realmente é – ou seja, uma forma de companheirismo romântico-sexual ou parceria doméstica. O desafio para os defensores do casamento entre pessoas do mesmo sexo é aceitar o poliamor com base na mesma visão do casamento ou oferecer uma visão nova e mais específica, uma que possa explicar por que o *número* é relevante, mas o *gênero* não.

Mesmo com um número crescente de defensores da "igualdade no casamento" concordando que chegou a hora de reconhecer os casamentos poliamorosos, alguns ainda tentam evitar a questão. Apenas alguns estão dispostos a permanecer firmes e dizer que *o gênero não importa, mas o número*

---

113 "Three-Person Civil Union Sparks Controversy in Brazil". *BBC News*, 28 ago. 2012. Disponível em http://www.bbc.com/news/world-latin-america-19402508; BROWN, Elizabeth Nolan. "Polyamorous Brazilian Trio Joined in Civil Union, Say Same-Sex Marriage Paved the Way". *Reason*, 6 nov. 2015. Disponível em: http://reason.com/blog/2015/11/06/ polygamous-brazilian-trio-weds.

114 "House of Commons Library Briefing Paper Number 05051: Polygamy". House of Commons Library, 6 jan. 2016. Disponível em: http://researchbriefings.parliament.uk/ ResearchBriefing/Summary/SN05051.

sim: o casamento é, por princípio, uma parceria de duas pessoas, então as uniões de três ou mais pessoas devem ter negada a dignidade do reconhecimento legal.

O problema para os que estão nesta última categoria é que eles não conseguem apresentar nada que se aproxime de um argumento plausível. Ou tentam conseguir algo fora do alegado "fato" de que a homossexualidade é uma "orientação sexual", mas o poliamor não é, ou eles apontam para dificuldades práticas na administração dos princípios do direito de família para parcerias envolvendo mais de dois. Vez por outra, você ouvirá um defensor do casamento gay que se opõe ao poliamor dizer: *uma pessoa não pode se entregar totalmente a duas pessoas como pode a uma pessoa*. E ainda mais raramente alguém sugerirá que as uniões poliamorosas não são psicologicamente ou moralmente apropriadas para criar filhos.

Da perspectiva dos poliamorosos e seus aliados, todos esses argumentos são fracos a ponto de serem desprezíveis – racionalizações rasas para excluí-*los* de um reconhecimento e *status* que outros em relacionamentos semelhantes recebem. Para as pessoas poli, ser poli é tão central para sua identidade – e estar em relacionamentos poliamorosos é tão vital para sua realização – quanto ser gay e estar em uma parceria do mesmo sexo é para pessoas que são sexualmente ou romanticamente atraídas por pessoas do mesmo sexo. Os poliamoristas se opõem a ser a minoria sexual forçada a se contentar com um relacionamento que não os realiza ou não responde a quem eles são, ou para quem são negados o apoio social e o reconhecimento legal que os outros relacionamentos recebem.

Quanto aos problemas práticos, eles apontam que a lei moderna, em uma ampla variedade de áreas, lida com complexidades muito maiores do que aquelas que o reconhecimento legal do casamento de Doll, Kitten e Brynn Young representaria. Os encargos administrativos não são, observam, base alguma para negar-lhes o direito civil básico de se casarem. E acham um insulto quando pessoas não poli afirmam que ser poliamoroso não é fundamental para sua identidade e realização, ou assumem que pessoas como Doll, Kitten e Brynn não podem se entregar tão plenamente umas às outras quanto gays ou heterossexuais monogâmicos. Com base em sua experiência pessoal e no que sabem da experiência de outras pessoas poli, eles também rejeitam a visão de que estar em uma união de múltiplos parceiros aumenta a probabilidade de problemas conjugais decorrentes do ciúme. Para eles, isso é estereótipo, puro preconceito vestido com trajes científicos.

Por fim, eles não estão engolindo a ideia de que o poliamor inevitavelmente ou mesmo frequentemente levaria à subordinação das mulheres. De qualquer forma, por que *seus* direitos de serem quem são, de terem seu relacionamento honrado e seus filhos protegidos, devem ser reféns do medo de que *outras pessoas* conduzam seus casamentos de maneira moralmente ruim ou psicologicamente doentia? Se as formas de patriarcado que eram comuns no passado fornecem razões para limitar o casamento, elas também fornecem razões para abolir completamente o casamento.

Redefinir significa prejudicar

Claro, o argumento do poliamor e seu reconhecimento legal pressupõe que o casamento é de fato aquilo que os defensores da "igualdade no casamento" o descreveram como sendo: companheirismo romântico-sexual comprometido ou parceria doméstica. E é justamente isso que tem sido negado pelos defensores do que antes era conhecido como "casamento" e agora é chamado de "casamento tradicional" (isto é, a união de marido e mulher). Esses defensores estão asseguradamente certos quando dizem que a nova ideia de casamento é uma inovação, não uma "expansão" do casamento, mas uma redefinição genuína, que trata o que tem sido historicamente considerado uma diferença relevante, ou seja, sexo ou gênero, como se fosse irrelevante, e não central para a própria ideia e propósitos sociais do casamento.

Conforme observado nos capítulos anteriores, o casamento tem historicamente sido entendido em nossa lei e cultura como uma união *conjugal* – na qual um homem e uma mulher consentem em se unir em um vínculo que é (1) fundado em sua complementaridade sexual reprodutiva, (2) consumado e renovado por atos que os unem como uma unidade reprodutiva ("uma só carne"), cumprindo as condições comportamentais de procriação (quer as condições não comportamentais aconteçam ou não), e (3) especialmente capaz para, e seria naturalmente preenchido por, ter e criar filhos juntos. A participação no casamento como uma união conjugal é considerada uma realização inerentemente humana: valiosa não apenas como um meio para outra coisa – até mesmo o grande bem de ter e criar filhos –, mas em si mesma.

Essa compreensão do casamento é radicalmente diferente da concepção revisionista que se deve adotar se a complementaridade sexual-reprodutiva for irrelevante para o casamento. Segundo os revisionistas, o casamento é essencialmente uma união *em âmbito afetivo*. O que o diferencia é um certo vínculo *emocional*. Ele une os parceiros em uma forma de amizade especialmente próxima ou intensa, que normalmente envolve sexo, mas apenas como uma forma de promover e expressar afeto. O sexo é, portanto, estritamente falando, incidental, não inerente ao relacionamento. O mesmo é verdade, é claro, para a procriação – é meramente incidental. Nas palavras de John Corvino, um importante defensor filosófico da visão revisionista, o casamento é "seu relacionamento com sua Pessoa Número Um".

A ideia conjugal de casamento, ao contrário, concebe as pessoas como unidades de corpo e mente, e o casamento como união de cônjuges em todos os níveis de seu ser: o *biológico*, bem como o afetivo e o racional-disposicional. Atos de união corporal que preenchem as condições comportamentais da procriação são a conclusão distintiva e o selo dessa união exclusivamente abrangente. Esses atos não produzem apenas sentimentos de intimidade; eles literalmente incorporam a união conjugal dos cônjuges, tornando-os uma unidade biológica (sexual-reprodutora).

O sexo é, portanto, parte integrante do casamento, que é parte do que distingue o casamento de outras formas de companheirismo. Todas as amizades são uniões de corações e mentes; o casamento, porém, é uma união não apenas nesse nível, mas no âmbito corporal – biológico – também. Distingue-se das amizades comuns não, como na visão revisionista, apenas por seu *grau* de intensidade emocional, mas em *tipo*. Não é entendido com precisão como "seu relacionamento com sua Pessoa Número Um".

Antes, como relação conjugal, o casamento é o tipo de vínculo ordenado à procriação e seria naturalmente cumprido pelos cônjuges ao terem e criarem filhos juntos. No entendimento conjugal, o casamento é a relação que une um homem e uma mulher como marido e esposa para serem pai e mãe de quaisquer filhos que venham a surgir de sua união. Seu papel social é maximizar as chances de que os filhos cresçam no contexto do amor comprometido – o vínculo matrimonial – do homem e da mulher cuja atualização e renovação desse vínculo lhes trouxe a vida, ligados aos seus pais e às famílias dos seus pais. Ele garante que o maior número possível de crianças seja criado com as vantagens dos modelos, influências e cuidados maternos e paternos.

O desafio revisionista, especialmente como resultado da revolução sexual e sua integração de sexo não conjugal e coabitação, gravidez fora do casamento e divórcio (especialmente com a introdução do divórcio "sem culpa"), corroeu a compreensão e o apoio do público do casamento como união conjugal. A erosão ajuda a explicar por que uma ideia que era literalmente inconcebível há uma geração – a ideia de "casamento entre pessoas do mesmo sexo" – de repente se tornou não apenas inteligível, mas até mesmo dominante entre as elites culturais. Para muitas elites culturais, agora é a concepção tradicional de casamento que é ininteligível, para ser explicada apenas por *animus*, preconceito ou dogmas religiosos antiquados. É por isso que eles não se contentam em apenas revisar a lei para consagrar o "casamento entre pessoas do mesmo sexo"; qualquer um que discorde da nova ortodoxia deve enfrentar estatutos e ordenanças antidiscriminação e/ ou vergonha, ridicularização e perseguição públicos.

O que a Suprema Corte decidiu

Claro, se o casamento se distingue principalmente por sua intensidade emocional, então realmente não há razão para que dois homens ou duas mulheres não possam se casar. Afinal, quaisquer duas pessoas podem sentir afeição romântica uma pela outra, comprometerem-se a apoiar-se e a cuidar uma da outra em uma vida doméstica compartilhada e acreditar que seu relacionamento é aprimorado por atos sexuais mutuamente agradáveis. Mas três homens também podem. Ou três mulheres, digamos, Doll, Kitten e Brynn. Ou um homem e duas mulheres (se os três estão unidos como um conjunto poliamoroso, ou o homem está em casamentos separados com cada mulher). Ou uma mulher e dois homens. Ou quatro pessoas. Ou tanto faz.

Em *Obergefell v. Hodges*, cinco ministros da Suprema Corte, liderados pelo ministro Anthony Kennedy, alegaram encontrar na cláusula do devido processo da Décima Quarta Emenda da Constituição o entendimento revisionista do casamento. Agora, as palavras reais da cláusula – "Nenhum estado deve privar qualquer pessoa dentro de sua jurisdição de vida, liberdade ou propriedade sem o devido processo legal" – parecem ter tudo a ver com justiça em casos criminais ou em ações civis ou administrativas análogas. Os estados não podem executar alguém (privando-o da vida), prender alguém (privando-o da liberdade) ou sujeitar alguém a uma multa monetária ou confisco (privando-o da propriedade) sem conceder-lhe proteções processuais básicas como a presunção de inocência, um juiz e júri imparciais, e assim por diante. Mas, em vez disso, a Suprema Corte seguiu uma tradição antiga, embora intelectualmente duvidosa, de ler essa cláusula "substantivamente" a fim de incluir direitos implícitos dos quais muitos Juízes acreditam que as pessoas deveriam desfrutar. Assim, Kennedy, acompanhado pelos Juízes Ruth Bader Ginsberg (1933-2020), Stephen Breyer, Sonia Sotomayor e Elena Kagan, anunciou a descoberta de um direito ao casamento entre pessoas do mesmo sexo que certamente teria chocado os americanos do final da década de 1860 que ratificaram a Décima Quarta Emenda – e até mesmo americanos da década de 1960, com todas as suas pretensões de revolução sexual.

Para Kennedy, a compreensão conjugal do casamento teve que ser descartada em favor da concepção revisionista porque a dignidade das pessoas que constroem suas identidades em torno da atração pelo mesmo sexo e encontram sua realização em parcerias do mesmo sexo assim o exige. Essa dignidade é conferida pelo Estado e é, de fato, retida quando o Estado trata o casamento como uma união conjugal, e não como um companheirismo romântico-sexual.

Na falta de qualquer garantia no texto, na lógica, na estrutura ou no entendimento original da Constituição – ou mesmo qualquer envolvimento claro e disciplinado com outros processos judiciais, certos ou errados –, a opinião de Kennedy merece a condenação de John Hart Ely, o falecido reitor da Escola de Direito de Stanford (e ele próprio um liberal pró-escolha), lançada sobre a opinião do ministro Harry Blackmun em *Roe v. Wade*: "Não é uma lei constitucional e quase não dá a sensação de obrigação de tentar sê-lo". Os quatro ministros dissidentes em *Obergefell* – John Roberts, Antonin Scalia, Clarence Thomas e Samuel Alito – não tiveram dificuldade em espetar, até mesmo ridicularizar, Kennedy e a maioria por não terem identificado um fundamento *constitucional* plausível, mesmo que remotamente, para sua decisão. Quaisquer que sejam as crenças de alguém sobre os méritos comparativos das concepções conjugal e revisionista do casamento, é difícil ver como se pode dizer que a Constituição ditou uma escolha. Na tradição de *Dred Scott v. Sandford*, *Lochner v. New York* e, com certeza, *Roe v. Wade*, a decisão *Obergefell* impõe inconstitucionalmente à nação as crenças da maioria da Suprema Corte – homens e mulheres não eleitos e não representativos – sobre o que conta como progresso social.

O caso nos obriga a focar nas implicações lógicas de abolir o entendimento conjugal do casamento em nossa lei e substituí-lo pela ideia revisionista do casamento como companheirismo sexual-romântico ou parceria doméstica, tudo por ordem judicial. Aqui é onde o ponto do professor Dworkin sobre a centralidade do *princípio* para a lei tem seu significado para a causa do poliamor, pelo menos para seus colegas liberais que aprovam o papel que o judiciário assumiu em casos como *Roe* e *Obergefell*. Aquele que diz A deve, onde o mesmo princípio o exige, dizer B. E aquele que diz que o Judiciário tem o poder de ditar A deve dizer que o Judiciário tem o poder de ditar B, mesmo que B ainda não compartilhe a popularidade de A e mesmo que os representantes do povo no Legislativo digam não a B. O argumento constitucional para a imposição judicial do casamento entre pessoas do mesmo sexo requer a crença de que a Constituição – em algum lugar, de alguma forma (talvez à espreita em "penumbras formadas por emanações") – incorpora a ideia de casamento como companheirismo sexual-romântico. Mas, se for assim, então não pode haver razão de princípio para negar o reconhecimento legal do casamento ou casamentos de, digamos, imigrantes iemenitas ou mórmons fundamentalistas que estão em parcerias polígamas, ou de pessoas poliamorosas como as Young. Observar que 75% do público ainda se opõe ao reconhecimento legal de tais casamentos é apenas destacar a necessidade de que os tribunais intervenham para reivindicar os direitos de igualdade no casamento daqueles em relacionamentos de múltiplas partes.

Ao constitucionalizar a questão – alegando encontrar uma certa visão do casamento na Constituição –, a Suprema Corte eliminou a possibilidade de acomodações e concessões no processo político. À sua própria luz, a questão não é mais propriamente deixada aos julgamentos morais ou políticos do povo ou aos caprichos da negociação democrática. Por uma questão de princípio constitucional, é um jogo de tudo ou nada – um jogo que só os juízes podem jogar. O povo americano foi instruído pela maioria de *Obergefell* a assistir das arquibancadas.

Se *Obergefell* permanecer em vigor – e, seja como for, espero que não –, a questão do reconhecimento legal de parcerias poligâmicas e outras poliamorosas não pode ser evitada. Os argumentos daqueles que querem manter a ideia do casamento como mera companhia sexual-romântica ou parceria doméstica enquanto negam o reconhecimento legal de casamentos poliamorosos soarão cada vez mais fracos, e cada vez mais como meras racionalizações para estigmatizar o que muitas pessoas (por enquanto, pelo menos) ainda acham repulsivo. Sob a pressão do desejo humano natural de consistência racional, o movimento liberal e o Partido Democrata gradualmente abraçarão a causa dos poliamoristas. E os juristas liberais, embora possam afastar por motivos processuais os primeiros poucos desafios constitucionais às leis do casamento, excluindo os laços românticos dos poliamoristas do reconhecimento, eventualmente terão que dizer B.

E depois?

Haverá um C? Claro. Isso provavelmente será a abolição das leis contra o incesto adulto consensual (pais com filhos ou irmãos) e, correspondentemente, a eliminação das leis de consanguinidade que proíbem o casamento entre pais e filhos adultos e entre irmãos adultos. A Europa Ocidental estava um pouco à frente dos Estados Unidos no casamento entre pessoas do mesmo sexo, e agora está apontando o caminho para os liberais sexuais no incesto. Em setembro de 2014, o Conselho de Ética alemão emitiu um relatório instando o Parlamento a revogar as proibições legais contra o incesto consentido envolvendo adultos, argumentando que essas proibições violam "liberdades fundamentais" e forçam as pessoas "ao segredo ou a negar seu amor". O Conselho descreveu a oposição ao incesto adulto consensual como um mero "tabu social" e declarou: "Nem o medo de consequências negativas para a família nem a possibilidade de nascimento de crianças de tais relações incestuosas podem justificar uma proibição criminal. O direito fundamental dos irmãos adultos à autodeterminação sexual tem mais peso nesses casos do que a proteção abstrata da família".

Se alguém aceitar as premissas do liberalismo sexual – que os adultos que consentem têm o direito de entrar em quaisquer tipos de relações sexuais que desejarem, sem interferência do Estado – e abraçar a concepção revisionista do casamento como companheirismo romântico-sexual, então o que o Conselho de Ética alemão diz tem que estar correto. A lógica do Conselho é impecável. Se houver uma falha, deve ser nas premissas. E, no entanto, as premissas são precisamente as que foram adotadas pelo movimento liberal em nosso tempo. Então C virá no devido tempo, a menos que A seja abandonado.

CAPÍTULO 15

Transgenerismo, "igualdade no casamento" e o erro trágico do progressismo

A ideia de que os seres humanos são pessoas não corpóreas que habitam corpos não pessoais nunca vai desaparecer totalmente. Embora a corrente principal do cristianismo tenha rejeitado isso há muito tempo, o que às vezes é descrito como "dualismo corpo-eu" está de volta com força total, e seus seguidores são legião. Seja nos tribunais, nos *campi* ou nas mesas de reuniões, ela molda significativamente o individualismo expressivo e o liberalismo social que são dominantes entre as elites.

A rejeição do cristianismo ao dualismo corpo-eu respondeu ao desafio colocado à ortodoxia pelo que era conhecido como "gnosticismo". O gnosticismo era composto de muitas ideologias, algumas ascéticas, outras totalmente opostas. O que elas tinham em comum era uma compreensão do ser humano – uma antropologia – que divide nitidamente o material ou corporal, por um lado, e o espiritual ou mental, por outro. Para os gnósticos, era o imaterial, o mental, que importava. Aplicada à pessoa humana, essa visão implica que o material ou o corpo é inferior – se não uma prisão para escapar, certamente um mero instrumento a ser manipulado para servir aos objetivos da "pessoa", entendida como espírito, mente ou psique. Você e eu somos inteiramente identificados com o espírito, mente ou psique, e de forma alguma (ou apenas no sentido mais altamente atenuado) com os corpos que ocupamos (ou estamos de alguma forma "associados a") e usamos.

Contra tal dualismo, o cristianismo afirmou uma visão da pessoa humana como uma unidade dinâmica: um corpo pessoal, um "eu" corporal. Essa visão rival invade as Escrituras hebraicas e o ensino cristão. Aristóteles, que rompeu com seu professor Platão nesse ponto, defende uma forma desse "hilomorfismo", como passou a ser chamada. Sem negar a existência da alma, afirma que a pessoa humana é um ser material (embora não meramente material). Não apenas habitamos nossos corpos; nós *somos* nossos corpos, independentemente do que mais sejamos. O corpo vivo, longe de ser nosso instrumento externo, faz parte de nossa realidade pessoal. Assim, embora não possa existir separado da alma – que é sua forma substancial – o corpo não é inferior. Partilha da nossa dignidade pessoal. A ideia da alma como a forma substancial do corpo é a alternativa do cristianismo ortodoxo à concepção herética da alma como um "fantasma na máquina". Pode-se separar o corpo vivo da alma na análise, mas não de fato; somos compostos de corpo-alma.

Portanto, somos animais – animais racionais, com certeza, mas não mentes ou intelectos puros. Nossa identidade pessoal ao longo do tempo consiste na resistência dos organismos animais que somos. Disso decorre uma proposição crucial: a pessoa humana surge quando o organismo humano surge e sobrevive – *como pessoa* – até que deixe de existir.

Novamente, não somos animais brutos, mas animais com uma *natureza racional*, organizados desde o início para desenvolver e exercer poderes racionais. Temos a capacidade para o pensamento conceitual e para a deliberação prática, julgamento e escolha. Essas capacidades não são redutíveis ao puramente material. Não agimos de forma arbitrária ou aleatória; escolhemos com base em julgamentos de valor que nos inclinam para diferentes opções sem nos obrigar. Não há contradição, na visão hilomórfica, entre nossa animalidade e nossa racionalidade.

Os neognósticos

Se as pessoas humanas são substâncias puramente mentais, então os seres humanos não são *necessariamente* pessoas. Aqueles nos estágios embrionário, fetal e infantil *ainda não* são pessoas. Aqueles que perderam o exercício imediato de certas capacidades mentais – vítimas de demências avançadas, comatosos de longo prazo e minimamente conscientes – *não mais* são pessoas. E aqueles com graves deficiências cognitivas congênitas *não são, nunca foram e nunca serão pessoas*.

Mas são as pessoas humanas que são portadoras de dignidade (valor) e direitos. É a vida *pessoal* que temos motivos para manter inviolável e proteger contra danos; usamos legitimamente objetos inanimados, plantas e até mesmo animais brutos para nossos propósitos porque eles não são *pessoas*. Portanto, alguém que acredite em uma antropologia filosófica que separa pessoa e corpo da maneira que descrevi achará mais fácil justificar a produção, uso e destruição de embriões humanos para pesquisa biomédica; aborto; infanticídio; e eutanásia para deficientes cognitivos.

Pela mesma razão, tal antropologia subscreve a rejeição do liberalismo social da ética conjugal e sexual tradicional e sua visão do casamento como uma união homem-mulher. Essa visão não faz sentido se o corpo for um mero instrumento da pessoa, a ser usado para satisfazer objetivos subjetivos ou produzir sentimentos desejáveis na pessoa-como-sujeito-consciente. Se não somos nossos corpos, o casamento não pode envolver essencialmente a união em uma só carne de homem e mulher, como sustentam as éticas judaica, cristã e clássica. Pois, se o corpo não faz parte da realidade pessoal do ser humano, não pode haver nada moral ou humanamente importante na união "meramente biológica", além de seus efeitos psicológicos contingentes.

Pressupor o dualismo corpo-eu também torna mais difícil compreender que o casamento é um bem humano natural (pré-político e até pré-religioso) com sua própria estrutura objetiva. Se a sexualidade é apenas um meio para nossos fins subjetivos, não é apenas o que queremos que ela seja? Como poderia ser orientada para a procriação, ou apelar para uma exclusividade permanente, pela sua *natureza*?

Podemos entender essa concepção de união em uma só carne do casamento apenas se entendermos o corpo como verdadeiramente pessoal. Então podemos ver a união biológica de um homem e uma mulher como uma união distinta de pessoas – alcançada, como a união biológica das partes *dentro* de uma pessoa, por meio da coordenação em direção a um único fim corporal do todo. Para o casal, esse fim é a reprodução. A sua orientação para a vida familiar pode ter um significado humano e moral, não "meramente biológico". Os cônjuges podem escolher a união corporal para renovar a união abrangente que é o casamento. Essa visão, por sua vez, nos ajuda a entender o desejo natural de criar os próprios filhos e a importância normativa de se comprometer a fazê-lo sempre que possível, mesmo com grande custo pessoal. Dá sentido a uma sólida ética sexual, que especifica os requisitos do amor conjugal e paternal fiel, uma ética que parece sem sentido e cruel para os liberais sociais contemporâneos.

Para eles, afinal, o que importa é o que se passa na mente ou na consciência, não no corpo (ou no resto do corpo). A verdadeira unidade pessoal, na medida em que é possível, é a unidade no âmbito afetivo, não no biológico. O "casamento" tende a ser visto, então, como uma instituição socialmente construída que existe para facilitar laços românticos desejáveis e para proteger e promover os vários sentimentos e interesses das pessoas que entram em tais laços. Não é uma parceria conjugal, mas sim uma forma de companheirismo sexual-romântico ou parceria doméstica. A procriação e os filhos são apenas contingentemente relacionados a ela; não há sentido, mesmo indireto, em que o casamento seja uma parceria procriadora ou em cuja estrutura e normas sejam moldadas por uma orientação inerente à procriação e à criação dos filhos. A concepção conjugal do casamento como uma união do tipo que seria naturalmente realizada pelos cônjuges tendo e criando filhos juntos soa aos ouvidos do neognóstico como, na melhor das hipóteses, desnecessária e, na pior, discriminatória e aproveitadora.

De fato, dada a forma pela qual o liberalismo social contemporâneo apresenta a questão, o sexo em si não é um aspecto inerente ao casamento ou parte de seu significado; a ideia de consumação conjugal pela relação sexual também parece bizarra. Assim como, para os liberais sociais, duas (ou mais) pessoas podem ter sexo de forma perfeitamente legítima e valiosa sem serem casadas, duas (ou mais) pessoas podem ter um casamento perfeitamente válido e completo sem sexo. É tudo uma questão de preferências subjetivas dos parceiros. O jogo sexual consensual é valioso apenas na medida em que permite que os parceiros expressem sentimentos desejados – por exemplo, de afeição ou, nesse caso, de dominação ou submissão. Mas, se acontecer de eles não sentirem desejo por isso, o sexo é inútil mesmo dentro do casamento. É meramente incidental e, portanto, opcional, tanto quanto possuir um carro ou ter contas bancárias conjuntas. Cada cabeça uma sentença. A essência do casamento é o companheirismo; não inclui necessariamente sexo ou uma orientação para a procriação.

Tudo isso explica por que o casamento, como questão de ética liberal contemporânea, não precisa ser entre pessoas de sexos opostos. Além do mais, sugere que o casamento pode existir entre três ou mais indivíduos em grupos poliamorosos sexuais (ou não sexuais). Uma vez que o casamento está livre da biologia e se distingue por sua intensidade e qualidade emocional – a verdadeira "pessoa" sendo o eu consciente e sensível –, os "casamentos" entre pessoas do mesmo sexo e poliamorosos são possíveis e valiosos da mesma forma básica que a união conjugal de homem e mulher. Os parceiros desses outros grupos também podem sentir afeição um pelo outro e até mesmo acreditar que a qualidade de sua parceria romântica será aprimorada por brincadeiras sexuais mutuamente agradáveis. Se é disso que se trata o casamento, então negar-lhes o estado civil significa negar a "igualdade no casamento".

Um mundo de cinquenta e seis opções de gênero

E depois há o transexualismo e/ou transgenerismo. Se somos compostos corpo-mente (ou corpo-alma), e não mentes (ou almas) habitando corpos meramente materiais, então o respeito pela pessoa exige respeito pelo corpo, o que exclui a mutilação e outros ataques diretos à saúde humana. Então somos, exceto em casos extraordinariamente raros de deformidade ao extremo da verdadeira indeterminação, machos ou fêmeas. Nossa masculinidade ou feminilidade, constituída por nossa organização biológica básica com respeito ao funcionamento reprodutivo, é uma parte inerente do que e de quem somos. Desejar mudar de sexo é uma patologia – um desejo de deixar de ser você mesmo e ser outra pessoa. Não é desejar o bem de alguém, mas desejar sua inexistência como quem é.

Em contraste, na visão liberal contemporânea, nenhuma dimensão de nossa identidade pessoal é verdadeiramente determinada biologicamente. Se você se sente como se fosse uma mulher presa no corpo de um homem, então você é apenas isso: uma mulher. E você pode legitimamente se descrever como uma mulher, apesar do fato de ser biologicamente masculino, e tomar medidas – até o ponto de amputações e tratamentos hormonais – para alcançar uma aparência externa feminina, especialmente quando você acha que isso o capacitará mais completamente para se sentir como uma mulher.

Como o corpo serve ao prazer, digamos assim, do eu consciente, ao qual está sujeito, as mutilações e outros procedimentos não representam nenhum problema moral inerente. Também não é contrário à ética médica realizá-los. Ao mesmo tempo, mudanças cirúrgicas e mesmo puramente cosméticas não são *necessárias* para que um homem seja uma mulher (ou uma mulher um homem). O corpo e sua aparência simplesmente não importam, exceto instrumentalmente. Uma vez que seu corpo não é o seu verdadeiro eu, seu sexo (biológico) e até mesmo sua aparência não precisam se alinhar com seu "gênero" (psicológico), desde que você e os outros possam proceder de maneira suave o suficiente, como se você fosse o que você sente ser. Portanto, se você se sente um homem apesar de sua constituição biológica feminina, então você *é* um homem – e os outros devem considerá-lo e tratá-lo como tal – mesmo quando você menstrua, por exemplo, ou concebe e dá à luz um bebê, ou passar pela menopausa.

E como os sentimentos, incluindo sentimentos sobre o que ou quem você é, caem em um espectro, e são até fluidos, você não está limitado a apenas duas possibilidades na questão da identidade de gênero (você pode ser "inconformado com o gênero"); nem você está permanentemente preso a um gênero específico. Você pode escolher entre toda a gama de 56 opções de gênero do Facebook (ou 58, ou qualquer que seja o número), e pode descobrir que seu gênero muda com o tempo ou abruptamente. Pode até ser possível mudar de gênero por atos de vontade. Você pode mudar de gênero temporariamente, por exemplo, por motivos políticos ou por solidariedade para com outras pessoas.

A maioria dessas observações sobre identidade de gênero pode se estender ao conceito de "orientação sexual" e à prática de autoidentificação em termos de desejo sexual – um conceito e uma prática bem servidos por uma visão do ser humano como uma pessoa incorpórea habitando um corpo impessoal.

Dignidade e dualismo

A posição antidualista historicamente abraçada por judeus e cristãos (tanto orientais quanto ocidentais, protestantes e católicos) foi vigorosamente rearticulada pelo Papa Francisco. Aqui estão suas palavras:

> A aceitação de nossos corpos como dom de Deus é vital para acolhermos e aceitarmos o mundo inteiro como dom do Pai e nossa casa comum, ao passo que pensar que desfrutamos de um poder absoluto sobre nosso próprio corpo se transforma, muitas vezes de modo sutil, em pensar que desfrutamos de um poder absoluto sobre a criação. Aprender a aceitar o nosso corpo, a cuidar dele e a respeitar o seu significado mais pleno é um elemento essencial de qualquer ecologia humana genuína. Além disso, valorizar o próprio corpo em sua feminilidade ou masculinidade é necessário para que eu possa me reconhecer no encontro com alguém que é diferente. Assim podemos acolher com alegria os dons específicos de outro homem ou mulher, obra de Deus Criador, e encontrar o enriquecimento mútuo. Não é uma atitude saudável aquela que busca "anular a diferença sexual porque não sabe mais como enfrentá-la".

O papa não está engajado em filosofia ociosa ou puramente especulativa. Ele está respondendo ao desafio específico à ortodoxia cristã representado pelo renascimento moderno de uma antropologia filosófica contra a qual a Igreja lutou em suas primeiras batalhas formativas com o gnosticismo. Ele sabe que essa antropologia é agora uma espécie de ortodoxia – a ortodoxia da forma particular de secularismo liberal que garantiu o domínio entre as elites culturais ocidentais. Ela fornece o fundamento metafísico das práticas sociais e desafios ideológicos contra os quais judeus ortodoxos e cristãos fiéis (bem como muitos muçulmanos e outros) se encontram lutando hoje: aborto, infanticídio, eutanásia, liberação sexual, redefinição do casamento e ideologia de gênero.

Mas eles estão certos em resistir? A compreensão dualística da pessoa humana poderia estar certa o tempo todo? Talvez a pessoa não seja o corpo, mas simplesmente o habite e o use como um instrumento. Talvez a pessoa real *seja* o "eu" consciente e sensível, a psique, e o corpo seja simplesmente material, a máquina na qual reside o fantasma.

Pensar assim, entretanto, é ignorar o fato de que nos experimentamos como atores unificados. Ninguém realmente acredita que seu corpo é apenas uma habitação temporária para um espírito independente. Faz parte demais de nossa experiência interpretar de forma tão protética.

Considere um exemplo simples. Você se aproxima de sua mesa e julga que o que está sobre ela – *aquela coisa ali* – é um livro. Esse é um julgamento único. Portanto, ambas as partes (sujeito e predicado) devem ter um único agente. Como poderia ser diferente? Como poderia algum ser predicar *livro* (ou revista, ou gato, ou romã) se *aquela coisa ali* não possuísse de alguma forma os dois elementos, ser e predicado?

Além disso, o agente que sente o particular – *aquela coisa ali* – deve ser um animal, um corpo com órgãos perceptivos. E a predicação que acompanha a percepção é um ato pessoal; o agente que aplica um conceito universal (*livro*) deve ser uma pessoa. Segue-se que o sujeito que executa o ato de julgar – *essa coisa ali é um livro* – é um ser, pessoal e animal.

Nós não somos duas entidades separadas. Tampouco pode ser plausível que "pessoa" seja apenas um estágio na vida de um animal humano. Se fosse, afinal, uma diferença categórica de *status* moral (pessoa *versus* não) estaria baseada em uma mera diferença de grau, o que é um absurdo. Somos, a cada momento de nossa existência como seres humanos, "eus" corpóreos e corpos pessoais.

No domínio do pensamento e da prática moral, poucos projetos são mais urgentes do que recuperar a percepção de que as pessoas humanas são de fato unidades dinâmicas, criaturas cujos corpos são partes de nós mesmos – não instrumentos extrínsecos – e compartilham nossa condição *de pessoas humanas*. O liberalismo social contemporâneo baseia-se sobre um erro, o trágico equívoco por trás de tantos esforços para justificar – e até mesmo imunizar da crítica moral – atos e práticas que são, na verdade, contrários à nossa profunda, inerente e igual dignidade.

CAPÍTULO 16

DEUS E GETTYSBURG

A Declaração de Independência, o Discurso de Gettysburg e a Constituição dos Estados Unidos da América – esses eram os três textos do livreto azul que encontrei sobre a mesa à minha frente quando tomei assento em uma conferência em Princeton.

Na capa estava o logotipo da American Constitution Society for Law and Policy [Sociedade da Constituição Americana para Direito e Política], uma organização influente cujos membros do conselho incluem a ex-repórter da Suprema Corte do *New York Times*, Linda Greenhouse, o controverso candidato judicial de Obama, Goodwin Liu, o ex-governador de Nova York Mario Cuomo (1932-2015), os ex-advogados-gerais Drew Days (1941-2020) e Walter Dellinger (1941-2022) e a ex-procuradora-geral Janet Reno (1938-2016). Antes de ser nomeada para a Suprema Corte, Elena Kagan foi palestrante nas convenções anuais da Sociedade em 2005, 2007 e 2008. Dentro do livreto havia uma página dizendo: "A impressão desta cópia da Constituição dos EUA e dos dois outros textos fundadores da nação, a Declaração de Independência e o Discurso de Gettysburg, foi possível graças à generosidade de Laurence e Carolyn Tribe".

Que bom, pensei. Aqui está uma versão de bolso conveniente de nossos documentos fundamentais, incluindo o grande discurso de Lincoln em Gettysburg sobre o governo republicano. Embora alguns possam questionar a ideia de que um discurso proferido mais de oitenta anos após a Declaração se qualifique como texto fundador, sua inclusão me pareceu inteiramente apropriada. Ao preservar a União, embora a um custo quase incalculável em vidas e sofrimento, Lincoln completou, de certa forma, a fundação americana. A vitória em Gettysburg realmente garantiu que o governo "pelo povo" e "para o povo" – o governo republicano – não "desaparecesse da face da Terra".

Lembrei que na sexta série eu era obrigado a decorar o discurso e, enquanto segurava o livreto da American Constitution Society em minhas mãos, perguntei-me se ainda conseguiria recitá-lo de memória. Então comecei, recitando silenciosamente: "Four score and seven years ago [...]"[115], até que cheguei em "o mundo pouco notará nem muito se lembrará do que nós dizemos aqui, mas nunca poderá esquecer o que eles fizeram aqui". Depois me deu um branco. Então abri o panfleto e li o parágrafo final:

> Cabe, antes, a nós, os vivos, que aqui nos dediquemos à grande tarefa que resta diante de nós, que aqui fortemente decidamos que esses mortos não terão morrido em vão; que esta nação terá um novo nascimento de liberdade, e que o governo do povo pelo povo e para o povo não desaparecerá da Terra.

Profundamente comovente – mas, pensei, algo não está certo. Você notou o que foi omitido? O que está faltando é a descrição de Lincoln sobre os Estados Unidos como uma nação sob Deus. O que Lincoln realmente disse em Gettysburg foi: "que esta nação, *sob Deus*, terá um novo nascimento de liberdade". A American Constitution Society omitiu a referência de Lincoln aos Estados Unidos como uma nação sob Deus do discurso que ele fez na consagração do cemitério em Gettysburg.

Na época, olhando para o texto, perguntei-me se era um erro inocente e inadvertido. Parecia mais provável, porém, que aqui estava o ápice da ideologia secularista que alcançou um *status* não muito diferente daquele da ortodoxia religiosa entre os juristas liberais e ativistas políticos. Nada é sagrado, por assim dizer – nem mesmo os fatos da história americana, nem mesmo as palavras proferidas por Abraham Lincoln na cerimônia mais solene da história de nossa nação.

Quando o ateu Michael Newdow estava contestando em juízo a inclusão das palavras "sob Deus" no Juramento à Bandeira, ele e seus apoiadores apontaram que as palavras não estavam no juramento original criado na década de 1920. O Congresso as adicionou na década de 1950, em meio à Guerra Fria, em resposta a uma campanha liderada pela organização masculina católica Cavaleiros de Colombo. As palavras foram introduzidas na promessa de destacar a profunda diferença entre os Estados Unidos, cujo sistema político é fundado na proposição teísta de que todos os homens são "dotados por seu Criador de certos direitos inalienáveis", e as premissas ateístas do marxismo soviético.

---

115 Ver nota 52. (N.T.)

O que Newdow e seus apoiadores evitaram mencionar é que as palavras do juramento *sob Deus* não foram extraídas de um sermão de Billy Graham (1918-2018) ou de uma encíclica papal. Elas foram tiradas do discurso de Lincoln em Gettysburg. O juramento, conforme alterado, simplesmente cita um dos textos fundadores de nossa nação.

Esse fato é mais do que uma pequena inconveniência para aqueles que sustentam que o governo deve ser neutro não apenas entre tradições concorrentes de fé religiosa, mas também entre religião e ateísmo – ou, como às vezes é dito, "entre religião e irreligião". A base constitucional para sua reivindicação é a cláusula religiosa da Primeira Emenda, que afirma que "o Congresso não fará nenhuma lei referente ao estabelecimento de uma religião ou proibindo o livre exercício dela". Eles alegam que essas palavras tinham a intenção de proibir coisas como descrições da América como uma nação "sob Deus" em documentos oficiais do governo, porque os Fundadores buscavam "estrita separação" entre Igreja e Estado.

Mas isso coloca a American Constitution Society em uma posição complicada. Ao montar seu livreto, ela estava ansiosa para incluir Lincoln como um dos Fundadores – o autor de um dos documentos fundadores da América, o Discurso de Gettysburg. Mas a caracterização do Grande Emancipador dos Estados Unidos como uma nação sob Deus parece minar o estrito separacionismo que a American Constitution Society deseja promover. O que fazer?

A resposta que a sociedade encontrou foi simplesmente fazer desaparecer as palavras inconvenientes de Lincoln. Agora você está pensando: como esse grupo imaginou que poderia se safar disso? O Discurso de Gettysburg é o oposto de um documento obscuro. Milhões de americanos sabem recitá-lo de cor.

Bem, aqui a trama se complica. Primeiro, a Society sabe que obtém um certo nível de imunidade porque seu ponto de vista secularista liberal é predominantemente o ponto de vista dos acadêmicos jurídicos americanos e, de fato, dos acadêmicos em geral. Mesmo que a Society fosse exposta, não seria tratada da forma como, digamos, a conservadora Sociedade Federalista seria tratada se fosse pega alterando documentos históricos por razões ideológicas. Em segundo lugar, a Society sabia que, num piscar de olhos, poderia turvar as águas afirmando que, de fato, existem cinco cópias do Discurso de Gettysburg manuscritas por Lincoln, e duas delas não incluem as palavras "sob Deus".

Mas essa não vai colar. Os dois esboços que não contêm as palavras são conhecidos como esboço de Nicolay e esboço de Hay. Eles são mantidos na Biblioteca do Congresso. Os outros três, todos contendo as palavras, são conhecidos como as cópias de Everett, Bancroft e Bliss. A cópia de Everett está guardada na Biblioteca da Sociedade Histórica do Estado de Illinois, em Springfield. A de Bancroft está na Biblioteca Kroch da Cornell University. A de Bliss está em exibição na Casa Branca.

A cópia de Bliss é geralmente considerada a autorizada, principalmente porque é a última – e a única à qual Lincoln anexou sua assinatura. O rascunho de Nicolay é considerado o mais antigo. Recebeu o nome do guardião dos documentos de Lincoln, John Nicolay (1832-1901), um dos secretários particulares do presidente. O rascunho de Hay foi encontrado cerca de quarenta anos após a morte de Lincoln entre os documentos de John Hay (1838-1905), outro secretário particular de Lincoln. Parece ter o maior número de desvios dos outros esboços e do que Lincoln disse em Gettysburg. A cópia de Everett foi enviada a Edward Everett (1794-1865) por Lincoln a pedido de Everett em 1864 (Everett era o famoso orador que, na verdade, foi o palestrante principal na cerimônia de Gettysburg no dia em que Lincoln falou). A cópia de Bancroft recebeu esse nome porque Lincoln a produziu para George Bancroft (1800-1891), historiador e secretário da Marinha. A cópia de Bliss recebeu o nome do editor Alexander Bliss (1827-1896), enteado de Bancroft.

Claro, nenhuma dessas cópias é realmente o Discurso de Gettysburg. O Discurso de Gettysburg é o conjunto de palavras que Lincoln falou em Gettysburg. Acontece que sabemos quais são essas palavras (a cópia de Bliss as reproduz quase perfeitamente). Três repórteres totalmente independentes, incluindo um repórter da Associated Press, telegrafaram suas transcrições das observações de Lincoln para seus editores imediatamente após a fala do presidente. Todas as três transcrições incluem as palavras "sob Deus", e nenhum relatório contemporâneo as omite. Não há realmente espaço para equívocos ou evasivas: o discurso de Gettysburg de Abraham Lincoln – um dos textos fundadores da República americana – expressamente caracteriza os Estados Unidos como uma nação sob Deus.

Eu claramente não fui o primeiro a notar a omissão. Quando fui ao site da American Constitution Society, descobri que a versão do livreto disponível para download em PDF havia sido alterada para introduzir as palavras "Hay

Draft", embora sem explicação de seu significado, como subtítulo do Discurso de Gettysburg. Essa manobra de acobertamento torna manifesta a desonestidade intelectual da Society. Agora é impossível supor que a apresentação que a Society faz do rascunho de Hay como sendo o verdadeiro discurso de Gettysburg foi um erro inocente – o produto, alguém poderia pensar, de uma busca excessivamente apressada na internet, feita por um estagiário de verão, pelo texto das observações de Lincoln em Gettysburg. A decisão da Sociedade de excluir as palavras do discurso de Lincoln em Gettysburg deve ter sido deliberada.

Em suma, uma organização liberal de defesa legal omitiu as palavras "sob Deus" de um documento que o grupo caracteriza como um texto fundador, isso no contexto de debates sobre o papel da religião na vida pública americana e o significado das provisões da Constituição referentes à religião. Esses grupos sabem exatamente o que estão fazendo e, para alcançar o resultado que desejam, estão dispostos a violar o consenso acadêmico, o bom senso e a memorização de gerações de alunos.

Talvez a American Constitution Society possa fornecer alguma evidência para mostrar que não teve um propósito ideológico ao omitir palavras que, se incluídas em um texto fundador, são tão prejudiciais à ortodoxia liberal em questões Igreja-Estado. Nesse caso, podemos esperar uma correção do texto do livreto no site da Sociedade e na próxima edição. Poderíamos então enviar o folheto, com o *imprimatur* da American Constitution Society, à Suprema Corte para sua consideração quando outro caso como o de Michael Newdow chegar aos Juízes.

PARTE III

VIDA E MORTE

CAPÍTULO 17

A CONSCIÊNCIA E SEUS INIMIGOS

Nos últimos anos, tomamos conhecimento das ameaças aos direitos de consciência em vários domínios, especialmente naqueles que dizem respeito às questões relativas à santidade da vida humana e à moral sexual, matrimonial e familiar. Essas ameaças específicas refletem e manifestam atitudes e ideologias que agora estão profundamente arraigadas no mundo intelectual e no setor da elite da cultura em geral. O presidente Barack Obama e muitos, muitos outros funcionários federais e estaduais promoveram e apoiaram políticas que pisoteiam os direitos de consciência, como o notório mandato de drogas contraceptivas e abortivas do Departamento de Saúde e Serviços Humanos (*Health and Human Services*, HHS), porque eles absorveram profundamente os dogmas da Geração do Eu, que transformam em absurdo a própria ideia de direitos de consciência.

Como primeira secretária de Saúde e Serviços Humanos do presidente Obama, Kathleen Sebelius, juntamente com a Planned Parenthood Federation of America e outros colaboradores próximos, insistiu que os que eram contrários ao mandato do HHS se opunham tanto à saúde da mulher quanto à própria ciência. Havia uma rica ironia aqui; nem o HHS nem a Casa Branca responderam substancialmente à enxurrada de evidências apresentadas por especialistas demonstrando a falta de suporte científico para as alegações médicas, demográficas ou econômicas associadas ao mandato do HHS. Essa prática – a de recusar-se a lidar com as evidências relevantes enquanto usa o manto da "ciência" para silenciar ou marginalizar os opositores – é comumente usada por inimigos de consciência.

A prática não era nova para o governo Obama. De fato, um exemplo importante dessas táticas surgiu em 2008, quando a Associação Americana de Obstetras e Ginecologistas (*American College of Obstetricians and Gynecologists*, ACOG) emitiu um relatório que recomendava negar uma significativa proteção da consciência a profissionais médicos com base em uma preferência não científica e ideologicamente ditada pelo aborto amplamente disponível.

Opiniões pessoais e ideologia, não "ciência"

Em 11 de setembro de 2008, o Conselho de Bioética do Presidente ouviu o depoimento de Anne Lyerly, médica, presidente do Comitê de Ética do ACOG. A dra. Lyerly compareceu a propósito da avaliação que o Conselho fez do parecer de seu comitê (nº 385) intitulado "Limits of Conscientious Refusal in Reproductive Medicine ["Limites da Recusa Consciente na Medicina Reprodutiva"]. Tal parecer propõe que os médicos da área da saúde da mulher sejam *obrigados, por uma questão de dever ético*, a encaminhar pacientes para abortos e, às vezes, até a realizar eles próprios o aborto.

Achei o parecer do Comitê de Ética do ACOG chocante e, de fato, assustador. Um problema era a falta de consideração – beirando o desprezo, na verdade – pelas sinceras reivindicações de consciência de católicos, protestantes evangélicos, judeus ortodoxos, além de outros médicos e profissionais de saúde pró-vida. Mas, mais que isso, ele tratou o feticídio[116] – a destruição deliberada de uma criança no útero – como se fosse uma questão de assistência médica, ao invés do que normalmente é: ou seja, uma decisão baseada em considerações *não médicas* (como do tipo se uma mulher ou seu marido ou namorado querem um filho). No entendimento da medicina, implícito no relatório, os fins da medicina não são fundamentalmente a preservação e restauração da saúde considerada como uma realidade objetiva e um bem humano, mas sim a satisfação das preferências pessoais ou desejos de estilo de vida das pessoas que procuram os médicos solicitando cirurgias ou outros serviços, independentemente de esses serviços serem, em qualquer sentido significativo, clinicamente indicados.

Digamos que uma mulher conceba um filho e fique descontente com isso. Ela está doente? Ela precisa de um aborto por causa de sua saúde? Não segundo qualquer compreensão ou definição razoável de saúde, mesmo que nos refiramos à saúde mental. Gravidez não é uma doença. É um processo natural. No caso normal, uma mulher grávida não está doente. Nem na esmagadora maioria dos casos uma gravidez representa uma ameaça à saúde da mulher. Isso está bastante claro, mas, para deixar ainda mais claro, vamos

116 O ato de assassinar fetos. (N. E.)

imaginar que uma mulher inicialmente infeliz por estar grávida mude de ideia. Pensando bem, ela está contente por estar grávida e feliz por ter um bebê a caminho. Ela repentinamente deixou de estar doente e de precisar de "cuidados de saúde" na forma de um aborto para ficar bem? Agora vamos considerar que, alguns meses depois, ela mude de ideia novamente. Acontece que o bebê é uma menina e ela realmente quer um menino. Então ela fica mais uma vez infeliz com a gravidez e volta a querer um aborto. O conhecimento do sexo do bebê a transformou de uma grávida saudável em uma doente? A pergunta responde a si mesma.

Agora vamos considerar o relatório do comitê da ACOG. O que me saltou aos olhos na página quando a li pela primeira vez é que se trata de um exercício de filosofia moral – má filosofia moral, mas deixe isso de lado por enquanto –, não medicina. Ele propõe uma definição de consciência, algo que não pode ser fornecido pela ciência ou pela medicina, e então se propõe a instruir seus leitores sobre "os limites das recusas conscienciosas, descrevendo como reivindicações de consciência devem ser ponderadas no contexto de outros valores críticos para a prestação ética de cuidados de saúde".

Mais uma vez, o conhecimento desses limites e valores, ou do que deveria contar como prestação ética de cuidados de saúde, não é e não pode ser o produto da investigação científica para a medicina como tal. A instrução proposta oferecida pelos responsáveis pelo relatório do comitê da ACOG representa uma opinião filosófica e ética – a *sua* opinião filosófica e ética.

O relatório prossegue com o "delineamento de opções para políticas públicas" e propõe "recomendações que maximizem a acomodação das crenças religiosas e morais do indivíduo, enquanto evitem a imposição dessas crenças a outras pessoas ou interfiram no acesso seguro, oportuno e financeiramente viável a cuidados de saúde reprodutiva que todas as mulheres merecem". Mais uma vez, observe que todos os conceitos em jogo aqui – o equilíbrio putativo, o julgamento sobre o que constitui uma "imposição" de crenças pessoais sobre os outros, a visão do que constitui cuidados de saúde ou cuidados de saúde reprodutiva, o julgamento sobre o que é merecido – é filosófico, não científico ou, estritamente falando, médico.

Na medida em que são juízos "médicos", mesmo que vagamente falando, eles refletem uma concepção de medicina informada, estruturada e moldada por juízos filosóficos e éticos – maus, diga-se de passagem, como o juízo implícito de que a gravidez, quando indesejada, é de fato uma doença.

Os responsáveis pelo relatório dizem estar falando como médicos e profissionais da área médica. A suposta autoridade do relatório deriva de sua posição e experiência *como médicos e profissionais da área médica*, mas, em todos os pontos que importam, os julgamentos oferecidos refletem seus julgamentos filosóficos, éticos e políticos, não qualquer conhecimento que tenham em virtude de seu treinamento e experiência em ciência e medicina.

Na reunião do Conselho do Presidente, o presidente, o dr. Edmund Pellegrino (1920-2013), pediu-me para fazer um comentário formal a respeito da apresentação que a dra. Lyerly fez do relatório do seu [dela] comitê. Fiquei feliz com a oportunidade de chamar a atenção dela e de seus colegas em sua tentativa de usar sua autoridade especial como médicos para forçar colegas médicos a praticar a medicina de acordo com seus contestáveis – e contestados – julgamentos filosóficos, éticos e políticos. E não se engane: em todos os pontos-chave do relatório, seus julgamentos são contestáveis e contestados. Na verdade, eles são contestados pelas mesmas pessoas a cujas consciências eles procuram se impor – as pessoas que eles, caso seu relatório fosse adotado e tornado obrigatório, seriam forçadas a se alinharem com seus julgamentos filosóficos e éticos ou *seriam expulsas de seus campos de prática médica*. Muitos outros também contestam os julgamentos do comitê. Em cada uma dessas discussões, uma resolução, de uma forma ou de outra, não pode ser determinada por métodos científicos; ao contrário, o debate é *filosófico*, *ético* ou *político*.

Essa é a principal coisa a ser vista: as questões em disputa são filosóficas e, portanto, podem ser resolvidas apenas por reflexão e debate filosóficos; elas não podem ser resolvidas pela ciência ou métodos de investigação científica. Deixe de lado por um momento a questão dos *quais* julgamentos filosóficos e políticos estão certos e quais estão errados. O ponto é que o relatório do comitê reflete e promove uma percepção e visão moral particular, e entendimentos particulares de saúde e medicina moldados por essa percepção e visão moral.

O relatório, em outras palavras, em suas suposições motrizes, raciocínio e conclusões, não é moralmente neutro. Representa uma posição partidária entre as possíveis posições debatidas por pessoas de boa vontade na classe médica e na sociedade em geral. Para mim, o partidarismo do relatório é sua característica mais marcante. Representa um jogo de poder absoluto em nome de indivíduos pró-aborto que adquiriram poder em sua entidade de classe profissional. Não se trata de medicina. É sobre ideologia. É sobre política e poder político.

A maior ironia do relatório é sua preocupação declarada com os médicos supostamente impondo suas crenças aos pacientes, por exemplo, recusando-se a realizar ou encaminhar para abortos – ou pelo menos recusando-se a realizar abortos ou a fornecerem outros serviços em situações de emergência. A suposição aqui é a filosófica de que o aborto, mesmo o aborto eletivo, é "assistência médica", e que matar bebês deliberadamente no útero de suas mães é moralmente aceitável e até mesmo um direito da mulher.

A verdade é que o médico que se recusa a fazer abortos ou o farmacêutico que se recusa a dispensar medicamentos abortivos não coage ninguém. Ele ou ela simplesmente se recusa a participar da destruição da vida humana – a vida da criança no útero. Tal médico não está "impondo" nada a ninguém, assim como o dono de uma loja de esportes que se recusa a estocar balas "assassinas de policial" de ponta oca, mesmo que ele ou ela possa vendê-las legalmente, não está impondo nada a ninguém. Em contraste, os responsáveis pelo relatório evidentemente *usariam* de coerção contra médicos e farmacêuticos que tivessem a audácia de divergir das visões filosóficas e éticas daqueles que adquiriram o poder na ACOG – forçando-os a entrar na linha ou a cessarem suas atividades.

Se a orientação do comitê fosse seguida, o campo médico seria limpo de médicos pró-vida cujas convicções exigiriam que eles se abstivessem de realizar ou de encaminhar para abortos. Católicos fiéis, evangélicos e outros protestantes, e muitos judeus e muçulmanos praticantes seriam excluídos ou forçados a sair da obstetrícia e ginecologia. O campo inteiro seria composto por pessoas que concordavam com ou, no mínimo, aceitavam as convicções morais e políticas dos autores do relatório.

Então, na verdade, quem nesse debate é culpado de intolerância? Quem está pisoteando a liberdade? Quem está impondo valores aos outros? Essas perguntas também respondem a si mesmas.

Não basta dizer que o que o comitê procura impor aos dissidentes não é uma moralidade, mas apenas uma boa prática médica, pois não é a ciência ou a medicina que está moldando a compreensão do relatório sobre o que conta como boa prática médica. É, antes, uma opinião moral formatando-a. A opinião de que o aborto é um bom remédio é uma opinião filosófica, ética e política; é um julgamento *trazido à* medicina, não um julgamento *derivado dela*. Reflete a visão de que o aborto é moralmente legítimo, e não viola os direitos da criança que é morta. Também reflete a visão de que a medicina está justamente preocupada em facilitar as escolhas de estilo de vida das pessoas, mesmo quando elas não estão doentes nem correm o risco de se machucar, e inclusive quando o procedimento "médico" envolve a retirada de vidas humanas inocentes.

O fato de um aborto eletivo – ou um procedimento de fertilização *in vitro*, ou o que quer que seja – contar como assistência médica, em oposição a um resultado que um paciente deseja, não pode ser resolvido pelos métodos da ciência ou por qualquer forma moral ou eticamente neutra de investigação ou raciocínio. A visão de alguém sobre o assunto refletirá suas convicções morais e éticas de uma maneira ou de outra.

Portanto, o uso constante no relatório da linguagem de "saúde" e "saúde reprodutiva" ao descrever ou referir-se às questões-chave que dão origem a conflitos de consciência é, *na melhor das hipóteses*, uma petição de princípio[117]. Não, isso é muito gentil. O uso dessa linguagem pelo relatório equivale a uma forma de manipulação retórica. A questão em jogo no aborto não é "saúde reprodutiva" ou saúde de qualquer tipo, precisamente porque os abortos diretos não são procedimentos destinados a tornar as pessoas doentes saudáveis ou a protegê-las contra doenças ou lesões. Mais uma vez, a gravidez não é uma doença. O objetivo dos abortos diretos é causar a morte de uma criança porque uma mulher acredita que sua vida será melhor sem a existência da criança do que seria com a existência da criança. Em si mesmo, um aborto direto (ou eletivo) – causando deliberadamente a morte de uma criança no útero – não faz nada para melhorar a saúde materna (embora, às vezes, a morte da criança seja um efeito colateral inevitável de um procedimento, como a remoção de um útero canceroso, algo que é feito para combater uma grave ameaça à saúde da mãe). É por isso que é errado retratar o aborto eletivo como um serviço de saúde.

Há ainda outra ironia digna de nota. O relatório, ao defender sua proposta de obrigar os médicos a, pelo menos, encaminharem para procedimentos que muitos médicos consideram imorais, injustos e até homicidas, afirma que tais encaminhamentos "não precisam ser conceituados como repúdio ou comprometimento dos próprios valores, mas sim podem ser

117 A petição de princípio é uma falácia informal de raciocínio. A verdade da conclusão é pressuposta pelas premissas. Muitas vezes, a conclusão é apenas afirmada nas premissas de uma forma resistente diferente. Nos casos mais sutis, a premissa é uma consequência da conclusão. Ver: https://criticanarede.com/falacias.html. (N. E.)

vistos como um reconhecimento do desacordo generalizado e ponderado entre os médicos e a sociedade em geral e a sinceridade moral de outras pessoas das quais discordamos".

De súbito, as questões subjacentes em jogo, como o aborto, são questões de desacordo generalizado e ponderado. Eu concordo com isso. E fica claro no relatório que devemos mostrar respeito pela sinceridade moral daqueles de quem discordamos. Mas segue-se desses conselhos que pessoas ponderadas e sinceras não precisam concordar que o aborto é moralmente inocente ou aceitável, ou que existe um "direito" ao aborto, ou que a provisão do aborto faz parte de um bom atendimento de saúde ou que sequer é atendimento de saúde, pelo menos no caso de abortos eletivos.

Mas, então, o que poderia justificar *obrigar* médicos ponderados e moralmente sinceros que acreditam que o aborto é uma injustiça homicida a realizar ou encaminharem para o procedimento, ou então deixarem a prática da medicina? A visão "ou é do meu jeito ou nada feito" do relatório é tudo menos um reconhecimento do desacordo generalizado e ponderado entre os médicos e a sociedade em geral e a sinceridade moral daqueles com quem discordamos. Na verdade, é um repúdio a ele.

Aborto e consciência

Desnecessário dizer que os inimigos da consciência no establishment médico passaram a ter amigos poderosos nas esferas mais altas do governo. Ficou muito claro que esses amigos compartilhavam o desejo de erradicar a proteção de consciência para médicos pró-vida e outros profissionais de saúde e farmacêuticos. O governo Obama revogou formalmente os regulamentos de proteção da consciência que o governo Bush promulgou em 2008. Os regulamentos de Bush eram regras há muito tempo necessárias para a implementação efetiva e aplicação das leis federais de proteção da consciência que estavam em vigor desde a década de 1970. Elas fortaleceram, de vários modos, as proteções de consciência para profissionais médicos pró-vida e estudantes de medicina. Por exemplo, elas proibiam muito claramente qualquer forma de discriminação contra profissionais e estudantes de medicina que se recusassem a receber treinamento para abortos, ou realizar abortos, ou encaminhar para abortos. Além disso, proibiam a discriminação no credenciamento ou licenciamento por motivos relacionados à recusa em se envolver na prática do aborto.

Suspeito que o objetivo do governo Obama ao revogar os regulamentos de proteção da consciência era estabelecer uma política muito alinhada com as regras de "ética" propostas pelo Comitê de Ética da ACOG sobre a recusa consciente na medicina "reprodutiva".

Isso não deveria ter sido uma surpresa. O fervoroso apoio do presidente Obama ao aborto foi uma questão de registro público que se estendeu por toda a sua carreira política. Que eu saiba, ele nunca apoiou uma restrição ao aborto ou se opôs a um esforço para expandir sua disponibilidade. Ele disse que se uma de suas filhas "cometesse um erro", ele não gostaria de vê-la "punida" com um bebê[118]. De modo geral, não afirmava ser "pessoalmente contrário" ao aborto, como a maioria dos políticos "pró-escolha" afirmam ser. Ele se opôs à legislação que proíbe abortos de nascimento parcial (um procedimento no qual a criança é morta depois de nascer parcialmente fora do corpo da mãe) e até lutou contra as leis que protegem as crianças nascidas vivas após uma tentativa malsucedida de aborto. Como candidato presidencial, ele prometeu dar prioridade à promulgação das disposições da chamada Lei da Liberdade de Escolha, que, nas palavras do lobby do aborto, derrubaria centenas de leis estaduais e federais antiaborto, tais como requisitos de notificação aos pais para menores que procuram abortos e leis de consentimento informado, exigindo que as mulheres que pretendem abortar sejam informadas sobre os fatos referentes ao desenvolvimento fetal e os riscos físicos e emocionais do aborto. Uma vez eleito, Obama confessou que aprovar a lei "não era minha maior prioridade legislativa", mas revogou a Política da Cidade do México, que proibia o governo dos EUA de financiar organizações que realizam ou promovem abortos no exterior. Em 2010, ele quebrou uma promessa anterior de lutar pela revogação da Emenda Hyde, que proíbe o financiamento federal de abortos nos Estados Unidos, porque a questão do financiamento do aborto ameaçava inviabilizar a aprovação do

---

118 O presidente Obama fez a observação em uma reunião municipal em Johnstown, Pensilvânia, em 29 de março de 2008. Portanto, não há dúvida de que o estou tratando com justiça, se apresento a citação em seu contexto completo: "Quando se trata especificamente de HIV/AIDS, a prevenção mais importante é a educação, que deveria incluir — que deveria incluir a educação para a abstinência e ensinar as crianças — ensinar as crianças, você sabe, que sexo não é algo casual. Mas também deveria incluir — também deveria incluir outras, você sabe, informações sobre contracepção porque, olha, eu tenho duas filhas. Nove anos e seis anos. Vou ensiná-las antes de mais nada sobre valores e moral. Mas se elas cometerem um erro, não quero que sejam punidas com um bebê. Não quero que sejam punidas com uma DST aos dezesseis anos. Você sabe, então não faz sentido não dar informações a eles. Ver: blogs.cbn.com/thebrodyfile/archive/2008/03/31/obama-says-he-doesnt-want-his-daughters-punished-with-a.aspx.

Obamacare. E, claro, o presidente Obama tentou *exigir* que empregadores religiosos (e todos os outros) fornecessem cobertura de assistência médica não apenas para contraceptivos e esterilização, mas também para drogas indutoras de aborto, como a Ella.

E, portanto, cabe a nós resistirmos, e fazê-lo não apenas para defender a vida de nossos irmãos e irmãs mais vulneráveis – crianças no útero – mas também em defesa do que James Madison chamou de "os direitos sagrados da consciência". Hoje, muitos daqueles que sancionam e apoiam a retirada de vidas humanas por aborto ou em pesquisas destrutivas de embriões também se tornaram inimigos de consciência. Nós, amigos da vida, devemos ser também amigos da consciência. De fato, devemos ser os melhores amigos da consciência. Para muitos de nós, defender a consciência significa defender os princípios de nossa fé. Para todos nós, defender a consciência significa defender os princípios sobre os quais nossa nação foi fundada.

CAPÍTULO 18

QUANDO A VIDA COMEÇA

Quando começa a vida de um ser humano? Embora a questão seja de importância óbvia para nossos debates sobre políticas públicas a respeito do aborto e da pesquisa com células-tronco embrionárias, os políticos geralmente a evitam como uma praga. As coisas podem estar mudando, no entanto. Nos últimos anos, alguns dos líderes políticos mais proeminentes de nossa nação têm ponderado sobre a questão.

Diante dos fatos complicados e pouco conhecidos da embriologia humana, a maioria das pessoas tende a concordar com o sentimento expresso por Nancy Pelosi, a líder democrata na Câmara dos Representantes, que afirmou: "Acho que ninguém pode dizer a você quando [...] começa a vida humana".

Mas Pelosi está correta? É verdade que ninguém pode dizer com qualquer grau de autoridade quando a vida de um ser humano realmente começa?

Não, não é. Tratar a questão como uma espécie de grande mistério, ou expressar ou fingir incerteza sobre ela, pode ser politicamente conveniente, mas é intelectualmente indefensável. A ciência moderna há muito resolveu a questão. Na verdade, sabemos quando começa a vida de um novo indivíduo humano.

Os fatos sobre a embriogênese humana e sobre o desenvolvimento inicial tornam a conclusão inevitável: de uma perspectiva puramente biológica, *os cientistas podem identificar o ponto em que começa a vida humana*. Os estudos relevantes são legião. Os fatos biológicos são incontestáveis. O método de análise aplicado aos dados é universalmente aceito[119].

Sua vida começou, assim como a vida de qualquer outro ser humano, quando a fusão do óvulo e do esperma produziu um organismo novo, completo e vivo – um ser humano embrionário. Você nunca foi um óvulo ou um espermatozoide; essas eram partes funcionais e genéticas de outros seres humanos – seus pais. Mas você já *foi* um embrião, assim como já foi um

119 Para obter um resumo útil dos estudos científicos nessa área, consulte a publicação técnica elaborada por CONDIC, Maureen L. *When Does Human Life Begin? A Scientific Perspective*. Westchester Institute for Ethics and the Human Person, out. 2008.

adolescente, uma criança, um bebê e um feto. Por um processo direcionado internamente, você evoluiu do estágio embrionário para os estágios de desenvolvimento como feto, recém-nascido, criança e adolescente e, por fim, para a idade adulta com sua determinação, unidade e identidade totalmente intactas. Você é o mesmo ser – o mesmo ser *humano* – que já foi um embrião.

É verdade que cada um de nós, nas fases embrionária e fetal do desenvolvimento, dependíamos de nossas mães, mas não éramos partes do corpo materno. Embora dependentes, éramos seres humanos individuais distintos. É por isso que os médicos que atendem gestantes sabem que não estão cuidando de um paciente, mas de dois (ou mais de dois, no caso de gêmeos e trigêmeos).

Por que, então, parecemos tão distantes de um consenso sobre questões referentes ao aborto e à pesquisa destrutiva de embriões?

Talvez porque o debate a respeito de quando a vida humana começa nunca tenha sido sobre os fatos biológicos. Tem a ver com o *valor* que atribuímos aos seres humanos no alvorecer das suas vidas. Quando debatemos questões sobre aborto, tecnologias de reprodução assistida, pesquisa de células-tronco embrionárias humanas e clonagem humana, não estamos realmente discordando sobre se os embriões humanos são seres humanos. A evidência científica é simplesmente esmagadora demais para que haja qualquer debate real sobre esse ponto. O que está em jogo nesses debates é se devemos respeitar e defender os seres humanos nos primeiros estágios de suas vidas. Em outras palavras, a questão não é sobre fatos científicos; trata-se da natureza da dignidade humana e da igualdade dos seres humanos.

De um lado estão aqueles que acreditam que os seres humanos têm dignidade e direitos *em virtude de sua humanidade*. Eles acreditam que todos os seres humanos, independentemente não apenas de raça, etnia e sexo, mas também de idade, tamanho e estágio de desenvolvimento, são iguais em valor e dignidade fundamentais. O direito à vida é um direito humano e, portanto, todos os seres humanos, desde o momento em que passam a existir (concepção) até o momento em que deixam de existir (morte), o possuem.

Do outro lado estão os que acreditam que aqueles seres humanos que têm valor e dignidade os têm *em virtude de terem alcançado um certo nível de desenvolvimento*. Eles negam que todos os seres humanos têm valor e dignidade e sustentam que deve ser feita uma distinção entre os seres humanos que alcançaram o *status* de "pessoalidade" e aqueles (como embriões, fetos e, de acordo com alguns, bebês e crianças com retardo mental grave ou indivíduos dementes), cujo *status* é o de não pessoas humanas.

Um erro comum é as pessoas converterem a pergunta sobre quando uma vida humana começa de uma questão de biologia para uma questão de fé religiosa ou crença pessoal. Tanto como senador quanto como vice-presidente dos Estados Unidos, Joe Biden afirmou que, embora acredite que a vida começa no momento da concepção, essa é uma crença "pessoal" derivada de sua religião, que não pode ser legitimamente imposta a outras pessoas[120].

Biden está perfeitamente correto sobre quando uma vida começa – na concepção. Mas ele está errado ao supor que essa é uma mera questão de opinião pessoal ou uma posição derivada apenas da religião. É uma questão de fato biológico. Não se deve permitir que a política o supere.

Tendo em vista os fatos estabelecidos da embriogênese humana e do desenvolvimento intrauterino inicial, a verdadeira questão não é se os seres humanos nos estágios embrionário e fetal são seres humanos. *Claramente eles são*. A questão é se honraremos ou abandonaremos nosso compromisso civilizacional e nacional com o igual valor e dignidade de todos os seres humanos – mesmo os menores, os mais jovens, os mais fracos e os mais vulneráveis.

---

120 Em 2008, Joe Biden disse a Tom Brokaw, da NBC: "É uma questão pessoal e privada. Para mim, como católico romano, estou preparado para aceitar os ensinamentos da minha Igreja [...]. Estou preparado por uma questão de fé para aceitar que a vida começa no momento da concepção. Mas esse é o meu julgamento. Para mim, impor esse julgamento a todos os outros que são igualmente, e talvez até mais, devotos do que eu, me parece impróprio em uma sociedade pluralista". Durante o debate vice-presidencial de 2012, Biden disse: "Aceito a posição da minha Igreja sobre o aborto [...]. A vida começa na concepção, no julgamento da Igreja. Eu aceito isso na minha vida pessoal. Mas eu me recuso a impor isso a cristãos, muçulmanos e judeus igualmente devotos, e simplesmente me recuso a impor isso a outros".

CAPÍTULO 19

ÉTICA DO EMBRIÃO: O QUE A CIÊNCIA NOS DIZ, O QUE A JUSTIÇA EXIGE DE NÓS

Quando o presidente Barack Obama permitiu que os dólares dos pagadores de impostos federais fossem usados para pesquisas envolvendo a destruição de embriões humanos, a decisão reavivou dramaticamente o debate sobre o *status* moral do embrião humano. Há pessoas razoáveis de boa vontade em ambos os lados desse debate. Essas pessoas reconhecem que a questão é difícil e que seus oponentes não são patifes nem tolos.

Isso não significa que não haja uma resposta certa ou que a resposta certa não possa ser conhecida. Mas chegar à resposta certa requer reflexão e argumentação cuidadosas – argumentação que atenda aos fatos da embriogênese humana e do desenvolvimento inicial e aplique princípios filosóficos sólidos à luz dos fatos. Pessoas responsáveis em ambos os lados do debate sabem, e não hesitam em admitir, que seus oponentes apresentaram argumentos sérios e que esses argumentos devem ser cuidadosamente discutidos e respondidos. Acredito ser necessário empregar os melhores argumentos em apoio à posição oposta à minha.

No cerne do debate, estão duas questões fundamentais. A primeira é científica e deve ser respondida apelando-se aos fatos que a embriologia humana moderna e a biologia do desenvolvimento determinaram: os embriões humanos são seres humanos nos primeiros estágios de seu desenvolvimento natural, ou são entidades de outro tipo – digamos, meros aglomerados de células ou organismos pré-humanos? A segunda questão é filosófica: se os embriões humanos são, como defendo, seres humanos embrionários, eles têm o mesmo direito que os seres humanos em outros estágios de desenvolvimento de serem tratados com respeito, e não como matéria-prima para pesquisas científicas nas quais são deliberadamente mortos?

A irrelevância da teologia da "infusão da alma"

Não direi quase nada aqui sobre religião ou teologia. Essa não é uma decisão tática; ao contrário, reflete minha visão a respeito de como pensar sobre a disputa referente à morte de embriões humanos. Às vezes é dito que a oposição à pesquisa destrutiva de embriões é baseada em uma teologia controversa de "infusão da alma". Mas não creio que a questão tenha algo a ver com a "infusão da alma" ou se um ser humano que morre no estágio embrionário terá vestígios espirituais na forma de uma alma imaterial.

Questões sobre se os seres humanos têm almas espirituais imortais não precisam ser envolvidas em discussões sobre se os embriões humanos são seres humanos. E não é preciso apelar a nenhuma teologia da alma para afirmar que existe uma base racional a fim de tratar todos os seres humanos – incluindo aqueles no estágio embrionário – como criaturas possuidoras de valor e dignidade intrínsecos. A questão da infusão da alma e o destino eterno dos seres humanos que morrem antes do nascimento são, com certeza, questões *teológicas* interessantes, mas não são necessárias para o debate *moral* e a questão da *política pública*[121].

Minha opinião é que devemos resolver nosso debate nacional referente à pesquisa destrutiva de embriões com base nas melhores evidências científicas sobre quando começa a vida de um novo ser humano e no raciocínio filosófico mais cuidadoso sobre o que é devido à vida humana nascente. A fé pode, acredito eu, motivar-nos a nos levantarmos e a falarmos em defesa da vida e da dignidade humana. E as pessoas religiosas nunca devem hesitar em fazer isso. Mas não precisamos confiar na fé religiosa para nos dizer se um embrião humano é uma nova vida humana ou se todos os seres humanos – independentemente não apenas de raça, etnia e sexo, mas também de idade, tamanho, estágio de desenvolvimento e condição de dependência – possuem pleno valor moral e dignidade. A

121 Para todos os efeitos, devo salientar que a Igreja católica não tenta fazer ilações científicas sobre a humanidade ou distinção do embrião humano a partir de proposições teológicas sobre a infusão da alma. Na verdade, funciona ao contrário. Alguém que quisesse convencer o papa a declarar que o embrião humano tem "alma" – algo que até agora a Igreja católica nunca declarou – teria que provar seu ponto reunindo (entre outras coisas) os fatos científicos. A conclusão teológica seria tirada com base (entre outras coisas) nas descobertas da ciência sobre a autointegração, distinção, unidade e determinação do embrião em desenvolvimento. Portanto, as coisas funcionam exatamente ao contrário da maneira como alguns defensores da pesquisa destrutiva de embriões, que pensam saber o que a Igreja católica diz sobre a "infusão da alma", imaginam que funcionam.

aplicação de princípios filosóficos fundamentais levando em conta os fatos estabelecidos pela moderna ciência embriológica é mais do que suficiente para essa tarefa[122].

Embriões humanos são seres humanos embrionários

O ser humano adulto que agora é você ou eu é o mesmo ser humano que, em um estágio anterior de sua vida, foi um adolescente e, antes disso, uma criança, um bebê, um feto e um embrião[123]. Mesmo no estágio embrionário, você e eu éramos inegavelmente inteiros, membros vivos da espécie *Homo sapiens*. Nós éramos então, como somos agora, organismos humanos distintos e completos (embora, no começo, fôssemos, é claro, imaturos em termos de desenvolvimento); não éramos meras partes de outros organismos.

Um embrião humano não é algo diferente *em natureza* de um ser humano, como uma pedra, uma batata ou um rinoceronte. Um embrião humano é um indivíduo humano no estágio inicial de seu desenvolvimento natural[124]. A menos que gravemente danificado ou privado de um ambiente adequado, um ser humano embrionário irá, por um processo de funcionamento orgânico integral internamente dirigido, desenvolver-se para cada estágio de desenvolvimento mais maduro ao longo do *continuum*, sem lacunas, de uma vida humana. Os estágios de embrião, feto, recém-nascido, criança e adolescente são apenas isto: *estágios* no desenvolvimento de uma entidade determinada e duradoura – um ser humano – que passa a existir como um

---

122 Meu objetivo não é menosprezar, muito menos denegrir, o importante testemunho de muitas tradições de fé à profunda, inerente e igual dignidade de todos os membros da família humana. A fé pode, e muitas tradições de fé o fazem, reforçar proposições éticas que podem ser racionalmente afirmadas mesmo à parte da fé.

123 Assim, "relembrando (no nascimento dela) seu encanto por Louise Brown como uma ou duas células em sua placa de Petri, [Robert] Edwards [disse]: 'Ela era linda naquela época e é linda agora'". FINNIS, John. "Some Fundamental Evils in Generating Human Embryos by Cloning". Cosimo Marco Mazzoni (ed.). *Etica della Ricerca Biologica*. Florence: Leo Olschki, 2000, p. 115-23, em 116 citando EDWARDS, Robert e STEPTOE, Patrick. *A Matter of Life*. Londres, 1981. Edwards e seu coautor descrevem com precisão o embrião como "um ser humano microscópico – um em seus primeiros estágios de desenvolvimento" (p. 83). Eles dizem que o ser humano no estágio embrionário de desenvolvimento está "passando por um período crítico em sua vida de grande exploração: torna-se magnificamente organizado, ativando sua própria bioquímica, aumentando de tamanho e preparando-se rapidamente para a implantação no útero" (p. 97).

124 MOORE, Keith e PERSAUD, T. V. N., em *The Developing Human: Clinically Oriented Embryology*, talvez o mais amplamente utilizado dos textos clássicos de embriologia, fazem a seguinte declaração inequívoca sobre o início de um novo e distinto indivíduo humano: "O desenvolvimento humano começa na fertilização, quando um gameta masculino ou esperma (espermatozoide) se une a um gameta feminino ou oócito (óvulo) para formar uma única célula – um zigoto. Essa célula totipotente altamente especializada marcou o início de cada um de nós como indivíduo único" (p. 16, grifo do autor).

organismo unicelular (zigoto) e se desenvolve, se tudo correr bem, na idade adulta muitos anos depois[125].

Por outro lado, os gametas, cuja união dá origem ao embrião, não são organismos inteiros ou distintos. Eles são funcionalmente (e geneticamente) identificáveis como *partes* dos progenitores (potenciais) masculinos ou femininos. Cada um tem apenas metade do material genético necessário para guiar o desenvolvimento de um ser humano imaturo rumo à plena maturidade. Eles estão destinados a se combinar com um ovócito ou espermatozoide para gerarem um organismo novo e distinto, ou simplesmente se desintegrarem. Mesmo quando ocorre a fertilização, eles não sobrevivem; em vez disso, seu material genético entra na composição de um novo organismo.

Mas nada disso é verdade para o embrião humano, a partir dos estágios de zigoto e blástula em diante. A combinação dos cromossomos do espermatozoide e do ovócito gera o que a embriologia humana identifica como um organismo novo, distinto e duradouro. Seja produzido por fertilização ou por transferência nuclear de células somáticas (*somatic-cell nuclear transfer*, SCNT) ou alguma outra técnica de clonagem, o embrião humano possui todo o material genético necessário para informar e organizar seu crescimento[126]. A direção de seu crescimento *não é determinada extrinsecamente*, mas está de acordo com a informação genética *contida nele*[127]. Tampouco possui apenas informações organizacionais para amadurecimento; em vez disso, se deixado sozinho

---

125 Um embrião humano (como um ser humano no estágio de feto, infantil, criança ou adolescente) não é devidamente classificado como um organismo "pré-humano" com o mero potencial de se tornar um ser humano. Nenhum embriologista humano ou livro de embriologia humana conhecido por mim apresenta, aceita ou contempla remotamente tal visão. O testemunho dos principais livros de embriologia é que um embrião humano é – já e não apenas potencialmente – um novo membro individual da espécie *Homo sapiens*. Seu potencial, assumindo uma medida suficiente de boa saúde e um ambiente adequado, é desenvolver-se por um processo de crescimento dirigido internamente através dos estágios posteriores de maturidade no *continuum* que é sua vida. Tampouco existe algo como um "pré-embrião". Esse é um conceito inventado, como Lee Silver apontou, por razões políticas, não científicas, em SILVER, Lee. *Remaking Eden*. Nova York: Avon Books, 1997, p. 39.

126 Um embrião humano clonado é um organismo subumano? A resposta é certamente não. Assim como a fertilização, se bem-sucedida, gera um embrião humano, a clonagem produz o mesmo resultado ao combinar o que é normalmente combinado e ativado na fertilização – isto é, o código genético completo mais o citoplasma ovular. A fertilização produz um organismo humano novo e completo, embora imaturo. O mesmo é verdade para a clonagem bem-sucedida. Embriões clonados, portanto, devem ser tratados como tendo o mesmo *status* moral, seja ele qual for, que outros embriões humanos.

127 As primeiras uma ou duas divisões, nas primeiras trinta e seis horas, ocorrem sob a direção do RNA mensageiro adquirido do oócito, e, a partir daí, as clivagens são guiadas pelo DNA do embrião. Ver, entre outras fontes, O'RAHILLY, Ronan e MUELLER, Fabiola. *Human Embryology and Teratology*. Nova York: John Wiley & Sons, 2000, p. 38. Ainda assim, essas clivagens não ocorrem se o núcleo do embrião não estiver presente e, portanto, os genes nucleares também controlam essas mudanças iniciais.

em um ambiente adequado, ele se desenvolverá usando essa informação. O embrião humano é, então, um organismo humano completo e distinto – um ser humano embrionário.

Se o embrião não fosse um organismo completo, então o que poderia ser? Ao contrário dos espermatozoides e dos ovócitos, não é simplesmente uma parte de um organismo maior – a saber, da mãe ou do pai. Também não é um crescimento desordenado ou tumor de gametas, como uma mola hidatiforme completa[128] ou um teratoma[129].

Talvez alguém diga que o embrião inicial é uma forma intermediária, algo que normalmente desponta como um organismo humano total, mas ainda não o é. Mas o que poderia causar o surgimento de todo o organismo humano e provocá-lo com regularidade? Como já observei, está claro que, a partir do estágio de zigoto, o desenvolvimento principal desse organismo *é controlado e dirigido internamente* – isto é, pelo próprio organismo. Depois que o embrião passa a existir, não ocorre nenhum evento ou série de eventos que possa ser interpretado como a produção de um novo organismo; isto é, nada extrínseco ao próprio organismo em desenvolvimento atua sobre ele para produzir um novo caráter ou uma nova direção no desenvolvimento[130].

Os seres humanos embrionários merecem respeito?

Um defensor da pesquisa destrutiva de embriões pode admitir que um embrião humano é um ser humano, no sentido biológico, mas negar que os seres humanos nos estágios iniciais de seu desenvolvimento merecem pleno respeito moral, de modo que não possam ser mortos para beneficiar mais seres humanos totalmente desenvolvidos sofrendo de aflições[131].

Mas, para negar que os seres humanos embrionários merecem respeito total, deve-se supor que nem todo ser humano merece respeito total. E, para fazer isso, deve-se sustentar que aqueles seres humanos que merecem respeito total o merecem em virtude não do tipo de entidade que são, mas sim de

---

128 A mola hidatiforme completa (MHC) é o resultado da fecundação de um óvulo sem núcleo ativo, o que significa que todos os genes na MHC são de origem paterna (dissomia uniparenteral). Ver: https://drpixel.fcm.unicamp.br/conteudo/mola-hidatiforme-completa. (N.T.)

129 Tipo de tumor de células germinais que pode conter vários tipos de tecidos do corpo, como cabelo, músculo e osso. (N.T.)

130 Para uma explicação mais completa, ver LEE, Patrick e GEORGE, Robert P. "The First Fourteen Days of Human Life". *New Atlantis*, nº 13, 2006.

131 Vou deixar sem tratar aqui a questão de saber se as células-tronco embrionárias provavelmente serão usadas em breve – ou nunca – em terapias para tratar doenças e aflições humanas.

alguma característica adquirida que alguns seres humanos (ou seres humanos em alguns estágios) têm e outros não têm, e que alguns seres humanos têm em maior grau do que outros.

A meu ver, essa posição é insustentável. É claro que não é preciso estar real ou imediatamente consciente, raciocinando, deliberando, fazendo escolhas, etc. para ser um ser humano que merece pleno respeito moral, pois claramente pessoas que estão dormindo ou em coma reversível merecem tal respeito. Portanto, se alguém nega que os seres humanos sejam intrinsecamente valiosos em virtude do que são, e afirma, em vez disso, que eles requerem um atributo adicional, o atributo adicional deve ser algum tipo de capacidade e, obviamente, uma capacidade para certas funções mentais.

Claro, os seres humanos nos estágios embrionário, fetal e infantil precoce carecem de capacidades imediatamente exercíveis para funções mentais que a maioria dos seres humanos realiza em estágios posteriores de maturidade. Ainda assim, eles possuem de forma radical essas mesmas capacidades – radical no sentido original de ir à raiz. Precisamente em virtude *do tipo de entidade que são*, eles estão desde o início se desenvolvendo ativamente até os estágios em que essas capacidades serão (se tudo correr bem) imediatamente exercíveis. Embora, como os bebês, eles ainda não tenham se desenvolvido até o estágio em que possam realizar operações intelectuais, é claro que são *organismos animais racionais*[132]. Esse é o *tipo* de entidade que eles são.

Definindo capacidades

É importante, então, distinguir dois sentidos da "capacidade" (ou o que, às vezes, é chamado de "potencialidade") para as funções mentais: uma capacidade imediatamente exercível e uma capacidade natural básica, que se desenvolvem ao longo do tempo. E há boas razões para acreditar que o

132 Uma entidade ter uma natureza racional significa que ela é um certo tipo de substância; ter uma natureza racional, ao contrário de, digamos, ser alto, ou croata, ou talentoso em matemática não é um atributo acidental. Cada indivíduo da espécie humana tem uma natureza racional (mesmo que a doença ou defeito bloqueie seu pleno desenvolvimento e expressão em alguns indivíduos; se a doença ou defeito pudesse ser corrigido de alguma forma, isso aperfeiçoaria o indivíduo como o tipo de substância que ele é; não o transformaria em uma entidade de natureza diferente). Ter uma natureza racional é, nos termos de Jeff McMahan, uma "propriedade intrínseca que confere *status*". Portanto, meu argumento não é que todo membro da espécie humana deva receber respeito moral total com base no fato de que os membros mais maduros têm uma propriedade intrínseca que confere *status*, como o professor McMahan interpreta o "argumento da natureza do tipo". Ver seu "Our Fellow Creatures". *Journal of Ethics* 9, 2005, p. 353-80. Em vez disso, minha proposição é que ter uma natureza racional é a base para o valor moral completo, e todo indivíduo humano possui essa característica atribuidora de *status*.

segundo tipo de capacidade, não o primeiro, fornece a base justificatória para considerar os seres humanos como fins em si mesmos, não apenas como meios – como portadores de dignidade inerente e sujeitos de justiça e direitos humanos, não como meros objetos.

Em primeiro lugar, o ser humano em desenvolvimento não atinge um nível de maturidade em que ele ou ela realiza um tipo de ato mental que outros animais não realizam – mesmo animais como cães e gatos – até pelo menos vários meses após o nascimento. Um bebê de seis semanas carece da capacidade *imediatamente exercível* de realizar funções mentais caracteristicamente humanas. Portanto, se o pleno respeito moral fosse devido apenas àqueles que possuem capacidades imediatamente exercíveis para funções mentais caracteristicamente humanas, seguir-se-ia que bebês de seis semanas não merecem pleno respeito moral[133]. Assim, se os embriões humanos podem ser legitimamente destruídos para fazer avançar a ciência biomédica, segue-se logicamente que, em se obtendo a aprovação dos pais, as partes do corpo de bebês humanos deveriam ser algo legítimo para a experimentação científica (isso não é exagero; alguns filósofos apresentaram explicitamente esses argumentos)[134].

Em segundo lugar, a diferença entre esses dois tipos de capacidade é meramente uma diferença entre estágios ao longo de um *continuum*. A capacidade imediatamente exercível para funções mentais é apenas o desenvolvimento de uma potencialidade subjacente que o ser humano possui unicamente em virtude do tipo de entidade que é. As capacidades para raciocinar, deliberar e fazer escolhas são gradativamente desenvolvidas, ou trazidas para o amadurecimento, através da gestação, infância, adolescência e assim por diante. Mas a diferença entre um ser que merece total respeito moral e um ser que não merece (e, portanto, pode ser legitimamente morto para benefício de outros) não pode consistir apenas no fato de que, embora ambos tenham alguma característica, um tem *mais* do que o outro. Uma diferença *quantitativa* (tendo mais ou menos a mesma característica, como

---

133 Os crentes não sentimentais de que o pleno respeito moral é devido apenas aos seres humanos que possuem capacidades imediatamente exercíveis para funções mentais caracteristicamente humanas não hesitam em tirar a conclusão de que os bebês não merecem pleno respeito moral. Ver, por exemplo, SINGER, Peter. "Killing Babies Isn't Always Wrong". *The Spectator*, 16 set. 1995, p. 20-22.

134 Perguntaram a meu colega de Princeton, Peter Singer, se haveria algo de errado com uma sociedade na qual crianças eram criadas para peças de reposição em grande escala. "Não", ele respondeu. Ver "Blue State Philosopher". *World Magazine*, 27 nov. 2004.

o desenvolvimento de uma capacidade natural básica) não pode, por si só, ser uma base justificatória para tratar entidades diferentes de maneiras radicalmente diferentes[135].

Em terceiro lugar, as qualidades adquiridas que poderiam ser propostas como critérios para a personalidade vêm em vários graus; habilidades ou disposições desenvolvidas, como autoconsciência ou racionalidade, vêm em um número infinito de graus. Portanto, se os seres humanos fossem dignos de pleno respeito moral apenas por causa de tais qualidades, então, como essas qualidades vêm em graus variados, não se poderia explicar por que os seres humanos não possuem direitos básicos em graus variados. A proposição de que todos os seres humanos são criados iguais seria relegada ao *status* de mito; uma vez que algumas pessoas são mais racionais do que outras (ou seja, desenvolveram essa capacidade em maior extensão do que outras), algumas pessoas seriam mais dignas do que outras, e os direitos dos superiores prevaleceriam sobre os dos inferiores[136].

Portanto, não pode ser que *alguns* seres humanos *e não outros* sejam intrinsecamente valiosos, em virtude de um certo grau de desenvolvimento. Em vez disso, os seres humanos são intrinsecamente valiosos (da forma que nos permite atribuir a eles igualdade e direitos básicos) em virtude do tipo de ser que são – e *todos* os seres humanos são intrinsecamente valiosos.

Uma vez que os seres humanos são intrinsecamente valiosos e merecem total respeito moral em virtude *do que* são, segue-se que eles são intrínseca e igualmente valiosos *a partir do momento em que passam a existir*. Mesmo na fase embrionária de nossas vidas, cada um de nós era um ser humano e, como tal, digno de atenção e proteção. Os seres humanos embrionários, tenham sido

---

135 Michael Gazzaniga sugeriu que o embrião é para o ser humano o que uma loja da Home Depot é para uma casa – isto é, uma coleção de componentes não integrados. De acordo com o dr. Gazzaniga, "é um truísmo que o blastocisto tem potencial para ser um ser humano. No entanto, nesse estágio de desenvolvimento, é simplesmente um amontoado de células. [...] Uma analogia pode ser o que se vê ao entrar em uma Home Depot. Tem as peças e potencial para pelo menos trinta casas. Mas, se houver um incêndio na Home Depot, a manchete não é trinta casas incendiadas. É Home Depot pegou fogo". Citado como "Metáfora da Semana" em *Science* 295, nº 5560, 1º mar. 2002, p. 1637. O dr. Gazzaniga entrega o jogo, entretanto, ao admitir, como deve, que o termo blastocisto se refere a um estágio de desenvolvimento na vida de um indivíduo determinado, duradouro, integrado e, na verdade, entidade autointegrada. Se for feita uma analogia com um Home Depot, são os gametas (ou os materiais usados para gerar um embrião por um processo de clonagem), não o embrião, que constituem as "peças e potencial".

136 Essa conclusão se seguiria não importando qual das qualidades adquiridas propostas como as que qualificam alguns seres humanos (ou seres humanos em alguns estágios de desenvolvimento) para o pleno respeito fosse a selecionada.

eles criados pela união de gametas, SCNT ou através de outras tecnologias de clonagem, devem receber o respeito dispensado aos seres humanos em outros estágios de desenvolvimento[137].

Partes e inteiros

Os defensores da pesquisa destrutiva de embriões apresentaram vários argumentos para lançar dúvidas sobre a proposição de que os embriões humanos merecem receber *status* moral pleno. Por exemplo, Ronald Bailey, um escritor de ciência para a revista *Reason*, desenvolveu uma analogia entre embriões e células somáticas à luz da possibilidade de clonagem humana[138]. Bailey afirma que cada célula do corpo humano tem tanto potencial de desenvolvimento quanto qualquer ser humano embrião. Os embriões, portanto, não têm dignidade maior ou *status* moral mais elevado do que as células somáticas comuns. Bailey observa que cada célula do corpo humano possui todo o código de DNA; cada uma tornou-se especializada (como músculo, pele e assim por diante) porque a maior parte desse código foi *desativada*. Na clonagem, as partes do código previamente desativadas são reativadas. Assim, diz Bailey, citando o bioeticista australiano Julian Savulescu: "Se todas as nossas células pudessem ser pessoas, então não poderíamos apelar para o fato de que um embrião poderia ser uma pessoa para justificar o tratamento especial que lhe damos". Como claramente não estamos preparados para considerar todas as nossas células como seres humanos, não devemos considerar os embriões como seres humanos.

Mas a analogia de Bailey entre células somáticas e embriões humanos desmorona sob escrutínio. A célula somática é algo a partir do qual (juntamente com causas extrínsecas) pode ser *gerado* um novo organismo; certamente não é um organismo distinto. Um embrião humano, ao contrário, já é um organismo humano distinto, autodesenvolvido e completo.

Bailey sugere que a célula somática e o embrião estão no mesmo nível porque ambos têm o "potencial" para se desenvolver em um ser humano maduro. O tipo de "potencialidade" que as células somáticas possuem e que pode ser usado na clonagem difere profundamente, entretanto, da

137 Para uma apresentação mais completa desse argumento, ver LEE, Patrick e GEORGE, Robert P. "The Wrong of Abortion". Andrew I. Cohen e Christopher Wellman (eds.). *Contemporary Debates in Applied Ethics*. Nova York: Blackwell, 2005, p. 13-26.

138 BAILEY, Ronald. "Are Stem Cells Babies"? *Reason*, 11 jul. 2001.

potencialidade do embrião. Uma célula somática tem potencial apenas no sentido de que algo pode ser feito com ela para que seus constituintes (suas moléculas de DNA) entrem em um organismo humano completo distinto, que é um ser humano, uma pessoa. No caso do embrião, ao contrário, ele já está se desenvolvendo ativa e dinamicamente para os estágios posteriores de maturidade do organismo distinto – o ser humano – que ele ou ela já é.

É verdade que todo o código genético está presente em cada célula somática, e esse código pode ser usado para guiar o crescimento de um novo organismo inteiro. Mas esse aspecto não faz nada para mostrar que a potencialidade da célula somática é a mesma de um embrião humano. Quando o núcleo de um óvulo é removido e uma célula somática é inserida no restante do óvulo e recebe um estímulo elétrico, isso faz mais do que simplesmente colocar a célula somática em um ambiente hospitaleiro para sua contínua maturação e desenvolvimento. Isso gera um organismo totalmente distinto, autointegrado e inteiramente novo – gera um embrião. A entidade – o embrião – que esse processo traz à existência é radicalmente diferente dos constituintes que entraram em sua geração.

Agata Sagan e Peter Singer tentaram resgatar o argumento de Bailey. Eles insistem que o óvulo enucleado, ou citoplasma ovular, é apenas ambiente (e, assim, a fusão de uma célula-tronco com ele não produz uma nova entidade). Se o núcleo de uma célula-tronco fosse transferido para um ovo diferente com citoplasma diferente, isso não resultaria (na opinião deles) em um embrião diferente[139]. Eles concluem, comparando embriões com células-tronco em vez de células somáticas (à la Bailey) –, que "parece que, se o embrião humano tem posição moral e tem direito à proteção em virtude do que pode se tornar, então o mesmo deve ser verdade para as células-tronco embrionárias humanas"[140].

Portanto, a questão é: o citoplasma ovular é apenas um ambiente adequado que permite a um organismo já existente (a célula somática ou célula-tronco) desenvolver capacidades já dentro dele (a alegação de Bailey, Sagan e Singer) ou, ao contrário, é uma causa (ou cocausa) que produz uma mudança substancial resultando no surgimento de um novo organismo, o embrião (minha opinião)?

---

139 SAGAN, Agata e SINGER, Peter. "The Moral Status of Stem Cells". *Metaphilosophy* 38, 2007, p. 264-84.
140 *Ibid.*, p. 269.

Observe, primeiro, que um novo organismo pode ser gerado pela interação de duas causas ou por duas cocausas diferentes. Considere o caso (discutido por Aristóteles) da divisão de um platelminto. Se um platelminto for dividido, as partes resultantes têm o potencial de se tornar um platelminto inteiro. Mas qualquer uma das várias forças mecânicas pode produzir dois platelmintos e, assim, ser a causa do surgimento de novas substâncias. Portanto, o fato – se é fato, e isso não está claro – de que o mesmo embrião possa ser produzido por clonagem com este óvulo enucleado ou com aquele não demonstra que o óvulo enucleado seja mero ambiente.

Além disso, na transformação de uma célula-tronco em um organismo inteiro quando ela é fundida com o citoplasma ovular, o citoplasma é mais do que apenas um ambiente adequado, e a mudança é o surgimento de um novo organismo. Isso é óbvio por dois motivos. Primeiro, a célula-tronco não era um organismo inteiro antes dessa fusão. Antes de sua fusão, a célula funcionava junto com as outras partes de um organismo maior para a sobrevivência e o florescimento *desse* organismo, não de si mesma. Após a fusão, há um organismo novo e completo (ou seja, inteiro), não apenas uma parte. Em segundo lugar, algo que se qualifica como "meramente ambiental" não entra em um organismo e modifica suas partes internas, resultando em uma entidade com uma nova trajetória de desenvolvimento. Mas o citoplasma ovular faz exatamente isso em relação à célula somática ou célula-tronco (ou seu núcleo) colocada dentro dela. O citoplasma, ou fatores no citoplasma, *reprogramam* o núcleo da célula (seja somática ou tronco) a ele fundido. O fato crucial que mina o esforço de Sagan e Singer para resgatar o argumento de Bailey é que fatores do *citoplasma alteram o estado epigenético* do que até então era uma célula somática ou célula-tronco (ou seu núcleo). Esses fatores modificam os genes de várias maneiras – por exemplo, subtraindo grupos metil de moléculas-chave no DNA somático ou da célula-tronco – de modo que se torne indiferenciado. Ou seja, deixa de ser uma célula somática ou uma célula-tronco (uma parte de um organismo maior); um novo organismo inteiro é produzido (um embrião).

No contexto da clonagem, então, as células somáticas são análogas não aos embriões, mas aos gametas cuja união resulta na geração de um embrião no caso da reprodução sexual comum. Você e eu nunca fomos um espermatozoide ou um óvulo. Tampouco uma pessoa criada por um processo de clonagem jamais foi uma célula somática. Destruir um óvulo ou uma célula da pele cujos constituintes poderiam ter sido usados para gerar um organismo humano novo e distinto não é destruir um organismo humano novo e distinto –, pois tal organismo não existe ou jamais existiu. Mas destruir um embrião humano é precisamente destruir um organismo humano novo, distinto e completo – um ser humano embrionário[141].

A personalidade e o cérebro

Michael Gazzaniga, um ilustre estudioso de ciência cognitiva da Universidade da Califórnia, em Santa Bárbara, e meu colega no Conselho de Bioética do presidente, propôs um argumento diferente. Embora concorde que um embrião humano é uma entidade que possui um genoma humano, ele sugere que um ser humano no sentido de uma "pessoa" surge apenas com o desenvolvimento de um cérebro; que, antes desse ponto, diz ele, temos um organismo humano, mas sem a dignidade e os direitos de uma pessoa[142]. Os seres humanos nos primeiros estágios de desenvolvimento podem, portanto, ser legitimamente tratados como trataríamos os órgãos disponíveis para transplante (supondo, como no caso dos órgãos para transplante, que tenha sido dado o devido consentimento para seu uso). Ao apresentar seu caso, o dr. Gazzaniga observa que a medicina moderna trata a morte do cérebro como a morte da pessoa – autorizando a extração de órgãos dos restos mortais da pessoa, mesmo que alguns sistemas físicos ainda estejam funcionando. Se um ser humano não é mais uma pessoa com direitos uma vez que o cérebro morreu, então certamente, ele argumenta, um ser humano ainda não é uma pessoa antes do desenvolvimento do cérebro.

Esse argumento sofre, no entanto, de um defeito condenatório. De acordo com a lei e a prática médica vigentes, a justificativa para a "morte cerebral" não é que um corpo com morte cerebral seja um organismo humano vivo, mas não mais uma "pessoa". Em vez disso, a morte cerebral é aceita porque acredita-se que o colapso irreversível do cérebro destrói a capacidade de funcionamento orgânico integral autodirigido de seres humanos que amadureceram até o estágio em que o cérebro desempenha um papel fundamental na integração do organismo. Em outras palavras, na

141 Patrick Lee e eu respondemos longamente a Bailey em uma série de trocas no *National Review Online*. Lee e eu respondemos a argumentos semelhantes apresentados por Lee Silver em seu livro *Challenging Nature*.
142 President's Council on Bioethics, transcrição da reunião de 18 de janeiro de 2002, sessão 5. Disponível em: www.bioethics.gov/transcripts/jan02/jan18session5.html.

morte cerebral não há mais um organismo unitário. Em contraste, embora um embrião ainda não tenha desenvolvido um cérebro, ele está claramente exercendo um funcionamento orgânico integral autodirigido e, portanto, *é* um organismo unitário – um ser humano embrionário. Sua capacidade de desenvolver um cérebro é inerente e em desenvolvimento, assim como a capacidade de uma criança de desenvolver seu cérebro o suficiente para realmente *pensar* é inerente e em desenvolvimento.

Ao contrário de um cadáver – os restos do que antes era um organismo humano, mas agora está morto, mesmo que sistemas particulares possam ser sustentados artificialmente –, um organismo humano no estágio embrionário de desenvolvimento é um indivíduo humano completo, unificado e autointegrado. Não está morto, mas muito vivo, embora sua autointegração e funcionamento orgânico não sejam dirigidos pelo cérebro neste estágio. Seu futuro está à sua frente, a menos que seja impedido de desenvolver suas capacidades inerentes. É dessa forma que eu e outros defensores da vida humana embrionária insistimos que o embrião não é uma "vida potencial", mas sim uma vida *com potencial*. É um *adulto* em potencial, da mesma forma que fetos, bebês, crianças e adolescentes são adultos em potencial. Ele tem potencial para ser um organismo, assim como fetos, bebês e crianças pequenas. Mas, assim como os seres humanos nas fases fetal, de recém-nascido, infantil e adolescente, os seres humanos na fase embrionária já, e não meramente potencialmente, são *seres humanos*[143].

Bolotas e embriões

Em um ensaio no *New England Journal of Medicine*, o eminente teórico político de Harvard Michael Sandel, outro ex-colega do Conselho de Bioética, afirma que os embriões humanos são de *natureza diferente* dos seres humanos em estágios posteriores de desenvolvimento. Esse argumento realmente nos leva ao cerne da questão: um embrião humano é um ser humano? Em seu núcleo está uma analogia:

> Embora todo carvalho já tenha sido uma bolota, não se segue que bolotas sejam carvalhos, ou que eu deva tratar a perda de uma bolota comida por um esquilo em meu quintal como o mesmo tipo de perda

143 Patrick Lee e eu respondemos a outros argumentos que identificam a "pessoa" humana como o cérebro ou atividade cerebral, e o "ser" humano como o animal corpóreo, em "Dualistic Delusions". *First Things*, nº 150, 2005.

> que a morte de um carvalho derrubado por uma tempestade. Apesar de sua continuidade de desenvolvimento, bolotas e carvalhos são tipos diferentes de coisas.

Desse modo, Sandel sustenta que, assim como bolotas não são carvalhos, embriões não são seres humanos. Mas esse argumento falha, e falha de uma forma que destaca o erro básico em supor que os embriões humanos carecem de valor ou dignidade fundamental e podem, portanto, ser legitimamente relegados ao *status* de material de pesquisa descartável.

O argumento do professor Sandel começa a ir por água abaixo com sua escolha de análogos. A bolota é análoga ao embrião, e o carvalho (diz ele) é análogo ao [...] "ser humano". Mas, em vista da continuidade do desenvolvimento que a ciência estabelece plenamente, e Sandel admite, o análogo adequado do carvalho é o ser humano *maduro* – isto é, o adulto. A analogia de Sandel tem força aparente porque, de fato, experimentamos uma sensação de perda quando um carvalho maduro é derrubado. Mas, embora seja verdade que não sentimos a mesma sensação de perda com a destruição de uma bolota, também é verdade que não sentimos a mesma sensação de perda com a destruição de uma *muda* de carvalho. Claramente, o carvalho não difere em espécie da muda de carvalho. Isso mostra que valorizamos os carvalhos não pelo tipo de entidade que são, mas por sua magnificência. Nem as bolotas nem as mudas são magníficas, então não experimentamos uma sensação de perda quando são destruídas.

A base para a nossa valorização dos seres humanos é profundamente diferente. Como admite Sandel, valorizamos os seres humanos precisamente devido ao *tipo* de entidades que são. Na verdade, é por isso que consideramos todos os seres humanos iguais em dignidade básica e direitos humanos. Nós certamente não consideramos que seres humanos especialmente magníficos – como Michael Jordan ou Albert Einstein (1879-1955) – são de maior valor e dignidade *fundamental e inerente* do que seres humanos que são fisicamente frágeis ou mentalmente deficientes. Não toleraríamos que se matasse uma criança com síndrome de Down ou uma pessoa que sofresse, digamos, de câncer no cérebro para extrair órgãos para transplante a fim de salvar Jordan ou Einstein.

E não toleramos a matança de crianças, que, na analogia de Sandel, seriam *precisamente* análogas às mudas de carvalho, cuja destruição no manejo florestal não lamentamos. Os administradores das florestas de carvalho matam livremente as mudas, assim como podem destruir as bolotas, para garantir a saúde das árvores mais maduras. Ninguém pensa duas vezes. Isso ocorre exatamente porque não temos motivos para valorizar os membros da espécie carvalho – como valorizamos os seres humanos – devido ao *tipo* de entidade que eles são. Se valorizássemos os carvalhos pelo tipo de entidade que são, e não por sua magnificência, não teríamos menos motivos para lamentar a destruição de mudas e até de bolotas do que a dos carvalhos. Por outro lado, se valorizássemos os seres humanos de maneira análoga à que valorizamos os carvalhos, não teríamos razão para nos opormos à morte de bebês humanos ou mesmo de seres humanos maduros que fossem gravemente "defeituosos".

A defesa de Sandel da morte de embriões com base em uma analogia entre embriões e bolotas desmorona no momento em que se coloca em foco a profunda diferença entre nosso fundamento para valorizar os carvalhos e nosso fundamento para atribuir valor intrínseco e dignidade aos seres humanos. Valorizamos os carvalhos pelas suas propriedades involuntárias e pelo valor instrumental que fornecem. Mas valorizamos os seres humanos por causa do valor intrínseco e da dignidade que possuem em virtude do tipo de entidade que são[144].

Geminação e implantação

Uma alegação final dos defensores da pesquisa destrutiva de embriões é que, dado o fenômeno da geminação monozigótica, o embrião, nos primeiros dias de gestação, não é um indivíduo humano. Alguns afirmam que, enquanto a geminação puder ocorrer – isto é, enquanto o embrião puder se dividir, dando origem a gêmeos "idênticos" –, o que existe ainda não é um ser humano unitário, mas apenas uma massa de células. Cada célula, nessa visão, é "totipotente", o que significa que, se for separada do todo, pode se tornar um organismo distinto, que se desenvolve até a maturidade como distinto do embrião do qual foi separada.

É verdade que uma célula ou grupo de células separadas em um estágio inicial do desenvolvimento embrionário pode, às vezes, tornar-se um organismo distinto e tem o potencial de se desenvolver até a maturidade. Mas em nada isso mostra que, antes do desprendimento, as células dentro do embrião humano

144 Patrick Lee e eu oferecemos uma resposta completa a Sandel em nosso artigo "Acorns and Embryos". *New Atlantis*, nº 7, 2005, p. 90-100.

constituíam apenas uma massa incidental. O fato de um indivíduo humano no estágio embrionário poder se dividir ou ser dividido em dois indivíduos não é motivo para duvidar de que o indivíduo seja um ser humano. Considere novamente o caso paralelo do platelminto. Partes de um platelminto têm o potencial de se tornar um platelminto inteiro quando isoladas do todo atual do qual fazem parte. No entanto, ninguém sugeriria que, antes da divisão, o platelminto original não era um indivíduo unitário, nem um membro vivo inteiro da espécie. Da mesma forma, nos estágios iniciais do desenvolvimento embrionário humano, antes que a especialização celular tenha progredido muito, as células ou grupos de células podem se tornar organismos inteiros se forem divididas e tiverem um ambiente apropriado após a divisão. Mas esse fato não indica de forma alguma que, antes do evento de geminação, o embrião não seja um organismo humano unitário, autointegrado e em desenvolvimento ativo. Isso certamente não demonstra que o embrião é um mero "aglomerado de células".

Embora permaneça um pouco de incerteza sobre o que normalmente causa o fenômeno da geminação monozigótica em humanos e animais não humanos, as evidências sugerem, cada vez mais, que a geminação desse tipo é uma forma natural de clonagem. O embrião A não desaparece dando origem aos embriões B e C. Em vez disso, o embrião B é um clone do embrião A, que continua a existir. Claro, Alan e Andrew ou Jennifer e Jessica nunca sabem qual dos dois é A e qual é B. Mas, na prática, quem se importa? Ter destruído o embrião A (Jennifer, suponhamos) antes do surgimento do embrião B (Jessica) não seria ter destruído Jéssica (que, afinal, nunca existe neste cenário), mas teria sido destruir Jennifer em um estágio muito inicial de seu desenvolvimento.

Nas primeiras duas semanas, as células de um ser humano embrionário em desenvolvimento já manifestam um grau de especialização e diferenciação. Desde o início, mesmo no estágio de duas células, as células diferem no citoplasma recebido do óvulo original. Também se diferenciam por sua posição dentro do embrião. Mesmo no óvulo não fecundado, já existe um polo "animal" e um polo "vegetal"[145]. Após a clivagem inicial, a célula proveniente

145 MULLER, Werner A. *Developmental Biology*. Nova York: Springer Verlag, 1997, p. 12s.; O'RAHILLY, Ronan e MUELLER, Fabiola. *Human Embryology and Teratology*. Nova York: John Wiley & Sons, 2000, p. 38-39.

do polo "animal" é provavelmente o primórdio do sistema nervoso e dos demais sentidos, a célula proveniente do polo "vegetal" é provavelmente o primórdio do aparelho digestivo.

Agora, algumas pessoas afirmam que o embrião humano não se torna um ser humano até a implantação, porque (supõem eles) o embrião não pode estabelecer um plano corporal básico até receber sinais maternos externos na implantação; só então é um organismo humano autodirigido. De acordo com essa visão, esses fatores de sinalização de alguma forma transformam o que até então era um mero aglomerado de células em um organismo humano unitário.

Mas essa sinalização materna realmente ocorre? Como observa o embriologista Hans-Werner Denker, novas evidências levaram a uma revisão do pensamento. Já foi assumido que em mamíferos, em contraste com anfíbios e aves, a polaridade no embrião inicial depende de algum sinal externo, uma vez que nenhuma indicação clara de simetria bilateral foi encontrada em oócitos, zigotos ou blastocistos iniciais. Mas, escreve Denker, embriologistas de Oxford e Cambridge encontraram indícios "de que, em mamíferos, o eixo de simetria bilateral é realmente determinado (embora a princípio de maneira lábil) pela penetração do esperma, como nos anfíbios". Ele acrescenta que "a simetria bilateral já pode ser detectada no início do blastocisto, e não depende da implantação". Essas descobertas mostram que a polaridade existe mesmo no estágio de duas células[146]. Helen Pearson resumiu essa surpreendente mudança no pensamento embriológico em um artigo na revista científica *Nature*, intitulado "Your Destiny, from Day One" ["Seu Destino, a partir do Primeiro Dia"]. Esse título diz tudo: sua vida começou no dia em que você foi concebido. Desde o primeiro estágio embrionário de seu desenvolvimento, você era um organismo completo, um membro vivo da espécie *Homo sapiens*. Você não começou como uma criatura não humana ou pré-humana e só mais tarde se tornou um ser humano. Você era um ser humano desde o início.

146 Denker refere-se especificamente ao trabalho de Magdalena Zernicka-Goetz e seus colegas da Universidade de Cambridge e de R. L. Gardner da Universidade de Oxford. Ver DENKER, Hans-Werner. "Early Human Development: New Data Raise Important Embryological and Ethical Questions Relevant for Stem Cell Research". *Naturwissenschaften* 91, 2004, p. 21s.

Além disso – e aqui está o ponto mais importante – mesmo que fosse o caso, como antes se supunha, que a polaridade não surgisse até que um sinal materno fosse recebido na implantação, isso *não* forneceria nenhuma evidência de que tal sinal transformou um aglomerado de células em um organismo humano unitário e multicelular. Assim como os pulmões começam a respirar no nascimento apenas em resposta a certos estímulos externos, faria sentido (se a visão mais antiga fosse verdadeira) que a diferenciação nos rudimentos das diferentes partes do corpo (polaridade bilateral básica) começaria apenas em resposta a alguns estímulos externos. E é exatamente assim que os textos de embriologia interpretaram esses sinais, que se especulava ocorrerem em embriões de mamíferos, antes que os embriologistas de Oxford e Cambridge publicassem suas descobertas.

Há muitas evidências de que o embrião humano é desde o primeiro dia em diante – mesmo antes da implantação – um organismo unitário, nunca um mero aglomerado de células. O desenvolvimento do embrião é complexo e coordenado, incluindo compactação, cavitação e outras atividades nas quais o embrião está se preparando para a implantação.

A evidência mais clara de que o embrião, nas primeiras duas semanas, não é uma mera massa de células, mas um organismo unitário é esta: se as células individuais dentro do embrião antes da geminação fossem independentes umas das outras, não haveria razão para que cada uma não se desenvolvesse regularmente por sua própria conta. Em vez disso, essas células supostamente independentes e não comunicantes funcionam regularmente juntas para se desenvolverem em um único membro mais maduro da espécie humana. Esse fato mostra que a interação está ocorrendo entre as células desde o início, impedindo-as de se desenvolverem individualmente como organismos inteiros e direcionando cada uma delas para funcionar como uma parte relevante de um único organismo inteiro contínuo com o zigoto.

Assim, o fato da geminação não demonstra que o embrião é uma massa incidental de células. Em vez disso, as evidências indicam claramente que o embrião humano, do estágio de zigoto em diante, é um organismo humano unitário[147].

---

147 Patrick Lee e eu apresentamos esse esclarecimento de forma detalhada em "The First Fourteen Days of Human Life". *New Atlantis*, nº 13, 2006.

A mancha em nossa consciência nacional

A decisão do presidente Obama de usar o dinheiro dos pagadores de impostos federais para financiar pesquisas destrutivas de embriões garante que o debate sobre o valor da vida humana embrionária continuará. Mas se esse debate for informado por uma atenção séria aos fatos da embriogênese e ao desenvolvimento humano inicial, e à profunda, inerente e igual dignidade dos seres humanos, então nós, como nação, no final, reverteremos o curso que o presidente tem nos colocado e rejeitaremos a destruição intencional da vida humana embrionária, independentemente dos benefícios prometidos.

Isso significa que devemos sacrificar completamente esses benefícios? A resposta para essa pergunta, acredito, é não. Os cientistas já fizeram um tremendo progresso em direção ao objetivo de produzir células-tronco totalmente pluripotentes por métodos não destrutivos de embriões. Se tais métodos fossem seguidos com vigor, o futuro poderia ver a promessa da ciência das células-tronco cumprida, sem nenhuma mancha em nossa consciência nacional.

CAPÍTULO 20

O PESSOAL E O POLÍTICO: ALGUMAS FALÁCIAS PROGRESSISTAS

Todos nós já ouvimos o refrão: um político afirma ser "pessoalmente contrário" ao aborto e à pesquisa destrutiva de embriões, mas, no entanto, apoia a legalização das práticas para não "impor" seus pontos de vista aos outros. Por exemplo, Joe Biden e John Kerry adotaram essa posição[148]. Mas talvez o expoente mais conhecido dessa visão tenha sido Mario Cuomo, ex-governador de Nova York. Cuomo, que morreu em 2015, articulou, como todos sabem, sua perspectiva em um discurso na Universidade de Notre Dame, em 1984, quando era amplamente considerado a melhor esperança dos democratas para retomar a Casa Branca. Ele revisitou a questão em 2002, quando falou em um fórum sobre "Politics and Faith in America" ["Política e Fé na América"].

O ex-governador também era ex-professor de direito. Ele era um estudioso de história, filosofia e teologia, e seus discursos e escritos refletiam uma gama de interesses intelectuais. Mas algo deu errado no discurso de Cuomo em 2002.

O discurso estava repleto de falácias – falácias que precisam ser corrigidas, uma vez que, muitas vezes, são injetadas no debate público sobre questões da vida. Argumentos como o de Cuomo, se bem-sucedidos, não apenas justificam o apoio ao aborto legal e à pesquisa destrutiva de embriões, mas também *exigem* que o direito legal se envolva nessas práticas, apesar de sua ilicitude moral admitida.

---

148 Biden disse: "Aceito a posição da minha Igreja sobre o aborto [...]. A vida começa na concepção de acordo com o julgamento da Igreja. Eu aceito isso na minha vida pessoal. Mas eu me recuso a impor isso a cristãos, muçulmanos e judeus igualmente devotos, e simplesmente me recuso a impor isso a outros" ("Debate vice-presidencial de 2012: comentários do vice-presidente Biden e do deputado Paul Ryan em Danville, em 11 de outubro [transcrição corrente]", *Washington Post*, 11 out. 2012). Kerry declarou: "Na verdade, sou pessoalmente contra o aborto. Mas não acredito que tenha o direito de pegar o que é um artigo de fé para mim e legislá-lo para outras pessoas" (*Meet the Press*, NBC, 30 jan. 2005).

Falácias espetaculares

As coisas começaram a dar errado no discurso de Cuomo quase de cara. Ao estabelecer sua análise da questão da fé religiosa na política, Cuomo evidentemente esqueceu um princípio básico da argumentação lógica: não se pode empregar como premissa a própria proposição que se está preparando um argumento para provar. O ex-governador afirmou que os detentores de cargos públicos – incluindo os titulares de cargos [que sejam] católicos como ele – têm a responsabilidade de "criar condições sob as quais todos os cidadãos sejam razoavelmente livres para agir de acordo com suas próprias crenças religiosas, mesmo quando esses atos conflitem com o dogma católico romano sobre o divórcio, controle de natalidade, aborto, pesquisa com células-tronco e até a existência de Deus". Segundo Cuomo, os católicos devem apoiar o aborto legalizado e a pesquisa destrutiva de embriões, como ele próprio o fez, porque, ao garantir esses direitos aos outros, eles garantem seu próprio direito "de rejeitarem o aborto e de se recusarem a participar ou a contribuir para a remoção de células-tronco de embriões".

Mas a ideia de Cuomo de que o direito de "rejeitar" o aborto e a experimentação destrutiva de embriões implica o direito de outros, como uma questão de liberdade religiosa, de se envolverem nessas práticas é simplesmente – e espetacularmente – falacioso. A falácia entra imediatamente em foco ao considerarmos se o direito de um católico (ou batista, ou judeu, ou membro de qualquer outra fé) de rejeitar o infanticídio, a escravidão e a exploração do trabalho implica o direito de outros que não compartilham dessas convicções "religiosas" de matar, escravizar e explorar.

Pelo expediente de classificar as convicções pró-vida sobre aborto e a experimentação destrutiva de embriões como "dogmas católicos romanos", Cuomo contrabandeou para as premissas de seu argumento a conclusão controversa que ele estava tentando provar. Se os princípios pró-vida fossem de fato apenas ensinamentos dogmáticos – como o ensino de que Jesus de Nazaré é o Filho unigênito de Deus –, então, de acordo com a própria Igreja (para não mencionar a lei constitucional americana), eles não poderiam ser legitimamente aplicados pelo poder coercitivo do Estado. O problema para Cuomo era que os princípios pró-vida não são meras questões de "dogma", nem são entendidos como tal pela Igreja católica (cujas crenças Cuomo alegou afirmar) ou por cidadãos pró-vida, sejam eles católicos, protestantes, judeus, muçulmanos, hindus, budistas, agnósticos ou ateus. Em vez disso, os cidadãos pró-vida entendem esses princípios e os propõem a seus concidadãos como *normas fundamentais de justiça e direitos humanos* que podem ser compreendidas e afirmadas mesmo *à parte* das reivindicações de revelação e autoridade religiosa.

Se Cuomo quisesse nos persuadir a adotarmos a sua visão de que as pessoas têm o direito de destruir a vida humana nascente, caberia a ele apresentar um argumento racional em defesa de sua posição. Não adianta sugerir, como Cuomo parecia estar fazendo, que o simples fato de que a Igreja católica (ou algum outro corpo religioso) tem um ensinamento contra essas práticas, e que algumas ou mesmo muitas pessoas rejeitam esse ensinamento, significa que as leis que proíbem a matança de seres humanos em fase embrionária e fetal violam o direito à liberdade de religião daqueles que não aceitam o ensino. Se isso não fosse uma falácia, então as leis contra matar crianças, possuir escravos, explorar trabalhadores e muitas outras formas graves de injustiça realmente seriam violações da liberdade religiosa. Certamente Cuomo não gostaria de endossar essa conclusão.

No entanto, ele não forneceu nenhuma razão para distinguir as práticas que supostamente se enquadram na categoria de liberdade religiosa daquelas que estão fora dela. Portanto, devemos perguntar: se o aborto é imunizado contra restrições legais por ser uma questão de crença religiosa, como pode ser que a escravidão não seja igualmente imunizada? Se hoje o aborto não pode ser proibido sem violar o direito à liberdade religiosa das pessoas cujas religiões não se opõem ao aborto, como Cuomo poderia dizer que a proibição da escravidão pela Décima Terceira Emenda não violava o direito à liberdade religiosa daqueles, no século XIX, cujas religiões não condenaram a posse de escravos? Cuomo não poderia responder a esse desafio afirmando que, deixando de lado os ensinamentos religiosos, a posse de escravos é realmente uma prática injusta, e o aborto não; ele deu-se ao trabalho de nos assegurar que acreditava que o aborto nada mais é do que a injusta tomada de uma vida humana inocente. Embora o ex-governador tenha dito que a Igreja católica "entende que nossa moralidade pública depende de uma visão consensual do certo e do errado", em meados do século XIX não havia consenso social sobre a questão da posse de escravos. Ainda assim, seria escandaloso argumentar que os católicos deveriam ter se oposto a uma emenda constitucional que abolisse a escravidão no século XIX – ou a uma legislação que protegesse os direitos civis dos descendentes oprimidos de escravos em meados do século XX – sob o argumento de que a "prudência" ou "realismo" requer respeito pelo "pluralismo moral" onde não há "consenso" sobre questões de certo e errado.

Cuomo apresentou outra falácia quando sugeriu que as leis contra o aborto e a pesquisa destrutiva de embriões forçariam as pessoas que não se opõem a tais coisas a praticar a religião das pessoas que se opõem. Ninguém imagina que a proibição constitucional da escravidão obrigava os que acreditavam na escravatura a praticar a religião dos que não acreditavam. Cuomo nos faria supor que as leis que protegem os trabalhadores contra o que ele, de acordo com o ensinamento solene de todos os papas, de Leão XIII (1810-1903) a Francisco, considerava exploração e abuso têm o efeito de forçar proprietários de fábricas não católicos a praticar o catolicismo?

Em outro momento, ao negar que tenha demonstrado qualquer inconsistência como governador com sua disposição de agir de acordo com suas opiniões antipena de morte, mas não com suas opiniões antiaborto, Cuomo afirmou que, quando falou sobre a pena de morte, nunca sugeriu que ele considerava essa uma "questão moral". Então, no mesmo parágrafo, ele condenou a pena de morte nos termos moralistas mais explícitos e extravagantes: "Sou contra a pena de morte porque acho que é ruim e injusta. É degradante. É degenerado. Isso mata pessoas inocentes". Ele não parou para considerar que essas são precisamente as reivindicações dos cidadãos pró-vida contra a política de aborto legal e seu financiamento público, uma política que Cuomo defendeu em nome da liberdade religiosa.

O fato é que os cidadãos pró-vida de todas as religiões se opõem ao aborto e à pesquisa destrutiva de embriões pela mesma razão que nos opomos ao homicídio pós-natal: porque essas práticas envolvem a morte deliberada de seres humanos inocentes. Nosso fundamento para apoiar a proibição legal do aborto e da pesquisa destrutiva de embriões é o mesmo fundamento pelo qual apoiamos a proibição legal do infanticídio, por exemplo, ou o princípio da imunidade do não combatente, mesmo em guerras justificadas. Subscrevemos a proposição de que todos os seres humanos são iguais em valor e dignidade, e não pode ser negado o direito à proteção contra matar com base na idade, tamanho, estágio de desenvolvimento ou condição de dependência.

Assim, a alegação de que alguém pode ser "pessoalmente contrário" ao aborto ou à pesquisa destrutiva de embriões e, ainda assim, apoiar sua permissão legal e até mesmo o financiamento público entra em colapso, embora muitos políticos, de ambos os partidos, façam essa mesma afirmação. Ao apoiar o aborto e a pesquisa destrutiva de embriões, alguém inevitavelmente se envolve na grave injustiça dessas práticas.

Claro, é possível para uma pessoa que detém o poder público usar esse poder para estabelecer ou preservar o direito legal ao aborto e, ao mesmo tempo, *esperar* que ninguém exerça o direito. Mas isso não deixa essa pessoa fora do gancho moral. Pois alguém que age para proteger o aborto legal necessariamente *deseja* que às vítimas não nascidas do aborto sejam negadas as proteções legais elementares contra o homicídio deliberado que alguém reserva para si mesmo e para aqueles que considera dignos da proteção da lei. Assim, viola-se o preceito mais básico da teoria social e política normativa, a Regra de Ouro. Divide-se a humanidade em duas classes: aqueles que se desejam admitir na comunidade dos comumente protegidos e aqueles que se desejam excluir dela. Ao expor os membros da classe desfavorecida à violência letal, esse alguém está se envolvendo profundamente na injustiça de matá-los, mesmo que espere sinceramente que nenhuma mulher aja em seu direito de escolher o aborto. A bondade do que se *espera* não redime a grave injustiça – o mal – do que se *deseja*. Supor o contrário é cometer mais uma falácia.

Oposição por princípios ou hipocrisia?

Se minha análise até agora estiver correta, então surge a pergunta: o que os líderes da Igreja católica devem fazer sobre pessoas que afirmam estar em plena comunhão com a Igreja, mas promovem políticas gravemente injustas que expõem os nascituros à violência e injustiça do aborto?

Na campanha para a eleição presidencial de 2004, o arcebispo Raymond Burke, de St. Louis, ofereceu uma resposta. Ele declarou que os funcionários públicos que apoiam o aborto e outros ataques injustos contra a vida humana inocente não podem ser admitidos à Sagrada Comunhão, o sacramento preeminente da unidade. Cidadãos pró-vida de todas as convicções religiosas aplaudiram a posição do arcebispo.

Os críticos, no entanto, foram rápidos em condenar o arcebispo Burke. Eles o denunciaram por "cruzar a linha" que separa a Igreja do Estado. Mas isso é tolice. Ao agir sob sua autoridade como bispo para disciplinar os membros de seu rebanho que cometem o que a Igreja ensina serem graves injustiças contra seres humanos inocentes, o arcebispo Burke estava exercendo seu próprio direito constitucional ao livre exercício da religião;

ele não estava privando os outros de seus direitos. A liberdade é uma via de mão dupla. Ninguém é obrigado por lei a aceitar a autoridade eclesiástica. Mas o arcebispo Burke – e qualquer outra pessoa nos Estados Unidos – tem todo o direito de exercer autoridade espiritual sobre qualquer um que decida aceitá-la. Existe um nome para as pessoas que aceitam a autoridade dos bispos católicos. Elas são chamadas de "católicos".

Em muitos casos, não é apenas tolo, mas também hipócrita acusar os bispos que excluem os políticos pró-aborto da Comunhão de estarem "cruzando a linha que separa a Igreja do Estado". Um bom exemplo dessa hipocrisia vem do *Bergen Record*, um importante jornal do meu estado natal, Nova Jersey. John Smith (1935-2019), o bispo de Trenton, não foi tão longe quanto Raymond Burke, que proibiu os políticos católicos pró-aborto de receberem a Comunhão. O bispo Smith, no entanto, nas palavras do *Bergen Record*, "atacou publicamente" o então governador James McGreevey, um católico pró-aborto, por seu apoio ao aborto e à pesquisa destrutiva de embriões. Em editorial, o *Record* acusou o bispo de pôr em risco o delicado "equilíbrio" de nossa estrutura constitucional. O jornal contrastava desfavoravelmente a posição do bispo Smith com a garantia do presidente John F. Kennedy (1917-1963) a um grupo de ministros protestantes em Houston, em 1960, de que ele, como católico, não governaria a nação apelando para suas crenças religiosas católicas.

Como o *Record* achou por bem nos levar de volta a 1960 para orientação, pensei em convidar seus editores a considerar um caso que havia surgido apenas alguns anos antes disso. Em uma carta ao editor, propus uma pergunta que permitiria aos leitores determinarem imediatamente se os editores do *Bergen Record* eram pessoas de princípios rígidos ou meros hipócritas.

Lembrei aos leitores que, na década de 1950, em meio ao conflito político sobre a segregação, o arcebispo Joseph Rummel (1876-1964), de Nova Orleans, informou publicamente aos católicos que o apoio à segregação racial era incompatível com o ensinamento católico sobre a dignidade inerente e os direitos iguais de todos os seres humanos. O arcebispo Rummel disse que "a segregação racial é moralmente errada e pecaminosa porque é uma negação da unidade e solidariedade da raça humana conforme concebida por Deus na criação de Adão e Eva". Ele alertou os funcionários públicos católicos de que o apoio à segregação colocava suas almas em perigo. De fato, Rummel tomou a iniciativa de excomungar publicamente Leander Perez (1891-1969), um dos chefes políticos mais poderosos da Louisiana, e dois outros que promoveram uma legislação destinada a impedir a dessegregação das escolas diocesanas. Então perguntei aos editores do *Bergen Record*: o arcebispo Rummel estava errado? Ou os bispos católicos "passam dos limites" e colocam em risco o delicado equilíbrio constitucional apenas quando suas repreensões aos políticos contradizem as opiniões dos editores do *Record*? Para seu crédito, os editores publicaram minha carta –, mas ainda estou esperando que eles respondam à minha pergunta[149].

O *Bergen Record* não foi o único a expressar raiva, até indignação, contra os bispos católicos por ensinarem que os fiéis nunca devem se envolver em assassinatos injustos ao apoiar o aborto legal e a pesquisa destrutiva de embriões. Os editores do *New York Times*, por exemplo, também repreenderam os bispos, insistindo que "separação entre Igreja e Estado" significa que *nenhum* líder religioso pode ousar dizer aos funcionários públicos quais podem ou não ser suas posições em questões de política pública. Mas quando o arcebispo Rummel excomungou os políticos segregacionistas na década de 1950, longe de condenar o arcebispo, os editores do *New York Times* o elogiaram. Eles estavam certos então; eles estão errados agora.

---

149 Algumas pessoas boas e sinceras expressaram preocupação de que os bispos sejam culpados de um padrão duplo quando negam a Comunhão a políticos que apoiam publicamente o aborto e a pesquisa destrutiva de embriões, mas não àqueles que apoiam a pena de morte, o que o Papa João Paulo II condenou em todas as circunstâncias, exceto nas mais raras, e as invasões dos EUA no Iraque, as quais o papa e muitos outros funcionários do Vaticano criticaram duramente. Mas nem o papa nem o Catecismo da Igreja católica colocam a pena de morte no mesmo nível do aborto e de outras formas de assassinato direto de inocentes. Além disso, o *status* do ensino da Igreja sobre a pena de morte difere daquele do ensino sobre o aborto. Como João Paulo II deixou claro na grande encíclica *Evangelium Vitae*, o ensinamento sobre o aborto (assim como todas as outras formas de morte direta de inocentes) é infalivelmente proposto pelo magistério ordinário e universal da Igreja; o mesmo claramente não é verdade para o ensinamento em desenvolvimento sobre a pena de morte – isto é, a oposição à pena de morte não alcançou o *status* de um ensinamento moral definitivamente estabelecido da Igreja. Com relação às invasões dos EUA no Iraque, nem o Papa João Paulo II nem o Papa Bento XVI afirmaram que a oposição à guerra era obrigatória para as consciências dos católicos. As declarações de João Paulo II contra o uso da força nas vésperas de ambas as invasões questionaram claramente os julgamentos prudenciais dos líderes políticos que, no final, tiveram e têm o direito e a responsabilidade (segundo o Catecismo e toda a tradição do ensino católico sobre guerra e paz) para julgar se a força é de fato necessária. É por isso que o papa e os bispos não disseram que os soldados católicos não podem participar da guerra. Isso contrasta com seu ensino claro de que os católicos não podem participar de abortos ou outras formas de morte de embriões ou apoiar o uso do dinheiro dos pagadores de impostos para atividades que envolvam a morte deliberada de seres humanos inocentes.

CAPÍTULO 21

UM DIREITO À VIDA NEGADO OU UM DIREITO A MORRER RESPEITADO?

Existe um leque de posições sobre questões referentes ao final de vida e sobre questões da vida em geral. Mas existe uma linha crucial de divisão entre aqueles que afirmam e aqueles que negam que a vida de cada ser humano possui valor e dignidade inerentes e iguais, independentemente não apenas de raça, etnia, idade e sexo, mas também do estágio de desenvolvimento, enfermidade mental ou física e condição de dependência.

As pessoas que negam essa proposição frequentemente distinguem o que descrevem como "mera vida humana biológica" da vida de uma pessoa. É a vida pessoal, dizem eles, que tem valor (mesmo valor intrínseco) e dignidade; "mera vida biológica" não. E a vida pessoal é a vida de um ser que possui autoconsciência e, talvez, capacidades desenvolvidas para a atividade mental humana característica, como pensamento conceitual, deliberação e escolha[150].

Assim, algumas pessoas argumentam que existem seres humanos que ainda não são pessoas – a saber, aqueles nos estágios de desenvolvimento embrionário, fetal e, pelo menos, infantil precoce – e outros seres humanos que nunca se tornarão ou não são mais pessoas: os severamente retardados, os gravemente dementes, aqueles em comas permanentes ou em estados vegetativos persistentes[151]. Para as pessoas que sustentam essa visão, a questão não é quando a vida de um ser humano começa ou termina, mas quando um ser humano se qualifica como pessoa e, portanto, uma criatura com sério direito à vida. Aqueles seres humanos que eles consideram como não pessoas,

---

150 Ver, por exemplo, SINGER, Peter. *Practical Ethics*. Cambridge: Cambridge University Press, 2nd ed. 1993, especialmente o cap. 6; DWORKIN, Ronald. *Life's Dominion: An Argument about Abortion, Euthanasia, and Individual Freedom*. Nova York: Alfred A. Knopf, 1993; TOOLEY, Michael. *Abortion and Infanticide*. Oxford: Clarendon Press, 1983; TOOLEY, Michael. "Abortion and Infanticide". *Philosophy and Public Affairs* 2, nº 1, 1972, p. 37; WARREN, Mary Ann. "On the Moral and Legal Status of Abortion". *The Monist*, jan. 1973, p. 43.
151 *Ibid*.

indivíduos humanos possuindo vida meramente biológica, não possuem tal direito; no entanto, dependendo de uma variedade de fatores possíveis, pode ser errado matá-los por algum motivo que não seja o respeito pela dignidade inerente às pessoas – por exemplo, sem o consentimento de seus pais ou de outras pessoas que tenham direito a eles.

O filósofo de Princeton Peter Singer cristalizou esse ponto geral de que nem todos os seres humanos têm direito à vida em uma carta ao editor do *New York Times*. Respondendo a um artigo de opinião de Mario Cuomo, Singer escreveu: "A questão moral crucial não é quando a vida humana começa, mas quando a vida humana atinge o ponto em que merece proteção"[152]. Singer, é claro, acredita que alguns seres humanos não merecem proteção – a saber, aqueles nos estágios de desenvolvimento embrionário, fetal e infantil[153], bem como aqueles que não se desenvolveram ou que perderam irremediavelmente as capacidades que Singer identifica como pessoalidade.

No discurso contemporâneo, essa visão é, muitas vezes, aliada a uma crença arraigada no valor da autonomia como um direito fundamental das pessoas. Centralmente, o direito à autonomia imuniza a escolha individual contra a interferência de outros, incluindo o Estado, em questões relacionadas com a forma como alguém conduz a própria vida, especialmente quando as ações de alguém não interferem diretamente, de forma negativa, nos interesses ou direitos dos outros. Então, continua o pensamento, se uma mulher deseja abortar um feto, ou os pais desejam terminar a vida de um recém-nascido gravemente incapacitado, ou uma pessoa deseja acabar com sua própria vida com a ajuda de outras pessoas dispostas [a auxiliá-la], o respeito pela autonomia exige que outros, incluindo funcionários públicos que agem de acordo com a lei, evitem interferir nessas escolhas e talvez até tomem medidas positivas para facilitá-las[154].

---

152 SINGER, Peter. Carta ao Editor. "Science, Religion and Stem Cells (5 cartas). *New York Times*, 23 jun. 2005. Disponível em: www.nytimes.com/2005/06/23/opinion/123cuomo.html?_r=0.

153 Quando Singer foi entrevistado pela *World Magazine*, o entrevistador perguntou: "E quanto aos pais que concebem e dão à luz uma criança especificamente a fim de matá-la, pegar seus órgãos e transplantá-los para seus filhos mais velhos doentes?". Singer respondeu: "É difícil enternecer-se com pais que podem ter uma visão tão imparcial, [mas] eles não estão fazendo algo realmente errado em si". O entrevistador então perguntou: "Há algo de errado com uma sociedade em que as crianças são criadas para peças de reposição em grande escala?". Resposta de Singer: "Não". OLASKY, Marvin. "Blue State Philosopher". *World Magazine*, 27 nov. 2004. Disponível em: www.worldmag.com/articles/9987.

154 Ver DWORKIN, Ronald. *Life's Dominion: An Argument about Abortion, Euthanasia, and Individual Freedom*. Nova York: Alfred A. Knopf, 1993.

Agora, aqueles de nós que se opõem ao aborto, infanticídio, suicídio assistido, eutanásia e outras formas de assassinato direto rejeitam a ideia de que existem ou podem existir seres humanos pré-pessoais ou pós-pessoais, ou não pessoas humanas de qualquer tipo. Também rejeitamos a visão abrangente do valor da autonomia. Defendemos uma doutrina de dignidade inerente e igual que declara todos os seres humanos vivos como pessoas que merecem proteção, que exclui o assassinato direto de seres humanos inocentes e que exige respeito pelo direito à vida de cada indivíduo. A maioria de nós também acredita que a lei deve honrar o princípio da dignidade inerente e igual de cada membro da família humana, e não privilegiar a crença na autonomia sobre ela. Vemos a vida humana, mesmo em condições de desenvolvimento ou deficiência mental grave, como inerente e incondicionalmente valiosa e, embora consideremos a autonomia individual como um valor importante, entendemos que ela seja instrumental e condicional – moralmente limitada por uma gama de considerações éticas, incluindo, mas não se limitando à autonomia dos outros[155]. Muitos de nossos opositores adotam precisamente a visão oposta: a autonomia tem valor intrínseco; a chamada vida biológica é de valor instrumental ou condicional[156].

Neste livro e em outros lugares, detalhei minhas razões para acreditar que a vida de todo ser humano tem valor inerente e igual e para rejeitar a proposição de que alguns seres humanos vivos não são pessoas e, portanto, carecem de direito à vida[157]. O cerne do meu argumento identifica a arbitrariedade de tratar apenas as capacidades imediatamente exercíveis, em oposição às capacidades naturais básicas, para funções mentais caracteristicamente humanas como o fundamento da dignidade e dos direitos básicos. Saliento que os embriões, fetos e bebês humanos possuem, embora em forma de

---

155 Ver GRISEZ, Germain e BOYLE, Joseph. *Life and Death with Liberty and Justice: A Contribution to the Euthanasia Debate*. Notre Dame: University of Notre Dame Press, 1979 e LEE, Patrick. *Abortion and Unborn Human Life*. Washington: Catholic University Press, 1996. Para uma discussão sobre o dualismo, ver BRAINE, David. *The Human Person: Animal and Spirit*. Notre Dame: University of Notre Dame Press, 1992. Sobre questões de teoria política e autonomia, ver GEORGE, Robert P. *Making Men Moral*. Oxford: Clarendon Press; Nova York: Oxford University Press, 1993. Sobre questões de filosofia moral, ver GEORGE, Robert P. *In Defense of Natural Law*. Oxford: Clarendon Press, 1999.

156 Ver, por exemplo, SINGER, Peter. *Practical Ethics*. Cambridge: Cambridge University Press, 2nd ed. 1993; DWORKIN, Ronald. *Life's Dominion: An Argument about Abortion, Euthanasia, and Individual Freedom*. Nova York: Alfred A. Knopf, 1993 e TOOLEY, Michael. *Abortion and Infanticide*. Oxford: Clarendon Press, 1983.

157 Ver GEORGE, Robert P. *In Defense of Natural Law*. Oxford: Oxford University Press, 1999; LEE, Patrick e GEORGE, Robert P. "The Wrong of Abortion". Andrew I. Cohen e Christopher Wellman (eds.). *Contemporary Debates in Applied Ethics*. Nova York: Blackwell Publishers, 2005 e GEORGE, Robert P. e LEE, Patrick. "Acorns and Embryos". *New Atlantis* nº 7, outono de 2004/inverno de 2005, p. 90.

raiz, uma capacidade ou potencialidade para tais funções mentais. Os seres humanos possuem essa capacidade radical precisamente em virtude do tipo de entidade que são – um ser de natureza racional. Embora embriões e fetos humanos não possam exercer imediatamente essas capacidades, cada ser humano – ao contrário, digamos, de um embrião canino ou felino – passa a existir possuindo os recursos internos e disposição ativa para desenvolver a capacidade imediatamente exercível para funções mentais superiores. Somente os efeitos adversos de causas extrínsecas impedirão esse desenvolvimento.

Também declarei, ao longo do livro, minhas razões para rejeitar a doutrina da prioridade da autonomia e os princípios políticos que dela decorrem[158]. Em minha opinião, as teorias da moralidade que tratam a autonomia como intrinsecamente valiosa ou que buscam derivar um amplo direito à autonomia (ou "privacidade" ou "independência moral") a partir do valor da igualdade ou de algum outro princípio normativo supostamente fundamental, enredam-se em contradições e enigmas que não podem ser resolvidos sem ajustar as teorias para limitar significativamente o escopo da autonomia.

Todas essas questões vieram à tona no caso Terri Schiavo (1963-2005). O debate nacional que girou em torno da questão de negar ou não alimentos e líquidos a Schiavo, que estava em um estado minimamente consciente, ofereceu um claro lembrete de que as questões em jogo nas teorias da moralidade são tudo menos abstratas.

"Cuidar sempre, matar nunca"

Para uma indicação do que eu acredito que alguém do meu lado do debate sobre esses assuntos deve pensar, é útil consultar uma declaração do Ramsey Colloquium of the Institute on Religion and Public Life [Colóquio Ramsey do Instituto de Religião e Vida Pública], publicada com o título "Always to Care, Never to Kill: A Declaration on Euthanasia" ["Cuidar sempre, matar nunca: uma declaração sobre a eutanásia"][159]. Essa declaração estabelece a posição de que devemos manter a solidariedade para com aqueles em condições de deficiência, procurando curar suas aflições quando pudermos e fazendo todos os esforços para aliviar seu sofrimento e desconforto. Ao mesmo

158 Ver GEORGE, Robert P. *Making Men Moral: Civil Liberties and Public Morality*. Oxford: Clarendon Press, 1993.
159 Ver ARKES, Hadley *et al.* "Always to Care, Never to Kill: A Declaration on Euthanasia". *First Things*, fev. 1992, p. 45. Disponível em: www.firstthings.com/ftissues/ft9202/articlestdocumentation.html. Uma versão abreviada da declaração foi publicada no *Wall Street Journal* em 27 nov. 1991.

tempo, devemos encorajar qualquer pessoa que seja tentada a considerar sua vida, atual ou futura, como sem valor ou onerosa para si ou para os outros, e desencorajar essa pessoa de cometer suicídio ou considerar sua vida sem valor. Certamente não devemos cooperar com escolhas suicidas ou apoiar a prática do suicídio assistido ou da eutanásia.

Isso implica "vitalismo" – isto é, a visão de que a vida humana não é apenas inerentemente valiosa, mas também é o valor supremo que supera todos os outros? Isso significa que devemos lutar para manter os pacientes moribundos vivos a todo custo?

Não.

A distinção fundamental não é entre "matar" e "deixar morrer", embora eu tenha pensado que essa distinção (compreendida adequadamente) nem sempre é moralmente sem sentido. Tampouco é a distinção entre matar por um ato positivo e matar por não agir quando se poderia agir para preservar a vida (o que, às vezes, ocorre junto com a distinção entre "matar" e "deixar morrer"). Nem, estritamente falando, é a distinção crucial entre o uso de meios "ordinários" em oposição a meios "extraordinários" de suporte à vida, pelo menos onde "comuns" e "extraordinários" são definidos em termos da complexidade ou novidade das tecnologias empregadas.

Em vez disso, a chave é a distinção entre o que tradicionalmente tem sido chamado de "morte direta", em que a morte (própria ou de outra pessoa) é buscada como um fim em si mesma ou como um meio para algum outro fim, e aceitar a morte (ou o encurtamento da vida) como um efeito colateral previsto de uma ação (ou omissão) cujo objetivo é algo diferente da morte – algum bem (ou a prevenção de algum mal) que, nas circunstâncias, não pode ser alcançado de maneiras que não resultem em morte ou o encurtamento da vida[160]. Claro, a norma contra a morte direta de seres humanos inocentes não é a única que pode ser relevante para as decisões de fim de vida. Outras normas, como obrigações de justiça e equidade, aplicam-se mesmo nos casos de aceitação da morte como efeito colateral. Mostrar que um ato que causa a morte ou encurta a vida não é um ato de morte direta não é necessariamente mostrar que é um ato moralmente legítimo.

160 Ver LEE, Patrick. "Personhood, Dignity, Suicide, and Euthanasia". *The National Catholic Bioethics Quarterly*, outono de 2001, p. 329; TOLLEFSEN, Chris. "Euthanasia and the Culture of Life". Disponível em: www.princeton.edu/~prolife/articles/tollefsen.pdf.

Existem alguns exemplos clássicos dessa distinção crucial. Um soldado pula sobre uma granada em um esforço de sacrifício para salvar a vida de seus companheiros de armas. Porque sua própria morte, embora prevista e aceita, está fora do escopo de sua intenção, ninguém a considera um suicídio ou um ato de autoassassinato direto. O objetivo do soldado não é sua própria morte, mas salvar a vida de seus companheiros. Se ele de alguma forma milagrosamente sobreviver ao golpe da granada enquanto abafa sua força, ele terá alcançado seu objetivo. Sua sobrevivência não frustraria de forma alguma seus objetivos.

Talvez mais obviamente relevante para as questões aqui em discussão seja o caso de um paciente sofrendo de uma condição dolorosa que toma medicamentos paliativos que ele sabe que resultarão em sua morte mais cedo do que morreria se não os tomasse. Novamente, a morte, embora prevista e aceita, não é o objeto do ato do paciente. Sua intenção é apenas aliviar a dor de sua doença e, podemos supor, sua disposição de aceitar a morte não é incompatível com qualquer obrigação que possa ter para com os outros (a equação moral muda se for incompatível com qualquer obrigação, como uma obrigação para com filhos ou outros membros da família).

Agora, as pessoas *in extremis*, ou que antecipam estar *in extremis*, podem ter muitas razões para o declínio do suporte de vida que não implicam em a pessoa desejar sua própria morte como um fim em si ou como um meio para algum outro fim. Formas particulares de suporte à vida podem ser dolorosas, onerosas e caras. Quando o são, as pessoas certamente podem optar por renunciá-las sem desejar suas próprias mortes. Portanto, alguém que pensa como eu pode apoiar, como eu de fato apoio, dar às pessoas ampla liberdade para decidirem se aceitam o suporte de vida e se continuam a usá-lo depois de aceito. Esse é um dos lugares onde o respeito pela autonomia faz uma reivindicação válida no quadro ético que esbocei. Claro, é de se esperar que, dada essa certa liberdade, algumas pessoas atuem por motivos que não são moralmente legítimos dentro de tal estrutura; esse é um efeito colateral previsível, mas aceitável, de uma boa política. A própria política tem como objetivo algo perfeitamente bom e legítimo – respeitar a autonomia das pessoas para escolherem entre opções moralmente aceitáveis (mesmo que trágicas), mas incompatíveis com suas vidas e futuros. Embora essa liberdade possa ser mal utilizada para se escolher opções moralmente erradas, não é a intenção da política permitir essas escolhas. A intenção é permitir a escolha entre as muitas opções moralmente legítimas.

Mas isso não significa que devemos aceitar o direito ao suicídio assistido. Também não devemos conceber o direito de recusar o suporte de vida (ou cuidados médicos salva-vidas em geral) como um direito de cometer suicídio ou de receber assistência para cometer suicídio. Políticas ou práticas que têm como premissa implícita a crença no direito ao suicídio, suicídio assistido ou eutanásia devem ser totalmente rejeitadas.

Terri Schiavo morreu de desidratação. Sua morte não foi resultado de dano cerebral ou qualquer outra doença. Foi escolhido como objeto preciso de uma decisão de negar-lhe fluidos. Ela não tinha "permissão para morrer", pois ela não estava morrendo; ela não teve, como ouvi Al Franken afirmar na televisão, "morte cerebral"; ela nem estava com uma doença terminal. A escolha de negar-lhe fluidos foi uma escolha para causar sua morte. Aqueles que apoiaram essa escolha disseram que ela [a escolha] estava certa porque ela [Terri] não era mais, de fato, uma pessoa ou porque a morte era o que ela mesma queria, como teria deixado claro em comentários que seu marido mais tarde relembrou e colocou em evidência[161]. De qualquer maneira, o assassinato de Terri Schiavo não pode ser justificado sob o entendimento moral que defendo e que tradicionalmente tem regido a ética médica, quaisquer que sejam os desgastes que esse entendimento tenha sofrido nos últimos anos. Sob essa percepção, Terri era uma pessoa com direito à vida; ela não era uma não pessoa ("mera vida biológica", um "vegetal") nem uma pessoa com o direito de cometer suicídio. A obrigação dos outros para com ela era "cuidar sempre; matar nunca"[162].

Isso significa que nunca é moralmente aceitável negar líquidos ou alimentos a um paciente? Nunca é certo que um paciente ou indivíduos que tomam decisões médicas em nome de um paciente recusem alimentos e líquidos?

Algumas pessoas do meu lado do debate argumentaram que alimentos e líquidos sempre devem ser administrados – que eles são "acolhimento", e não suporte de vida, e fazem parte dos cuidados "comuns", e não de meios extraordinários. Concordo que a alimentação e os líquidos são, na maioria dos casos (ou, como disse o Papa João Paulo II em sua alocução sobre o assunto, "em princípio")[163], parte dos cuidados ordinários, mas,

161 Ver, por exemplo, CAPLAN, Arthur. "The Time Has Come to Let Terri Schiavo Die". MSNBC, 18 mar. 2005. Disponível em: www.msnbc.msn.com/id/7231440/.

162 Veja minha entrevista na *National Review Online*, "Always to Care, Never to Kill", em 21 mar. 2005.

163 Ver o discurso que o Papa João Paulo II fez em 20 de março de 2004 aos participantes do Congresso Internacional "Life-Sustaining Treatments and Vegetative State: Scientific Advances and Ethical Dilemmas". Disponível em: http://www.vatican.va/holy_father/john_paul_ii/speeches/2004/march/documents/hf_jpii_spe_20040320_congress-fiamc_en.html.

em alguns casos, acredito eu, podem ser legitimamente não administrados. Isso porque pode haver casos em que o motivo de não administrá-los seja algum objetivo ou propósito que não seja o desejo de provocar a morte. São casos, comparativamente raros, com certeza, em que alimentos e líquidos não podem ser administrados sem causar danos ao paciente. Às vezes, o problema estará na administração dos alimentos e líquidos, e às vezes será consequência dos próprios alimentos e líquidos. Em qualquer um dos casos, em que a administração de alimentos e líquidos causará ou contribuirá para a morbidez ou acelerará a morte, claramente a decisão de retê-los não precisa ser uma escolha para matar.

Obviamente, o que tenho em mente aqui não fazia parte do quadro do caso Schiavo. O objetivo de reter comida e líquidos de Terri Schiavo era precisamente provocar sua morte. O problema não era que ela não tolerasse a comida e os líquidos ou que a administração deles prejudicasse ainda mais sua saúde. Pelo contrário, comida e água a sustentariam em vida – uma vida que alguns julgavam ser um peso, tanto para a própria Terri quanto para os outros, e que ela, afirmam, teria desejado terminar se estivesse em posição de decidir a questão. Do ponto de vista daqueles que apoiaram a remoção de seu tubo de alimentação, esse foi um meio de acabar com sua vida; não foi um efeito colateral de uma escolha cujo objetivo era outra coisa. Foi uma escolha para matar, uma escolha cuja lógica moral é indistinguível de uma escolha de ter acabado com sua vida mais rapidamente, por exemplo, administrando uma dose letal em um ato inequívoco de eutanásia.

Nada em minha análise mudou com a divulgação dos resultados da autópsia de Terri Schiavo. Embora muitos tenham elogiado a autópsia como justificativa para Michael Schiavo e aqueles que apoiaram seus esforços para remover nutrição e hidratação, não acho que os resultados mereçam tal conclusão. Perguntas como se Terri estava em um "estado vegetativo persistente" ou não, se ela tinha a possibilidade de recuperar a consciência ou não e se seu cérebro estava "profundamente atrofiado" ou não eram irrelevantes para seu *status* como pessoa humana. O que importava era que Terri estava viva, não estava morrendo e continuaria a viver a menos que alguém decidisse matá-la, fosse por desidratação ou por algum meio mais eficiente.

CAPÍTULO 22

AS "RELÍQUIAS DO BARBARISMO", ANTES E AGORA

(com *William L. Saunders*[164])

Em meados do século XIX, surgiu um novo partido político dedicado a duas grandes lutas morais. O Partido Republicano se comprometeu a combater as "relíquias gêmeas da barbárie": a escravidão e a poligamia.

Naquela época, a escravidão estava profundamente enraizada na cultura do Sul dos Estados Unidos. O que alguns consideravam um "mal necessário" que desapareceria gradualmente havia ganhado uma nova vida com os desenvolvimentos tecnológicos e com o surgimento de lucrativos mercados ultramarinos para o algodão. Todo um sistema social e econômico foi construído sobre a escravidão. Não era mais razoável esperar que a "instituição peculiar" e, com ela, a controvérsia moral que convulsionava a nação desaparecessem silenciosamente. Interesses poderosos tinham uma participação não apenas em manter o sistema escravagista, mas também em estendê-lo aos territórios ocidentais dos Estados Unidos.

Assim, os republicanos enfrentaram um desafio assustador. Os democratas pró-escravidão denunciaram-lhes como "fanáticos" e "zelotas" que procuravam impor seus escrúpulos religiosos e valores morais aos outros. Os senhores de escravos exigiam que "eles cuidassem da própria vida" e ficassem fora dos assuntos "domésticos" e "privados" dos outros. Defensores do "direito" de possuir escravos convidaram os abolicionistas do Norte a redirecionarem sua indignação moral para o sistema de "escravos assalariados" no Norte.

---

164 William L. Saunders é presidente do Grupo de Prática de Liberdades Religiosas da Federalist Society. É estudioso no campo de liberdade religiosa e direitos humanos na Universidade Católica da América; além de Law Fellow do Instituto de Ecologia Humana, Professor e Diretor do Programa de Direitos Humanos da Escola de Artes e Ciências e co-diretor do Centro de Liberdade Religiosa da Columbus School of Law. (N. E.)

"Se você é contra a escravidão", eles efetivamente disseram, "então não possua um escravo".

Em meados da década de 1850, a poligamia, que originalmente era uma prática amplamente secreta da elite mórmon, havia saído do armário[165]. Os polígamos alegavam que os ataques ao "casamento plural" eram violações de seu direito à liberdade religiosa. Mais tarde, alguns abririam processos pedindo aos juízes que invalidassem as leis contra a poligamia como inconstitucionais. Um desses casos chegaria à Suprema Corte. Os defensores da poligamia negaram que o casamento plural fosse prejudicial para as crianças e desafiaram os defensores da proibição da poligamia a provar que a existência de famílias polígamas na sociedade americana prejudicava seus próprios casamentos monogâmicos. Eles insistiam que apenas queriam o direito de se casar à sua maneira e serem deixados em paz.

Mas os republicanos se mantiveram firmes, recusando-se a se deixarem intimidar pela injúria, sendo lançada contra eles. Eles sabiam que a poligamia e a escravidão eram moralmente erradas e socialmente corrosivas. E estavam preparados para agir de acordo com suas convicções morais.

Para os republicanos, a ideia de que os seres humanos pudessem ser reduzidos à condição de meros "objetos" a serem comprados, vendidos e explorados em benefício de outros era uma violação profunda da dignidade intrínseca das criaturas feitas à imagem e semelhança de Deus. Da mesma forma, a ideia de que o casamento poderia ser redefinido para acomodar o desejo de um homem por múltiplas parceiras sexuais era, na visão deles, profundamente contrária ao significado do casamento como união de um homem e uma mulher em um vínculo permanente e exclusivo.

Nas grandes lutas morais do século XIX, os republicanos buscaram vantagens de todas as maneiras moralmente legítimas e disponíveis. Onde apropriado, eles aceitariam compromissos estratégicos no caminho para a vitória, mas não abririam mão de seus princípios.

Quando, na decisão de *Dred Scott*, a Suprema Corte dos Estados Unidos anunciou sua descoberta do que equivalia a um direito constitucional de posse de escravos, Lincoln e outros líderes republicanos se recusaram a tratar o caso como um precedente vinculante. Eles não se curvariam à usurpação

---

165 É importante observar que a Igreja de Jesus Cristo dos Santos dos Últimos Dias há muito rejeitou a poligamia e hoje é uma força líder na defesa da instituição do casamento como a união monogâmica de marido e mulher.

judicial. Quando Utah buscou a admissão como um estado, o Congresso, controlado pelos republicanos, condicionou a permissão à incorporação de uma proibição da poligamia na constituição estadual.

Os republicanos fariam bem em lembrar sua herança moral. As relíquias gêmeas da barbárie retornaram em trajes distintamente modernos. O aborto e a pesquisa destrutiva de embriões têm como premissa a proposição de que alguns seres humanos – aqueles nos estágios embrionário e fetal de desenvolvimento – podem legitimamente ser reduzidos a objetos que podem ser criados e destruídos para o benefício de outros. Ao mesmo tempo, a ideologia do liberacionismo sexual enfraquece a compreensão tradicional do casamento como a união permanente e exclusiva de um homem e uma mulher.

Um mantra familiar dos políticos "pró-escolha" é que o aborto deve ser "seguro, legal e raro". Agora, porém, eles buscam validar e financiar uma indústria maciça que criaria seres humanos com o propósito preciso de destruí-los durante o estágio embrionário de desenvolvimento na pesquisa biomédica. O que aconteceu com a escravidão agora está acontecendo com a matança de embriões: as pessoas que costumavam defendê-la como um "mal necessário" a ser combatido ou diminuído por outros meios que não a proibição legal agora a promovem como um bem social – algo que a lei e o governo não deveriam apenas tolerar, mas abraçar e até promover.

Ao mesmo tempo, o movimento de liberação sexual solapa os entendimentos tradicionais do significado e importância da sexualidade humana. Abolir o conceito legal de casamento como a união em uma só carne de um homem e uma mulher é parte de um esforço maior para "libertar" as pessoas do que a esquerda político-cultural considera como ideias repressivas e antiquadas sobre a centralidade da procriação e a exigência moral de fidelidade nas relações sexuais humanas. Mesmo alguns dos principais defensores "conservadores" do "casamento entre pessoas do mesmo sexo" anunciaram sua aceitação moral da promiscuidade; chegou-se ao ponto de proclamar o "valor espiritual" do "sexo anônimo". Cada vez mais, os críticos da moralidade tradicional estão dispostos a invocar explicitamente a autoridade de antigas civilizações pagãs nas quais práticas (incluindo aborto, infanticídio e conduta homossexual) condenadas pela ética judaico-cristã, às vezes, floresciam.

Os críticos da posição republicana em defesa do casamento e da santidade da vida humana – incluindo alguns dentro do partido – fazem eco aos argumentos dos apologistas do século XIX para as relíquias da barbárie.

Eles acusam os republicanos pró-vida e pró-família de serem "fanáticos religiosos" que desrespeitam a liberdade das pessoas e procuram "impor seus valores" aos outros. "Se você é contra o aborto", dizem eles, "então não faça aborto". Eles sustentam – muitas vezes de forma dissimulada – que o reconhecimento legal dos "casamentos" de parceiros do mesmo sexo não prejudica ou enfraquece os casamentos tradicionais.

Esses argumentos não se saem melhor como defesas da matança de embriões humanos e da redefinição do casamento do que da escravidão e da poligamia. A justiça exige que todos os seres humanos, independentemente de raça ou cor, mas também independentemente de idade, tamanho ou estágio de desenvolvimento, recebam a proteção das leis. O bem comum exige que as leis reflitam e promovam uma compreensão sólida do casamento como união de um homem e uma mulher em um vínculo fundado na comunhão corporal possibilitada por sua complementaridade reprodutiva.

Uma minoria influente no Partido Republicano propõe abandonar, ou pelo menos suavizar, os compromissos do partido com a santidade da vida humana e a dignidade do casamento e da família. Eles dizem que as questões sociais são "muito divisivas". Supõem que o caminho mais fácil para o sucesso eleitoral republicano é como o partido dos impostos e da moral baixos.

Que os republicanos sejam conscientes de sua herança. Foi a convicção moral – e a coragem de agir com base na convicção moral – que deu origem ao Partido Republicano e o tornou grandioso. Ele agora está velho, mas não precisa ser menos grandioso. Ao convocar a coragem moral que permitiu ao seu partido resistir orgulhosamente às relíquias gêmeas da barbárie no século XIX, os republicanos podem trazer honra para si mesmos nas grandes lutas morais de nossos dias.

PARTE IV

CARAS BONS E... CARAS NÃO TÃO BONS

CAPÍTULO 23

HARRY BLACKMUN: IMPROVÁVEL ÍCONE LIBERAL

Como uma teoria da moralidade política e uma filosofia política prática, o liberalismo está praticamente esgotado. Apesar de décadas de hegemonia na teoria política acadêmica, os principais teólogos da fé liberal, incluindo, sobretudo, o falecido John Rawls (1921-2002), de Harvard, falharam em produzir uma defesa intelectualmente plausível de seus dogmas. A maioria dos democratas e todos os republicanos se recusam a aceitar o termo "liberal" como um rótulo para suas opiniões; aqueles que não querem ou não podem ser classificados como "conservadores" declaram-se "progressistas" ou, mais comumente, "moderados".

Ainda assim, existem verdadeiros crentes nessa antiga religião do liberalismo. Para eles, a história de Harry Blackmun (1908-1999), conforme relatada pela repórter da Suprema Corte do *New York Times*, Linda Greenhouse, é um maravilhoso conto de redenção.

Harry, veja você, era um cara chato. Na verdade, era pior do que um cara chato. Era um quadrado. Era um republicano.

Ele era do Centro-Oeste. Foi para Harvard com uma bolsa de estudos do Harvard Club de Minnesota. Tinha empregos de verão instalando janelas e entregando leite. Preocupava-se com as contas.

Foi para a Escola de Direito de Harvard, onde ficou em 120º lugar em uma classe de 451. Voltou a Minnesota para trabalhar como escriturário de um juiz e depois exercer a advocacia em uma empresa corporativa em Minneapolis-Saint Paul[166]. Usava ternos escuros e gravatas finas. Trabalhava no departamento tributário da empresa. Seu primeiro carro foi um cupê Ford com assento retrátil, pelo qual pagou 702,14 dólares. Ele o chamou de "Mignon". Casou-se com uma garota que conheceu na quadra de tênis. Tiveram três filhos.

---

166 Região Metropolitana mais populosa do estado de Minnesota. (N.T.)

Eu mencionei que Harry era um republicano?

Um dos clientes de Harry era a Mayo Clinic[167]. Estava cheia de médicos ricos. Harry fazia o trabalho tributário e fornecia consultoria sobre planejamento imobiliário. Gostaram tanto dele que a clínica lhe ofereceu o cargo de consultor jurídico permanente. Ele aceitou.

O melhor amigo de Harry era Warren E. Burger (1907-1995) – outro quadrado, outro republicano. Quando Burger se tornou um juiz do tribunal federal de apelações, trabalhou por meio de seus camaradas republicanos para ajudar a arquitetar uma nomeação semelhante para seu amigo Harry. Harry assumiu como juiz e acompanhou o precedente.

Burger foi nomeado presidente da Suprema Corte dos Estados Unidos pelo malvado Nixon. Logo Harry seria indicado pelo "Tricky Dick"[168] para se juntar a seu amigo de infância na Suprema Corte. Harry era tão chato que sua indicação foi confirmada no Senado por uma votação de 94-0. Era 1970.

Mas o Senhor trabalha de maneiras misteriosas para realizar Suas maravilhas.

Em 1972, a Suprema Corte julgou *Roe v. Wade*, um caso que desafiava a autoridade dos estados para proibir o aborto. O presidente da Suprema Corte atribuiu o caso a seu amigo Harry, que, afinal, sabia muito sobre assuntos médicos, uma vez que representou a Mayo Clinic. E o aborto é uma questão médica... mais ou menos..., não é?

Harry entrou em contato com os bibliotecários da Mayo Clinic, que o ajudaram a reunir informações sobre a história do aborto. Antes de concluir seu parecer para o tribunal, foi à biblioteca da Mayo fazer algumas pesquisas. Perguntou à sua esposa e às suas filhas o que elas pensavam sobre o aborto. Estudou a última pesquisa do Gallup sobre o assunto.

Harry elaborou um longo parecer, repleto de referências à história e jurisprudência. Ele e seis de seus colegas descobriram um direito fundamental ao aborto na cláusula do devido processo legal da Décima Quarta Emenda. Esse direito de "interromper uma gravidez", como ele delicadamente descreveu a prática do feticídio intencional, fazia parte de um "direito à privacidade" generalizado que o tribunal, alguns anos antes (antes de Harry ingressar), havia encontrado espreitando nas penumbras formadas por emanações.

---

167 Trata-se de uma organização sem fins lucrativos da área de serviços médicos e pesquisas médico-hospitalares. (N.T.)

168 Apelido depreciativo do ex-presidente dos EUA Richard Nixon, com origem na eleição de 1950 para o Senado dos Estados Unidos na Califórnia. "Tricky" significa traiçoeiro, ardiloso, astuto.

O raciocínio era... como se diz isso educadamente? ... fraco. Harry fez uma confusão completa da história legal do aborto, e a ausência em seu parecer de qualquer coisa que se assemelhasse a um argumento constitucional era embaraçosa. Mesmo alguns liberais devotos no mundo da erudição jurídica – como os professores Archibald Cox (1912-2004) e John Hart Ely (1938-2003) – declararam *Roe v. Wade* indefensável. Mas não importa. O mais autêntico dos verdadeiros crentes liberais estava confiante de que o professorado de direito de alguma forma supriria a deficiência de argumento em *Roe*. O importante – e surpreendente – era que o velho e chato Harry, nomeado pelo republicano Nixon, havia entregado o maior prêmio de todos aos fiéis liberais: um direito ao aborto virtualmente irrestrito e constitucionalmente garantido! Améns e aleluias levantaram-se na congregação.

Claro, Harry seria difamado por cristãos conservadores e outros caretas. Mas isso serviria apenas para confirmar sua crença na correção do que havia feito e abrir sua mente de maneira mais geral para a retidão da doutrina liberal. De agora em diante, ele não seria mais o chato do velho Harry, o republicano quadrado. Ele seria um *jurista* de pleno direito; na verdade, um leão da jurisprudência liberal, ao lado de William O. Douglas (1898-1980), William J. Brennan (1906-1997) e Thurgood Marshall (1908-1993). Harry foi redimido! Ele havia se tornado o ministro Blackmun.

Ao contar essa história, Greenhouse faz o possível – até quase o fim – para não exagerar. Embora nenhum leitor tenha dúvidas sobre onde residem suas simpatias, o livro não desce à hagiografia. É, em sua maior parte, um relato factual direto, devidamente documentado, de como Harry Blackmun deixou de ser um advogado tributário republicano quadrado em Minnesota para ser o que Greenhouse descreve como um "ícone improvável" do que agrada a ela e a outros na grande imprensa para chamar de "direitos ao aborto". Naturalmente, o cerne do livro diz respeito a *Roe*, já que foi essa decisão (em 1973) que transformou o velho e chato Harry no Juiz Blackmun. Mas Greenhouse inclui discussões sobre as epifanias liberais de Blackmun em outras áreas, como a pena de morte (ele acabou descobrindo que a Constituição proíbe isso. Quem diria?).

Em meio à massa de trivialidades estabelecendo que Blackmun, antes de sua redenção, era chato, quadrado e republicano, Greenhouse conseguiu produzir alguns factoides bastante interessantes. Por exemplo, depois que *Roe* foi proferida, Blackmun recebeu uma carta de um padre católico de quem era amigo. O padre Vern Trocinski fazia parte do corpo docente do St. Teresa College em Winona, Minnesota. O padre disse que, embora "valorizasse" sua amizade com Blackmun, ele estava tendo "um momento muito difícil" com a decisão de *Roe* e sentia uma "obrigação tanto pela perspectiva da Igreja quanto civil de falar em defesa dos nascituros". Em resposta, Blackmun declarou sua "aversão" ao aborto (sim, você leu certo: *aversão*). Ele pediu ao padre Trocinski que entendesse, no entanto, que a decisão não tratava da retidão ou incorreção do aborto. "A tarefa da Corte", orientou ele ao padre, "é aprovar apenas a estreita questão da constitucionalidade".

A alegação de Blackmun de que ele e seus colegas estavam se abstendo de julgamentos morais e apenas decidindo sobre uma "estreita questão de constitucionalidade" é risível. Como Cox, Ely e outros honrosos críticos liberais de *Roe* observaram com franqueza, não há nada no texto, na lógica, na estrutura ou no entendimento original da Constituição que crie o direito de tirar a vida de uma criança no útero. Para estabelecer a proposição de que existe tal direito, os Juízes precisaram trazer para seu raciocínio "jurídico" um elaborado conjunto de julgamentos inegavelmente *morais* sobre, por exemplo, o significado da liberdade e o valor da vida humana.

E depois tem aquele negócio de Blackmun achar o aborto "abominável". O que há de abominável nisso? Normalmente não consideramos procedimentos médicos repulsivos. Não há nada de abominável em uma apendicectomia ou amigdalectomia. No caso do aborto, poderia ser a pequena questão de cortar membros, aspirar partes do corpo e remontá-los para garantir que nenhuma parte do bebê (ops! quero dizer, feto) seja deixada dentro da mãe (ops! quero dizer, mulher) para causar infecção? Suponho que isso seja realmente abominável de uma forma que as apendicectomias e amigdalectomias não são. Então, novamente, talvez o ministro Blackmun e eu sejamos apenas melindrosos.

Como assinala Greenhouse, Blackmun em *Roe* parecia vacilar entre entender o direito ao aborto como o direito de uma mulher de exercer uma espécie de liberdade pessoal e vê-lo como o direito de seu médico tomar uma decisão sobre sua saúde. Sua declaração oficial, quase doutrinária, no parecer foi de que é um direito da mulher consultar seu médico. As feministas pró-aborto que passaram a idolatrar o ministro Blackmun não gostaram muito da parte do médico. Para elas, o aborto era uma questão de liberdade (ou "autonomia"), não uma questão médica. Por fim, elas trouxeram

Blackmun de volta à sua maneira de ver as coisas. Isso também fazia parte de sua redenção. Ao aceitar seus aplausos, ele parou de falar sobre médicos. E ficou muito quieto sobre sua aversão ao que é feito a um ser humano que se desenvolve no útero quando as mulheres exercem o direito sagrado que ele lhes concedeu.

CAPÍTULO 24

ANDREW SULLIVAN: UMA CONTRADIÇÃO AMBULANTE

Ele é uma contradição ambulante,
Parte verdade e parte ficção,
Tomando todas as direções erradas
Em seu caminho solitário de volta para casa.

— Kris Kristofferson

Andrew Sullivan nunca se cansa de lembrar aos leitores que é católico, mas é o tipo bastante estranho de católico que proclama a "espiritualidade" – não estou brincando, a expressão é dele – de encontros sexuais entre estranhos que nem mesmo se preocupam em revelar seus nomes um ao outro (o que Sullivan chama de "sexo anônimo"). Ele também se anuncia como conservador, mas também nisso ele é uma contradição ambulante. Seu livro *The Conservative Soul* [*A Alma Conservadora*] mistura algumas verdades importantes sobre o que significa ser um conservador com algumas ficções ultrajantes e até esquisitas. Em algum nível, ele realmente parece querer ser um membro fiel de sua igreja e um verdadeiro conservador, mas está conseguindo seguir em quase todas as direções erradas possíveis em seu caminho solitário de volta para casa.

Andrew Sullivan é um escritor apaixonado. Assevera enfaticamente opiniões fortes – principalmente liberais – a respeito de uma série de questões morais e políticas acaloradamente contestadas. Expressões de dúvida são raras em seus escritos. E ai daqueles que têm a audácia de expressar opiniões opostas. Eles são relegados à categoria de "fundamentalistas" – pessoas doentias e perigosas que são psicologicamente incapazes de lidar com a ambiguidade ou a incerteza e estão empenhadas em impor tiranicamente suas crenças sobre os outros. Grande parte do *The Conservative Soul* é dedicada a demonizar protestantes evangélicos e católicos tradicionais que, insiste ele, conseguiram usurpar o conservadorismo autêntico e roubar a alma dessa grande tradição (revelação completa: sou um de seus alvos principais, embora em uma divertida demonstração de inépcia ele consiga confundir meus argumentos sobre os fundamentos da ética sexual com os do filósofo Edward Feser. Embora eu tenha respeito pelo trabalho do professor Feser, ele e eu discordamos um do outro exatamente nos pontos em que Sullivan faz convergir nosso pensamento e critica o que imagina serem meus pontos de vista. O que ele de fato critica são os pontos de vista de Feser – ou, mais precisamente, uma caricatura de seus pontos de vista. O professor Feser se defendeu em uma resposta detalhada no blog *Right Reason*[169].

Em seu aspecto mais formal e catedrático, o livro de Sullivan contrasta "duas formas rivais de conservadorismo". O mau conservadorismo é o tipo que conquistou o controle do Partido Republicano e o conduziu ao caminho da perdição: esse tipo de conservadorismo ele chama de "fundamentalismo" ("O fundamentalista cristão mais poderoso do mundo é George W. Bush"). O bom conservadorismo – aquele cujo resgate "significa rejeitar a atual supremacia fundamentalista em quase todos os aspectos" – é o que Sullivan descreve como "o conservadorismo da dúvida". Ele escreve:

> Como política, sua essência é uma aceitação da incognoscibilidade da verdade última, um reconhecimento da distinção entre o que é verdadeiro para sempre e o que é verdadeiro aqui e agora, e uma adoção da discrepância entre conhecimento teórico e prático. É uma anti-ideologia, um não programa, uma forma de ver o mundo cuja expressão mais perfeita pode ser chamada de inativismo.

Sullivan se dá ao trabalho de mostrar que o conservadorismo da dúvida tem um distinto pedigree intelectual. Seus arquitetos e defensores incluíram gigantes intelectuais como Michel de Montaigne (1533-1592) e, muito mais recentemente, Michael Oakeshott (1901-1990).

Sullivan também deseja mostrar que o bom conservadorismo – embora seja uma "anti-ideologia" e um "não programa" – tem algumas implicações significativas concretas para a deliberação moral e política contemporânea. Você não terá dificuldade em adivinhar o que essas implicações incluem centralmente: uma concepção completamente liberal da moralidade sexual (especialmente em relação à conduta homossexual e relacionamentos

169 Em tradução livre, algo como Reta Razão. (N.T.)

integrados em torno de tal conduta) e o reconhecimento público de parcerias sexuais entre pessoas do mesmo sexo como "casamentos".

Agora, como você soube disso? Você soube disso porque se você sabe alguma coisa sobre Andrew Sullivan, você sabe que ele tem *certeza* de que os ensinamentos de sua igreja e da tradição ocidental mais ampla de pensamento sobre sexualidade e casamento são profunda e destrutivamente errados. Embora no início de sua carreira ele notoriamente tenha argumentado a favor do "casamento" entre pessoas do mesmo sexo como um antídoto para a promiscuidade homossexual masculina (um argumento que estabeleceu suas credenciais como um defensor "conservador" dos direitos dos homossexuais), ele há muito abandonou a crítica da licença sexual. Daí sua promulgação, bem antes da publicação do *The Conservative Soul*, do "valor espiritual" do "sexo anônimo".

Por alguma razão, porém, Sullivan deseja manter o rótulo de "conservador", assim como deseja permanecer, pelo menos formalmente, católico. Assim, ele redefine o conservadorismo para fazê-lo acomodar a "tolerância" do que a maioria dos conservadores considera, e sempre considerou, como má conduta sexual grave. E a mera "tolerância" não é suficiente. Nada menos que a aprovação oficial servirá. Portanto, o reconhecimento legal dos casamentos entre pessoas do mesmo sexo é essencial (embora não seja mais um antídoto para a promiscuidade).

Sullivan supõe que as pessoas que continuam a acreditar que o comportamento sexual licencioso, e não sua condenação, é imoral e socialmente destrutivo – aqueles que observam que as consequências de tal comportamento em nossa própria sociedade são mensuráveis em relacionamentos rompidos e vidas arruinadas –, na verdade, não são, de forma alguma, conservadores (ou, pelo menos, não [são] bons conservadores). Eles são fundamentalistas, pessoas pertencentes a uma classe que inclui Osama bin Laden (1957-2011) e o Grande Inquisidor[170] de Dostoiévski (1821-1881).

Talvez o ataque mais baixo de Sullivan àqueles que não concordam com suas crenças (especialmente sobre sexo) seja reservado para homens que experimentam desejos sexuais pelo mesmo sexo, mas que, devido às suas convicções morais conscienciosas, se recusam a agir a esse respeito.

---

170 "O Grande Inquisidor" é tanto o título como o protagonista de uma espécie de conto criado por Ivan Karamazov, que o lê para seu irmão Aliócha, ambos, por sua vez, personagens de Dostoiévski em *Os Irmãos Karamazov*. (N.E.)

Evidentemente, Sullivan não pode tolerar o pensamento de tais homens, muito menos considerar a possibilidade de que eles, e não ele, tenham compreendido a verdade sobre a moralidade sexual e a dignidade humana. Ao discutir esses homens, ele imediatamente desce para o modo psiquiatra amador:

> Mas um homem gay que decide sublimar todo o seu ser sexual na manutenção de uma ortodoxia religiosa rígida é, muitas vezes, um fundamentalista ideal. Sua própria castidade é um sacrifício particularmente oneroso em prol da verdade; e tal sacrifício, por sua vez, intensifica o compromisso com a ortodoxia. Quanto mais preserva o sacrifício, mais insistente ele é em sua necessidade. E então você tem o bem documentado fenômeno de homens homossexuais reprimidos estarem na vanguarda de campanhas religiosas para suprimir o comportamento homossexual em outras pessoas.

Não parece ocorrer a Sullivan que alguém, quaisquer que sejam suas experiências de desejo sexual, pode pensar cuidadosamente sobre questões de moralidade sexual, considerar os argumentos apresentados por pessoas de vários lados (incluindo aqueles que se baseiam no que consideram a sabedoria de suas tradições religiosas), chegar a conclusões divergentes das do próprio Sullivan e fazer o possível para resistir à tentação sexual e orientar-se para viver uma vida de acordo com o que ele acredita que a dignidade de uma pessoa humana exige.

Alguém poderia pensar que um proponente do "conservadorismo da dúvida" seria mais caridoso com seus oponentes intelectuais e políticos. Seria de se esperar que ele considerasse cuidadosamente a possibilidade de que pessoas que chegaram a conclusões divergentes das suas pudessem ter chegado ou se aproximado da verdade. Alguém certamente esperaria que ele as considerasse, na ausência de evidência em contrário, como pessoas razoáveis de boa vontade, cujas opiniões devem receber respeito e consideração cuidadosa. No entanto, quando se trata de questões de sexualidade e moralidade sexual, o "conservadorismo da dúvida" de Sullivan produz – *mirabile dictu* [coisa admirável se for contada] – nada menos que um liberalismo (pode-se até dizer um libertinismo) de certeza absoluta. Os dissidentes não são pessoas razoáveis que por acaso discordam. São indivíduos psicologicamente distorcidos – fundamentalistas! – que se recusam perversamente a reconhecer verdades (mesmo verdades sobre si mesmos e suas próprias motivações) e que estão empenhados em tiranizar os outros.

Quando se trata dos dogmas da revolução sexual, Sullivan é o mais verdadeiro crente que se pode encontrar. Mas seu dogmatismo se estende para além do liberalismo sexual, embora seja central para sua missão quase evangélica. Ele expressa acriticamente, de maneira fervorosa e ampla, crenças inabaláveis em muitas outras áreas também – da bioética à guerra no Iraque – enquanto ataca aqueles que têm pontos de vista opostos como "fundamentalistas". Anunciando-se como "levemente" pró-escolha, ele praticamente vira piada ao invocar em apoio ao aborto legal e contra seus oponentes "fundamentalistas" ninguém menos que Santo Tomás de Aquino: "Aquino argumentou que a vida não nascida passava por três estágios – um período vegetativo, um estágio animal e, finalmente, um momento racional em que a base para a cognição e a razão podem ser detectadas e a 'infusão da alma' totalmente concretizada". Bem, sim, Tomás de Aquino, embora rejeitasse o aborto, acreditava que a vida não nascida passava por esses estágios. Mas isso porque o grande filósofo medieval estava trabalhando com o que hoje sabemos ser uma compreensão profundamente falha dos fatos básicos da embriogênese e do desenvolvimento humano intrauterino inicial. Desde a descoberta do óvulo, no século XIX, nosso conhecimento dos fatos embriológicos avançou muito além de qualquer coisa que um escritor do século XIII como Tomás de Aquino poderia saber. A especulação medieval sobre os estágios "vegetativo", "animal" e "racional" foi substituída pelo conhecimento do desenvolvimento humano como um processo autodirigido, gradual e sem lacunas pelo qual o ser humano recém-concebido se desenvolve do embrionário para o, e através do, fetal, infantil, criança e adolescente; e, na idade adulta, com sua distinção, unidade, determinação e identidade totalmente intactas.

A postura de Sullivan como praticante do "conservadorismo da dúvida" é, no final das contas, risível. Como Jonah Goldberg apontou em uma crítica devastadora ao *The Conservative Soul*, Sullivan "não acredita em nada senão na superioridade moral de sua própria posição". Ao rotular seus oponentes como "fundamentalistas", ele é, na melhor das hipóteses, o roto falando muito mais do que devia e podia do rasgado.

Há uma verdade importante na ideia de um "conservadorismo da dúvida". Isso foi expresso há muitos anos pelo grande jurista conservador Learned Hand (1872-1961): "O espírito de liberdade é o espírito que não tem muita certeza de que está certo. O espírito de liberdade é o espírito que procura entender as mentes de outros homens e mulheres". No entanto, a apresentação de Sullivan de si mesmo como o defensor de tal espírito é a mais pura ficção. Seu problema não é que ele duvide demais, mas sim que duvide muito pouco. Não é que ele seja excessivamente autocrítico; é que ele é insuficientemente assim. Ele não pode aceitar um desafio intelectual sobre um assunto que o preocupa sem classificar seu interlocutor como pervertido e potencialmente tirânico. Muito menos pode ele levar-se a considerar a possibilidade de que seu oponente possa realmente estar certo. Ele está cheio de certeza dogmática demais para isso.

CAPÍTULO 25

BERNARD NATHANSON: UMA VIDA TRANSFORMADA PELA VERDADE

Poucas pessoas, se houver, fizeram mais do que Bernard Nathanson (1926-2011) para atentar contra o direito à vida dos nascituros, transformando o aborto de um crime indescritível em uma liberdade constitucionalmente protegida. No entanto, algum dia, quando nossa lei for reformada para honrar a dignidade e proteger o direito à vida de cada membro da família humana, incluindo crianças no útero, os historiadores constatarão que poucas pessoas fizeram mais do que Bernard Nathanson para alcançar essa reversão.

O dr. Nathanson, filho de um distinto médico e professor especializado em obstetrícia e ginecologia, teve seu primeiro envolvimento com o aborto quando era estudante de medicina na McGill University, em Montreal, onde seu pai também havia estudado. Tendo engravidado uma namorada, ele providenciou e pagou por seu aborto ilegal. Muitos anos depois, ele marcaria esse episódio como sua "excursão introdutória ao mundo satânico do aborto".

Nesse ínterim, entretanto, Nathanson se tornaria um defensor quase monomaníaco do aborto e ativista por sua legalização. E ele mesmo se tornaria um abortista.

Por sua própria estimativa, ele presidiu mais de sessenta mil abortos como diretor do Centro de Saúde Sexual e Reprodutiva em Nova York, instruiu pessoalmente estudantes de medicina e profissionais na realização de cerca de quinze mil e realizou ele mesmo cinco mil abortos. Em um desses abortos, ele tirou a vida de seu próprio filho ou filha – uma criança concebida com uma namorada depois que ele estabeleceu sua prática médica. Escrevendo com profundo pesar em sua comovente autobiografia, *The Hand of God* [*A mão de Deus*] (1996), Nathanson confessou sua própria crueldade ao realizar aquele aborto: "Juro a você, não tive nenhum sentimento além do sentimento de realização, o orgulho da [minha] habilidade".

Em meados da década de 1960, com a revolução sexual rugindo após os estudos "científicos" fraudulentos, mas influentes, de Alfred Kinsey (1894-1956), sobre sexo e sexualidade na América, a campanha agressiva de Hugh Hefner (1926-2017) para legitimar a pornografia e, talvez acima de tudo, a ampla distribuição da pílula anticoncepcional anovulante, Nathanson tornou--se um líder no movimento para derrubar as leis que proíbem o aborto. Ele cofundou a Associação Nacional para a Revogação das Leis do Aborto (*National Association for the Repeal of Abortion Laws*, NARAL), que mais tarde se tornou a Liga Nacional de Ação pelos Direitos do Aborto (*National Abortion Rights Action League*, NARAL) e agora é NARAL Pro-Choice America [NARAL América Pró-escolha]. Os objetivos do grupo eram remover o estigma cultural sobre o aborto, eliminar todas as restrições legais significativas sobre ele e torná-lo o mais amplamente disponível possível em todo o país e, de fato, no mundo.

Para atingir esses objetivos, Nathanson revelaria mais tarde, ele e seus companheiros defensores do aborto buscaram estratégias duvidosas e, em alguns casos, claramente desonestas.

Primeiro, eles promoveram a ideia de que o aborto é uma questão médica, não moral. Isso exigia persuadir as pessoas da falsidade bastante óbvia de que uma gravidez normal é uma condição natural e saudável se a mãe quiser seu bebê, e uma doença se ela não quiser. O objetivo da medicina, manter e restaurar a saúde, teve de ser reformulado para dar aos consumidores de "assistência médica" o que eles *queiram*, e a proibição explícita do aborto no juramento de Hipócrates teve de ser removida. No final, Nathanson e seus colaboradores conseguiram vender essa propaganda a um grupo pequeno de homens, mas extraordinariamente poderoso: no caso *Roe v. Wade*, de 1973, sete Juízes da Suprema Corte liderados por Harry Blackmun, ex-consultor jurídico da Mayo Clinic, invalidaram praticamente todas as leis estaduais que fornecem proteção significativa para nascituros com base no fato de que o aborto é uma "escolha privada" a ser feita por mulheres e seus médicos.

Em segundo lugar, Nathanson e seus amigos mentiram – implacável e espetacularmente – sobre o número de mulheres que morriam a cada ano de abortos ilegais. Seu argumento para os eleitores, legisladores e juízes foi que as mulheres vão buscar o aborto em números aproximadamente iguais, seja legal ou não. O *único* efeito em bani-lo, eles alegaram, é limitar as mulheres grávidas a clínicos não qualificados e, muitas vezes, indiferentes, "açougueiros de fundo de quintal". Assim, insistiram Nathanson e outros, as leis contra o aborto são mais do que fúteis: elas não salvam vidas fetais; elas só custam a vida das mulheres.

Agora, algumas mulheres de fato morreram devido a abortos ilegais, embora outros fatores além da legalização, especialmente o desenvolvimento de antibióticos como a penicilina, sejam os principais responsáveis pela redução da taxa e do número de mortes maternas. E, claro, o número de bebês não nascidos cujas vidas foram ceifadas disparou dramaticamente depois que Nathanson e seus colegas alcançaram seus objetivos – e eles os alcançaram, em parte, alegando que o número de abortos ilegais era *mais de dez vezes maior* do que realmente era.

Em terceiro lugar, os primeiros defensores do aborto exploraram deliberadamente o ânimo anticatólico entre as elites liberais e (naqueles dias) muitos protestantes comuns a fim de retratar a oposição ao aborto como um "dogma religioso" que a hierarquia católica procurava impor aos outros em violação de sua liberdade e da separação entre Igreja e Estado. Nathanson e seus amigos reconheceram que seu movimento precisava de um inimigo – uma instituição amplamente suspeita que eles poderiam tornar a face pública de sua oposição; uma minoria, mas grande e poderosa o suficiente para seus detratores temerem.

Apesar do inegável fato histórico de que as proibições do aborto estavam enraizadas no direito comum inglês e foram reforçadas e expandidas por estatutos promulgados nos Estados Unidos por uma maioria esmagadoramente protestante no século XIX, Nathanson e outros líderes do movimento pelo aborto decidiram que a Igreja católica era perfeita para o papel opressor de sufocadora da liberdade. Seu sacerdócio masculino e sua estrutura de autoridade tornariam mais fácil para eles retratarem a oposição da Igreja ao aborto como misoginia, para a qual a preocupação em proteger bebês ainda não nascidos era um mero pretexto. O verdadeiro motivo da Igreja, insistiam eles, era restringir a liberdade das mulheres a fim de mantê-las em posições de subserviência.

Em quarto lugar, o movimento do aborto procurou atrair tanto conservadores quanto liberais promovendo o feticídio como forma de combater a pobreza. Por que tantas pessoas são pobres? É porque elas têm mais filhos do que podem cuidar. Qual é a solução? Aborto. Por que temos que gastar tanto dinheiro com assistência social? É porque mulheres pobres, principalmente minorias, estão sobrecarregando o pagador de impostos com muitos bebês. A solução? Aborto. Inicialmente, o próprio Nathanson acreditava que o aborto legal e seu financiamento público reduziriam a gravidez fora do casamento e a pobreza, embora (como admitiu mais tarde) ele continuasse a promover essa falsidade depois que o peso absoluto das evidências o forçou a desacreditar disso.

No entanto, um ano depois de *Roe v. Wade*, Nathanson começou a ter dúvidas morais sobre a causa à qual havia sido tão integralmente devotado. Em um ensaio de 1974 amplamente divulgado no prestigioso *New England Journal of Medicine*, ele revelou suas crescentes dúvidas sobre o dogma "pró-escolha" de que o aborto era apenas a remoção de uma "massa indiferenciada de células", não a morte de um ser humano em desenvolvimento. Referindo-se aos abortos que supervisionou ou realizou, ele confessou ter "uma certeza crescente de que de fato presidi a mais de sessenta mil mortes".

Ainda assim, não estava pronto para abandonar o apoio ao aborto legal. Era, continuava a insistir, necessário para evitar as más consequências dos abortos ilegais. Mas ele estava deixando de ver o aborto em si como uma solução legítima para um problema pessoal da mulher para passar a vê-lo como um mal que deveria ser desencorajado, mesmo que, por razões práticas, tivesse de ser tolerado. Nos anos seguintes, embora continuasse a realizar abortos pelo que considerava legítimos motivos de "saúde", Nathanson seria movido ainda mais para a posição pró-vida devido ao surgimento de novas tecnologias, especialmente fetoscopia e ultrassom, o que tornava cada vez mais difícil, e finalmente impossível, negar que o aborto é a morte deliberada de um ser humano único – uma criança no útero.

Em 1980, o peso da evidência em favor da posição pró-vida havia dominado Nathanson e o expulsou da prática do aborto. Ele passou a considerar o procedimento como homicídio injustificado e se recusou a realizá-lo. Logo estava se dedicando à luta contra o aborto e revelando ao mundo as mentiras que ele e seus colegas do movimento pelo aborto contaram para quebrar a oposição pública.

Em 1985, Nathanson empregou a nova tecnologia de imagem fetal para produzir um documentário, *The Silent Scream* [*O Grito Silencioso*], que energizou o movimento pró-vida e jogou o lado pró-escolha para a defensiva, mostrando em detalhes gráficos a morte de um feto de doze semanas em um aborto por sucção. Nathanson usou a filmagem para descrever os fatos do desenvolvimento fetal e defender a humanidade e a dignidade da criança no útero. A certa altura, os espectadores veem a criança se afastar do instrumento cirúrgico e abrir a boca: "Isso", diz Nathanson na narração, "é o grito silencioso de uma criança ameaçada de extinção iminente".

A publicidade do *The Silent Scream* foi garantida por ninguém menos que o presidente Ronald Reagan (1911-2004), que exibiu o filme na Casa Branca e o divulgou em discursos. Como Nathanson, Reagan, que assinou um dos primeiros projetos de lei de legalização do aborto quando era governador da Califórnia, foi um zeloso convertido à causa pró-vida. Durante seu mandato como presidente, Reagan escreveu e publicou um poderoso livro pró-vida intitulado *Abortion and the Conscience of the Nation* [*Aborto e a Consciência de uma Nação*], um livro que Nathanson elogiou por dizer a verdade sobre a vida da criança no útero e a injustiça do aborto.

Nathanson, por muito tempo um descrente, continuou a professar o ateísmo por vários anos após sua deserção do lado pró-escolha para o lado pró-vida. Seu argumento contra o aborto não era, ele insistia, religioso; baseava-se em fatos científicos e princípios geralmente aceitos dos direitos e dignidade da pessoa humana. Nisso, suas opiniões estavam muito alinhadas com as do grande convertido pró-vida Nat Hentoff, um ilustre libertário civil que por muitos anos escreveu para o jornal liberal e secularista *Village Voice*. Mas ao contrário de Hentoff, que permanece não convencido das reivindicações da religião, Nathanson foi gradualmente atraído para a fé em Deus e, finalmente, para o catolicismo pelo testemunho moral dos crentes entre seus novos camaradas na luta pelos nascituros.

Como Nathanson frequentemente observou, não é que ele se tornou católico e então abraçou a visão pró-vida porque era o ensino da Igreja. De fato, foi o contrário. Tendo se convencido da verdade da posição pró-vida, ele foi atraído para o catolicismo devido ao testemunho da Igreja – em face do preconceito que o próprio Nathanson ajudou a incitar –, ao valor e dignidade inerentes e iguais da vida humana em todas as fases e condições.

Nathanson foi batizado e recebido na Igreja católica em 1996 pelo Cardeal John O'Connor (1920-2000) em uma cerimônia na Catedral de St. Patrick. Ele escolheu por madrinha Joan Andrews Bell, uma mulher reverenciada entre os pró-vida por sua disposição de sofrer mais de um ano de prisão por bloquear instalações de aborto. Refletindo sobre a conversão de seu afilhado, ela disse que Nathanson era "como São Paulo, que era um grande perseguidor da Igreja, mas que, quando viu a luz de Cristo, foi talvez o maior apóstolo do Evangelho. O dr. Nathanson foi assim depois de sua conversão. Ele deu a volta ao mundo falando sobre os bebês e os males do aborto".

Há muitas lições na vida de Bernard Nathanson para aqueles de nós que reconhecem o valor e a dignidade de todas as vidas humanas e que buscam conquistar corações e mudar leis. Duas em particular se destacam para mim.

A primeira é o poder luminoso da verdade. Como escrevi em outro lugar, e como o próprio testemunho de Nathanson confirma, o edifício do aborto é construído sobre uma base de mentiras. Nathanson contou essas mentiras; na verdade, ele ajudou a inventá-las. Mas outros deram testemunho da verdade. E quando ele foi exposto ao seu testemunho ousado, não intimidado e abnegado, a verdade venceu a escuridão no coração de Nathanson e o condenou no tribunal de sua própria consciência.

Bernie e eu nos tornamos amigos no início dos anos 1990, logo depois que meus próprios escritos pró-vida chamaram a atenção dele. Certa vez, durante a sessão de perguntas e respostas após um discurso que ele fez em Princeton, perguntei-lhe: "Quando você estava promovendo o aborto, estava disposto a mentir sobre o que considerava uma boa causa. Agora que você se converteu à causa da vida, estaria disposto a mentir para salvar bebês? Como aqueles que ouvem seus discursos e leem seus livros e artigos sabem que você não está mentindo agora?". Foi, confesso, uma pergunta formulada de forma impertinente, mas também, acredito, importante. Ele pareceu um pouco atordoado com isso e, depois de um momento, disse, bem baixinho: "Não, eu não mentiria, nem mesmo para salvar bebês". No jantar que ele e eu depois tivemos com alunos, ele se explicou melhor: "Você disse que me converti à causa da vida, e isso é verdade. Mas você deve se lembrar que só fui convertido à causa da vida porque fui convertido à causa da verdade. É por isso que eu não mentiria, mesmo por uma boa causa".

A segunda lição é esta: nós, do movimento pró-vida, não temos inimigos para destruir. Nossas armas são as armas castas do espírito: verdade e amor. Nossa tarefa é menos derrotar nossos oponentes do que ganhá-los para a causa da vida. Certamente, devemos nos opor à cultura e à política da morte com firmeza e determinação para vencer. Mas não há ninguém – ninguém – cujo coração seja tão duro que não possa ser conquistado. Não percamos a fé no poder de nossas armas para transformar até mesmo os mais resolutos defensores do aborto. Os defensores do aborto mais dedicados são aliados em potencial na causa da vida. É o testemunho amoroso, fervoroso e abnegado de Joan Bell Andrews e de tantos outros ativistas pró-vida dedicados que amolece os corações e muda a vida de pessoas como o dr. Bernard Nathanson.

Que ele descanse em paz na presença do Deus de Abraão, Isaac e Jacó, e participe da redenção operada por Aquele que disse que não veio chamar os justos, mas os pecadores ao arrependimento[171].

---

171 Referência ao Evangelho segundo S. Lucas 5, 31-32. (N. E.)

CAPÍTULO 26

Ele jogou tudo fora: sobre a grandeza de Richard John Neuhaus

No início da década de 1970, o pastor luterano Richard John Neuhaus (1936-2009) estava prestes a se tornar o próximo grande intelectual público liberal da nação – o Reinhold Niebuhr (1892-2971) de sua geração. Ele tinha a seu favor tudo o que precisava para ser não apenas aceito, mas para ser tratado como uma celebridade pelo establishment liberal. Primeiro, é claro, havia seus dons naturais como pensador, escritor e orador. Depois, tinha um conjunto incomparável de credenciais da esquerda liberal. Ele havia sido um proeminente ativista dos direitos civis, alguém que havia marchado literalmente de braços dados com seu amigo Martin Luther King Jr. (1929-1968). Havia fundado uma das mais visíveis organizações antiguerra do Vietnã. Movia-se facilmente nos círculos da elite e era considerado por todos como um intelectual-ativista de "pensamento correto" (isto é, pensamento de esquerda) operando dentro do mundo da religião protestante tradicional.

Então algo aconteceu: aborto. Isso tornou-se algo que nunca havia sido antes – ou seja, uma questão controversa na cultura e na política americanas. Neuhaus se opôs ao aborto pelas mesmas razões pelas quais lutou pelos direitos civis e contra a Guerra do Vietnã. Na raiz do seu pensamento estava a convicção de que os seres humanos, como criaturas feitas à imagem e semelhança de Deus, possuem uma dignidade profunda, inerente e igual. Essa dignidade deve ser respeitada por todos e protegida pela lei. Isso, no que dizia respeito a Neuhaus, não era apenas um mandamento bíblico, mas também o princípio fundamental da ordem constitucional americana. O respeito pela dignidade dos seres humanos significava, entre outras coisas, não submetê-los a um sistema de opressão racial, não desperdiçar sua vida em guerras inúteis, não matá-los no ventre.

É importante lembrar que naqueles dias ainda não estava claro se o apoio ao "direito ao aborto" seria um teste decisivo para alguém se posicionar como um "liberal". Afinal, o movimento inicial pelo aborto incluía muitos conservadores, como o colunista James J. Kilpatrick (1920-1998), que via o aborto não apenas como uma solução para as dificuldades particulares de uma "garota em apuros", mas também como uma forma de lidar com o problema público de mulheres empobrecidas (e, muitas vezes, solteiras) dando à luz filhos que aumentariam os custos sociais aos pagadores de impostos.

Ao mesmo tempo, não poucos célebres liberais eram abertamente pró-vida. No início dos anos 1970, o senador Edward M. Kennedy (1932-2009), por exemplo, respondeu às perguntas dos constituintes a respeito da sua posição sobre o aborto dizendo que era uma forma de "violência" incompatível com sua visão de uma América generosa o suficiente para cuidar e proteger todos seus filhos, nascidos e por nascer. Alguns dos discursos pró-vida mais eloquentes e apaixonados da época foram proferidos pelo pastor Jesse Jackson. Ao condenar o aborto, Jackson nunca deixou de notar que ele próprio nasceu de uma mãe solteira que provavelmente teria tentado abortá-lo se o aborto fosse legal e facilmente disponível na época.

O argumento liberal contra o aborto era direto e poderoso: "Nós, liberais, acreditamos na dignidade inerente e igual de cada membro da família humana. Acreditamos que o papel do governo é proteger todos os membros da comunidade contra a brutalidade e a opressão, especialmente os mais fracos e vulneráveis. Não acreditamos na solução de problemas pessoais ou sociais por meio da violência. Buscamos um caminho mais justo, mais nobre, mais humano. Os problemas pessoais e sociais criados pela gravidez indesejada não devem ser resolvidos oferecendo às mulheres a 'escolha' de destruir seus filhos no útero; em vez disso, como sociedade, devemos estender a mão com amor e compaixão tanto para a mãe quanto para a criança".

Foi assim que o pastor Neuhaus e muitos como ele não viram contradição entre seu compromisso com o liberalismo e sua devoção à causa pró-vida. Pelo contrário, eles entendiam que suas convicções pró-vida eram parte integrante do que significava ser um liberal. Elas eram "para o pequenino" – e o nascituro era "o menor de todos".

No período de 1972 a 1980, no entanto, o movimento liberal abraçou firmemente a causa do aborto – por encomenda, em qualquer ponto da gestação, financiado com o dinheiro dos contribuintes. O movimento conservador ia precisamente na direção oposta. Em 1973, a Suprema Corte proferiu suas decisões em *Roe v. Wade* e seu caso parceiro *Doe v. Bolton*, eliminando efetivamente as leis estaduais que proíbem a morte de crianças não nascidas por aborto. Ironicamente, vários dos Juízes responsáveis por essas decisões eram considerados (e se consideravam) conservadores. Pelo visto, eles eram conservadores nos moldes de James J. Kilpatrick. Mas o movimento conservador maior não aceitou *Roe* e *Doe*. O movimento rejeitou essas decisões por duas razões: primeiro, elas representavam a usurpação inconstitucional (na verdade, anticonstitucional) pelo Judiciário de poderes que a Constituição colocou ou deixou nas mãos dos legisladores; em segundo lugar, constituíam uma grave injustiça contra as minúsculas vítimas do aborto. Em contraste, o movimento liberal colocou as carroças em torno de[172] *Roe* e *Doe*, celebrando essas decisões como vitórias para os direitos das mulheres e liberdades individuais.

Em 1980, quando Ronald Reagan (o qual, como governador da Califórnia na década de 1960, assinou um projeto de lei de liberalização do aborto) tentou a presidência como um conservador ferrenhamente pró-vida, e Edward Kennedy, tendo mudado de lado em relação ao aborto, desafiou o indeciso presidente Jimmy Carter nas primárias democratas como um liberal doutrinário dos "direitos ao aborto", as coisas praticamente se resolveram. Os conservadores "pró-escolha" estavam gradualmente se tornando mais raros, e os liberais "pró-vida" eram quase uma espécie em extinção. (Jesse Jackson ainda mantinha suas convicções pró-vida, mas também cedeu à ortodoxia pró-aborto do movimento liberal quando decidiu buscar a indicação democrata para presidente em 1984.)

Richard Neuhaus, no entanto, manteve suas convicções e se recusou a ceder. Se a posição pró-vida deve ser considerada como a posição "conservadora" sobre a questão do aborto, então a fidelidade à causa do nascituro foi como Neuhaus se tornou o conservador que era. Ele não mudou. Seus princípios não mudaram. Ele acreditou em 1984, e adiante, o que havia acreditado em 1974 e 1964. Para ele, justiça, amor e compaixão apontavam para a proteção de todos os membros da família humana, por mais jovens, pequenos e dependentes que fossem. O que a sociedade devia às mulheres grávidas necessitadas não era a compaixão macabra da faca do aborteiro, mas o amor, o apoio moral e espiritual e a assistência prática de que precisavam

172 Durante o século XIX, muitos colonos viajaram da Costa Leste para o Oeste em carroças cobertas puxadas por cavalos. À noite, ou quando ameaçados durante o dia, as carroças paravam de se mover. Os condutores então alinhavam as carroças em um círculo, como uma forma de protegerem-se de ataques. (N.T.)

para cuidar de si mesmas e de seus filhos. Um grande amigo do padre Neuhaus, e como ele um pastor luterano convertido ao catolicismo, o padre Leonard Klein (1945-2019) colocou em uma bela homenagem: "A política de Richard mudou precisamente porque seus princípios não mudaram".

Em algumas questões, as visões políticas de Neuhaus mudaram porque ele passou a duvidar da sabedoria e da eficácia de programas e políticas nas quais ele uma vez acreditou. A capitulação do movimento liberal à licença do aborto e a resolução do movimento conservador em combatê-lo abriram-no para reconsiderar onde ele deveria estar – o que para ele significava uma reconsideração de onde a verdade deveria ser encontrada –, no que tange a uma variedade de questões. Ele ficou mais cético em relação aos programas burocratizados do governo através dos quais os liberais buscavam combater a pobreza e outros males sociais. Começou a ver que a maioria desses programas não era apenas ineficaz, era até mesmo contraproducente. Por várias razões, as soluções estatistas para a pobreza tendiam a aumentá-la e fortalecê-la, em vez de diminuí-la. E não sem razão, a expansão governamental tendeu a enfraquecer as instituições da sociedade civil, sobretudo a família e a igreja, com as quais contamos para a formação de cidadãos decentes, honestos, responsáveis, cívicos e cumpridores da lei – cidadãos capazes de cuidarem de si, de suas famílias e de pessoas necessitadas.

Neuhaus, é claro, lutou de modo notável contra o movimento liberal à medida que este, cada vez mais, se associava à causa de expulsar a religião e o testemunho moral religiosamente informado da praça pública para o domínio meramente privado. Seu livro *The Naked Public Square* [*A Praça Pública Nua*] fez muito mais do que introduzir uma frase cativante; ele revolucionou o debate. Neuhaus facilmente enxergou através das duvidosas (e, às vezes, risíveis) "interpretações" da cláusula religiosa da Primeira Emenda pela qual os advogados e juízes da ACLU, em sua escravidão ideológica, tentaram privatizar a religião e marginalizar as pessoas de fé. O que o motivou mais firmemente, no entanto, foi a percepção dos papéis indiscutíveis que desempenharam as instituições religiosas e outras estruturas mediadoras na preservação de um regime de liberdade ordenada contra invasões injustificadas do aparato administrativo do Estado. O perigo real, como Neuhaus corretamente o viu, não era que grupos religiosos tomassem o controle do Estado e estabelecessem uma teocracia; era que o Estado solaparia a autonomia e a posição daquelas estruturas que fornecem fontes confiáveis de autoridade na vida das pessoas além da autoridade do Estado – estruturas que poderiam, quando necessário, profeticamente desafiar o injusto ou presunçoso poder estatal.

Para Neuhaus, o movimento liberal falhou não apenas para com santidade da vida humana, mas também para com a gama de questões nas quais sucumbiu à ideologia da esquerda cultural pós-década de 1960. Enquanto celebrava a "libertação pessoal", "diversos estilos de vida", "autoexpressão" e "se faz você se sentir bem, faça", tudo em nome do respeito "ao indivíduo", o liberalismo caiu como um patinho por um conjunto de doutrinas e políticas sociais que apenas aumentariam o tamanho e reforçariam o controle do Estado – principalmente enfraquecendo as únicas instituições disponíveis para fornecer contrapesos ao poder do Estado.

O establishment liberal pós-década de 1960 – do *New York Times* à NBC, de Harvard a Stanford, da *American Bar Association* ao *Americans for Democratic Action* – tendo abraçado a combinação de estatismo e individualismo de estilo de vida que define o que significa ser um "liberal" (ou "progressista" hoje), não conseguia entender Richard Neuhaus ou, na verdade, suportá-lo. Longe de ser idolatrado, ele era odiado por eles, embora com um respeito relutante pelos dons intelectuais que eles esperavam que ele colocasse a serviço de causas liberais. Esses dons foram usados implacavelmente – e com efeito poderoso – contra eles e todas as suas obras e caminhos.

E assim o padre Richard John Neuhaus não passou pela vida, como outrora parecia que iria, colecionando diplomas honorários das mais prestigiadas universidades, recebendo calorosamente discursos perante grandes associações profissionais e em congressos internacionais envolvendo os mais importantes e respeitados, sendo um convidado célebre em reuniões sociais e políticas no Upper West Side, ou aparecendo nos noticiários da rede dominical como fiador espiritual da validade moral das políticas e práticas favorecidas pelo liberalismo.

Seu profundo compromisso com a santidade da vida humana em todos os estágios e condições colocou-o em um caminho diferente, que o levou para fora do redil liberal e para uma intensa oposição. Como uma espécie de artefato de sua juventude, ele permaneceu até o fim como membro registrado do Partido Democrata. Mas ele, enquanto viveu, opôs-se desafiadoramente a muitas das doutrinas e políticas que definiram esse partido. Ele foi, de fato, seu crítico mais contundente e eficaz – o flagelo dos liberais pós-década de 1960. Ele não era, no final das contas, seu Niebuhr, mas seu nêmesis.

CAPÍTULO 27

UMA FILÓSOFA PRÁTICA EM TODOS OS SENTIDOS: G. E. M. ANSCOMBE

"Toda nação que tem leis 'liberais' para o aborto tornou-se rapidamente, se já não era, uma nação de assassinos".

Quem disse isso?

Randall Terry da Operação Resgate? O reverendo Jerry Falwell (1933-2007)? Algum pregador fundamentalista dos Ozarks?

Não.

A pessoa que falou essas palavras foi uma das mais eminentes filósofas acadêmicas do século XX – na verdade, uma mulher que poderia razoavelmente ter afirmado (embora nunca tivesse ocorrido a ela gabar-se assim) ser a maior filósofa de seu sexo em todo o mundo na história moderna: Gertrude Elizabeth Margaret Anscombe – Elizabeth Anscombe – (1919-2001).

Anscombe, membro do Somerville College, de Oxford, que mais tarde sucedeu seu mentor, Ludwig Wittgenstein (1889-1951), na cadeira de filosofia da Universidade de Cambridge, disse essas palavras em uma palestra proferida em alemão e publicada pela primeira vez (em tradução para o inglês) na *Human Life, Action, and Ethics* [*Vida Humana, Ação e Ética*], uma soberba coleção de escritos de Anscombe editada por sua filha Mary Geach – uma excelente filósofa por mérito próprio – e pelo marido de Geach, Luke Gormally.

O volume reúne ensaios que vão desde seu artigo profundamente influente "Filosofia Moral Moderna" até a palestra inédita "The Dignity of the Human Being" ["A Dignidade do Ser Humano"], da qual citei seu trecho "nação de assassinos".

Todos os ensaios pertencem ao que os filósofos, seguindo Aristóteles, chamam de "raciocínio prático". A maioria é sobre o que as pessoas têm motivos para fazer e não fazer e o que devem fazer ou não devem fazer. Mas, em um sentido estrito, nem todos os ensaios se preocupam com a ética. Muitos se concentram em psicologia filosófica e assuntos relacionados, elaborando e desenvolvendo ideias-chave sobre como os atos humanos devem ser entendidos (claro, compreender a ação humana de forma adequada é fundamental se quisermos avaliá-la de maneira inteligente do ponto de vista ético). Foi o trabalho nessa área – sobretudo seu livro de 1957, *Intention* [*Intenção*] – que estabeleceu Anscombe como um gigante intelectual. Como Mary Geach observa na introdução de *Human Life, Action, and Ethics*, "*Intention* mudou a consciência da filosofia anglo-saxônica, tornando todos conscientes de que ações são planejadas sob descrições e que devem ser julgadas, pelo menos, sob elas".

Anscombe era uma oponente poderosa e determinada ao aborto, à eutanásia e à morte intencional de não combatentes na guerra (mesmo em guerra justificada). Ao apreciar essas questões, ela valeu-se dos recursos da filosofia católica – era uma convertida à fé, assim como seu marido, o distinto filósofo Peter Geach (1916-2013) – e da história da filosofia em geral. No entanto, ela nunca hesitou em corrigir o que considerava erros nas doutrinas e modos de pensar tradicionais ou em melhorar as ideias que extraía deles. Por exemplo, embora não descartasse a ideia de "duplo efeito", como alguns filósofos de sua geração fizeram, ela cuidadosamente analisou e limpou as partes do que acabou sendo uma doutrina bastante complexa para mostrar que um ato contar como "assassinato intencional" é uma coisa, mas, se o ato se justifica, mesmo que possa ser demonstrado que se qualifica como a causa não intencional da morte, já se trata de outra coisa.

Anscombe cunhou o termo *consequencialismo* (que ela introduziu na "Modern Moral Philosophy" ["Filosofia Moral Moderna]) para nomear a visão, amplamente mantida hoje, mesmo por pessoas que rejeitam a clássica identificação utilitarista do bem com o prazer e do mal com a dor, de que não há ato que não possa, em certas circunstâncias, ser justificado por suas boas consequências (ou pelas más consequências que provavelmente resultariam da não realização do ato). O consequencialismo, na opinião dela (e na minha), provou ser uma força profundamente destrutiva, não apenas na ética considerada como um campo da filosofia acadêmica, mas também na vida ética de indivíduos e culturas. A convicção de que um pouco de mal pode ser feito corretamente em prol de um bem maior (não importa como se defina "bem"), ou para evitar um mal maior, coloca os seres humanos no caminho de perder completamente o controle sobre o bem e o mal. Para começar, não teríamos chegado a essas leis "liberais" para o aborto se não fosse pela adoção generalizada de uma visão essencialmente consequencialista do certo e do errado.

Curiosamente, Anscombe tinha dúvidas sobre se o embrião humano inicial é um ser humano. Como nos primeiros estágios de desenvolvimento o embrião pode se dividir dando origem a gêmeos monozigóticos ("idênticos"), Anscombe ficou intrigada com o *status* exato da vida humana embrionária inicial. Ela luta com o problema em dois ensaios reimpressos no *Human Life*: "Were You a Zygote?" ["Você foi um zigoto?"] e "Embryos and Final Causes" ["Embriões e Causas Finais"]. Nunca, porém, Anscombe foi tentada a concluir que o aborto – mesmo o aborto precoce – pode ser justificado. Como Mary Geach a cita, "mesmo que fosse certo que, por exemplo, um *conceptus* de uma semana de vida não é um ser humano, o ato de matar o que está nos primeiros estágios da vida humana tem evidentemente o mesmo tipo de malícia que matá-lo mais tarde quando for inquestionavelmente um humano, ou mais de um".

A própria Anscombe admitiu que o embrião inicial é um "todo individual vivo cuja vida é – tudo indo bem – para ser a vida de um ou mais de um ser humano". Isso é certo. E esse "todo individual vivo" nada mais é do que um organismo humano completo e distinto, que possui todo o material genético necessário para informar e organizar seu crescimento, bem como uma disposição ativa para se desenvolver usando essa informação. A direção de seu crescimento não é determinada *extrinsecamente*, mas está de acordo com a informação genética *contida* nele. O embrião humano não é, então, algo de espécie diferente de um ser humano, nem é apenas um "ser humano em potencial", seja lá o que isso possa significar; em vez disso, o embrião humano é um ser humano – um membro vivo inteiro da espécie *Homo sapiens* – no estágio embrionário.

As "dúvidas teóricas" de Anscombe, como as chamava, não desgastaram o que ela denominava de "certezas práticas" sobre a necessidade de respeitar e proteger pela lei a vida humana em todos os estágios e em todas as condições. Tampouco induziram nela qualquer disposição de tolerar a desumanização da criança no útero. Certa vez, participei de uma conferência em que a teóloga Lisa Sowle Cahill se opôs a uma analogia proposta por outro palestrante, Russell Hittinger, entre escravidão e aborto. Cahill disse que os afro-americanos cujos ancestrais sofreram os horrores da escravidão poderiam razoavelmente se ofenderem quando Hittinger os compara a embriões. Anscombe, que também estava presente, imediatamente interveio para dizer: "A senhora não deveria dizer 'embrião', mas sim 'criança concebida'".

No final de sua vida, Anscombe e uma de suas filhas se tornaram ativas no equivalente britânico da Operação Resgate. Elas foram presas por bloquearem uma clínica de aborto em um esforço para impedir os abortos que eram realizados lá. Era, em todos os sentidos, uma filósofa prática.

CAPÍTULO 28

A REALIZAÇÃO DE JOHN FINNIS

"Existem bens humanos que só podem ser garantidos por meio de instituições da lei humana e requisitos de razoabilidade prática que somente essas instituições podem satisfazer".

Com essas palavras, John Finnis, beirando os quarenta anos, começou sua obra-prima, *Natural Law and Natural Rights* [*Lei Natural e Direitos Naturais*] – o livro que não apenas reviveria o interesse acadêmico na venerável, mas profundamente incompreendida, ideia de lei natural e direitos naturais, mas também desafiaria as formas de pensamento dominantes entre os filósofos do direito e filósofos morais e políticos na tradição analítica[173].

Futuros historiadores intelectuais sem dúvida apresentarão o livro, juntamente com outros escritos filosóficos do professor Finnis, como parte do amplo renascimento de abordagens mais ou menos aristotélicas do pensamento moral e político que ganharam destaque a partir do final dos anos 1970. E eles terão razão em fazê-lo. Como Elizabeth Anscombe, David Wiggins, Philippa Foot (1920-2010), Alasdair MacIntyre e muitos outros, Finnis adotou ou adaptou métodos aristotélicos para superar os defeitos das abordagens utilitárias e outras consequencialistas da ética, por um lado, e das abordagens kantianas ou puramente "deontológicas", por outro.

Como os utilitaristas, e ao contrário dos kantianos, esses pensadores (que podem ser chamados de neoaristotélicos) sustentam que o pensamento ético deve estar profundamente ligado a considerações de bem-estar ou prosperidade humana – a *eudaimonia* de Aristóteles. Mas tal pensamento, sustentam eles, não pode tratar o bem humano como algo sujeito à agregação e ao cálculo de tal maneira que possa, de algum modo, tornar coerente e viável uma norma que direcione as pessoas a escolherem a opção (ou agir de

---

173 FINNIS, John. *Natural Law and Natural Rights*. Oxford: Clarendon Press, 2nd ed. 2011.

acordo com a regra) que irá, por exemplo, produzir a "maior felicidade do maior número" ou a "melhor proporção líquida de benefício a prejudicar na totalidade e a longo prazo". Então, como os kantianos, eles rejeitam a crença de que a ética é uma questão de raciocínio técnico (ou "análise de custo-benefício") destinada pura e simplesmente a produzir as melhores consequências possíveis. Diferentemente dos kantianos, porém, eles também rejeitam a ideia de uma ética puramente deontológica, com sua redução do pensamento moral ao domínio da lógica. Com certeza, aceitam a ideia de moralidade como uma questão de retidão no querer, mas argumentam que a escolha moralmente errada não é uma mera questão de inconsistência de pensamento. Em vez disso, a imoralidade consiste em escolher (e, portanto, querer) caminhos contrários ao bem das pessoas humanas.

Um momento crítico – pode-se dizer *o* momento crítico – na biografia intelectual de Finnis ocorreu quando, quase quinze anos antes da publicação do *Natural Law and Natural Rights*, ele deparou-se com a obra de Germain Grisez. Trata-se da "reapresentação e desenvolvimento muito substancial" de Grisez da compreensão de Tomás de Aquino a respeito dos primeiros princípios do pensamento prático, a compreensão articulada no "tratado sobre o direito" da *Suma Teológica*, que tornou possível para Finnis implantar, com o rigor legitimamente exigido na tradição analítica da filosofia, uma abordagem aristotélica dos problemas da filosofia do direito e da filosofia moral e política[174]. De acordo com Grisez e Finnis, Tomás de Aquino entendeu corretamente que os primeiros e mais básicos princípios derivados (*per se nota* e *indemonstrabilia*) [(evidentes por si mesmos ou indemonstráveis)] da razão prática direcionam a escolha e a ação humanas em direção a bens humanos inteligíveis – os vários aspectos irredutíveis do bem-estar e realização humanos que fornecem mais do que razões apenas instrumentais para a ação – e longe de suas privações. Esses primeiros princípios (e os bens humanos básicos aos quais eles se referem ao direcionar nossas escolhas e ações – amizade, conhecimento, apreciação estética crítica, desempenhos habilidosos de vários tipos, etc.) não são normas morais em si (o conhecimento deles é um

---

174 GRISEZ, Germain. "The First Principle of Practical Reason: A Commentary on the *Summa Theologiae*, 1-2, Question 94, Article 2". *Natural Law Forum* 10, 1965, p. 168-96. No prefácio de *Natural Law and Natural Rights*, Finnis reconhece sua dívida intelectual para com Grisez, observando que "a teoria ética avançada nos capítulos III-IV e os argumentos teóricos nas seções VI.2 e XIII.2 são baseados diretamente em minha compreensão de sua representação vigorosa e desenvolvimento muito substancial dos argumentos clássicos sobre esses assuntos".

conhecimento moral incipiente, mas apenas incipiente). Em vez disso, eles orientam e governam *todo* pensamento prático coerente, quer resulte em ação moralmente correta (como visitar um colega doente no hospital simplesmente como um ato de amizade) ou ação imoral (como contar uma mentira para proteger a reputação de um amigo que fez algo vergonhoso).

Normas morais, sejam elas gerais, como a Regra de Ouro ("faça aos outros o que você gostaria que fizessem a você"), ou mais específicas, como a proibição de mentir mesmo para proteger a reputação de um amigo, são especificações da obrigação de honrar a dignidade de toda pessoa humana (incluindo a própria pessoa), respeitando o bem-estar humano em sua plenitude, isto é, os bens básicos da pessoa humana considerados integralmente. E assim, o que Grisez e Finnis, que – juntamente com Joseph M. Boyle Jr. (1942-2016) – mais tarde colaborariam extensivamente no desenvolvimento da teoria moral pioneira de Grisez, chamam de "o primeiro princípio da moralidade" nos obriga a escolher e, de outra forma, desejar de maneiras que sejam compatíveis com um desejo de realização humana integral[175]. Assim como os vários "bens humanos básicos" são especificações do primeiro e mais geral princípio da razão prática, que Tomás de Aquino formula como "o bem (*bonum*) deve ser feito e buscado e o mal (*malum*) deve ser evitado", as várias normas morais sob as quais nos esforçamos para viver e transmitir aos nossos filhos são especificações do primeiro e mais geral princípio da moralidade. Essas normas de moralidade que regem a escolha humana não são meras projeções de sentimento ou emoção, nem são impostas extrinsecamente à razão; ao contrário, são fruto do raciocínio sobre o bem humano e sua diretividade integral e são, nesse sentido, como diz Finnis, requisitos de *razoabilidade* (prática).

175 Esse desenvolvimento é discutido intensamente no ensaio de Joseph Boyle a seguir, na resposta de Finnis a ele e no ensaio de Grisez também. Em *Natural Law and Natural Rights*, Finnis não articulou formalmente o primeiro princípio da moralidade – algo que ele considera uma "falha" no pós-escrito da segunda edição do livro (ver p. 419). Isso, no entanto, foi logo corrigido em seus escritos, como resultado da colaboração com Grisez e Boyle no refinamento e desenvolvimento de sua "nova" teoria do direito natural. Como aponta Finnis, ele concedeu à "abertura ao cumprimento integral" o *status* de "princípio mestre da moralidade" em *Fundamentals of Ethics*. Oxford e Washington: Oxford University Press e Georgetown University Press, 1983, p. 70-74, 120-24 e 1511-52. Uma articulação mais formal do princípio aparece, pela primeira vez, em GRISEZ, Germain; BOYLE JR., Joseph M. e FINNIS, John. "Practical Principles, Moral Truth, and Ultimate Ends". *American Journal of Jurisprudence* 32, 1987, p. 126-29.

Quando Finnis chegou a Oxford, no início dos anos 1960, como um bolsista australiano de Rhodes com um LLB[176] da Universidade de Adelaide, ele teve a sorte de poder escrever sua tese de doutorado (sobre a ideia de poder judicial) sob a supervisão de Herbert Hart (1907-1992), titular da cátedra de jurisprudência da Universidade de Oxford e o proeminente filósofo jurídico anglófono de seu tempo. Hart havia publicado recentemente sua própria obra-prima, *The Concept of Law* [O Conceito de Direito][177]. Muito do que Finnis viria a alcançar na filosofia jurídica e política estaria enraizado no engajamento crítico com o pensamento de Hart. Essa foi uma interação que Hart recebeu como positiva. De fato, em seu papel como editor da prestigiosa *Clarendon Law Series* da Oxford University Press, Hart contrataria Finnis (que, em meados da década de 1960, tornou-se seu colega na faculdade de direito de Oxford) para escrever *Natural Law and Natural Rights*, especificando até mesmo o título. Embora resistindo à maioria das críticas de Finnis a seu trabalho, Hart apreciava profundamente o poder do intelecto de seu jovem colega e a força de seus argumentos.

Embora as afinidades de Hart tendessem a seguir uma direção empirista moderada e até certo ponto utilitária, em certo sentido, seu trabalho (especialmente o *The Concept of Law*) prefigurou o renascimento aristotélico. Apesar de seu firme compromisso com o que considerava como "positivismo jurídico" – que entendia como um compromisso estrito com a "separação conceitual entre direito e moralidade" –, Hart era um crítico severo da visão externalista e reducionista do direito de Jeremy Bentham (ou do conceito de lei). Bentham supôs que o fenômeno social (ou conjunto de fenômenos) que conhecemos como "lei" é mais bem compreendido no modelo de "ordens respaldadas por ameaças" – ordens emitidas por um soberano que é normalmente obedecido, mas que não obedece a ninguém. Nesse entendimento, as leis funcionam como causas do comportamento humano. Elas não criam obrigação, pelo menos no sentido normal e normativo dessa palavra. Em vez disso, elas apenas obrigam – por meio de ameaças de punição por descumprimento. Elas obrigam da mesma forma que um bandido armado obriga uma vítima a entregar sua carteira.

---

176 Bacharel em Direito (em latim: *Legum Baccalaureus*; LL.B.) é um diploma de universitário em direito no Reino Unido e na maioria das jurisdições de direito comum. (N.T.)
177 HART, H. L. A. *The Concept of Law*. Oxford: Clarendon Press, 2nd ed. 1994.

Agora, a objeção de Hart à abordagem de Bentham não era moralista; em vez disso, ele argumentou que ela falhava *descritivamente* – não "se encaixava nos fatos"[178]. Em particular, não levava em conta as maneiras pelas quais as leis caracteristicamente funcionam na vida dos cidadãos e autoridades, pois com frequência fornecem certos tipos de *razões* inteligíveis para a ação, o que ele mais tarde descreveria como "razões peremptórias independentes de conteúdo"[179]. Para "ajustar-se aos fatos", uma abordagem do direito deve prestar atenção ao ponto prático das leis e instituições jurídicas, e traçar as distinções entre os vários tipos de leis e suas várias funções. Mas isso, por sua vez, exige que o teórico do direito, ou sociólogo descritivo[180] do direito e dos sistemas jurídicos, adote o que Hart chamou de "ponto de vista interno" – isto é, o ponto de vista prático dos cidadãos e autoridades para quem as leis fornecem *razões* para agir, entre outras coisas, capacitando-os individualmente e/ou coletivamente a perseguirem certos objetivos e a atingirem certas metas (por exemplo, transportarem-se em uma estrada, casarem-se, celebrarem um contrato comercial vinculativo, estabelecerem um fundo de caridade)[181].

Tendo identificado e adotado o ponto de vista interno, o "conceito" de (e filosofia do) direito de Hart começa a se afastar do voluntarismo (direito como vontade) que está no cerne do positivismo jurídico benthamita, em direção a um reconhecimento do direito como *racionalmente* fundamentado – isto é, como o fornecimento de razões que orientam a escolha. O direito (e as leis), de acordo com Hart, não pode ser reduzido a *causas* do comportamento humano, nem pode ser descrito com precisão como a pura imposição da *vontade* (de um soberano). É caracteristicamente (embora nem sempre) fundamentado e razoável. Pelo menos, ele é capaz de sê-lo, e assim será nos casos centrais ou "focais" em que o direito funciona de maneira a tornar-se inteligível, de início, como um produto de deliberação e julgamento. E, no entanto, o próprio Hart não chegou a se comprometer com tal conclusão. Ele desejava manter o

178 *Ibid.*, p. 78.

179 HART, H. L. A. *Essays on Bentham*. Oxford: Clarendon Press, 1982, cap. 10.

180 Logo na primeira página de *The Concept of Law*, Hart convida o leitor a considerar o livro como um exercício de "sociologia descritiva".

181 Como Finnis aponta, Hart, em *The Concept of Law*, "dá prioridade descritivo-explanatória àqueles que não 'meramente registram e preveem o comportamento em conformidade com as regras', ou atendem às regras 'apenas do ponto de vista externo como um sinal de possível punição', mas sim aos que 'usam as regras como padrões para avaliação de seu próprio comportamento e do comportamento dos outros'". Ver FINNIS, John. *Natural Law and Natural Rights*. Oxford: Oxford University Press, 2nd ed. 2011, p. 12, citando HART, H. L. A. *The Concept of Law*. Oxford: Clarendon Press, 2nd ed. 1994, p. 95-96.

cerne do positivismo jurídico, mesmo enquanto descartava o externalismo (e o voluntarismo estrito) e o reducionismo de Bentham. Foi precisamente por esse abrir mão, essa recusa em identificar o direito totalmente razoável (ou seja, justo) como o caso central do direito e o ponto de vista da autoridade legal e do cidadão moralmente motivados como o caso central do ponto de vista interno, que Finnis criticou a filosofia de outro modo poderosamente convincente de seu professor.

Para Finnis, o caso central de um sistema jurídico é aquele em que as regras e os princípios jurídicos funcionam como razões práticas para os cidadãos, bem como para os juízes e outras autoridades, por causa da apreciação das pessoas por sua virtude e valor – ou seja, seu *objetivo*. A famosa definição *prática* de direito de Tomás de Aquino como uma ordenação da razão, dirigida ao bem comum, pelas pessoas e instituições responsáveis pelo cuidado da comunidade aqui tem seu significado na teoria jurídica *descritiva*. Finnis observa:

> Se considerarmos as razões que as pessoas têm para estabelecerem sistemas de direito positivo (com poder para anular costumes imemoriais), e para mantê-los (contra a atração de fortes paixões e interesses individuais) e para reformá-los e restaurá-los quando se deterioram ou colapsam, descobrimos que apenas as razões morais com base nas quais muitas dessas pessoas frequentemente agem são suficientes para explicar por que o empreendimento de tais pessoas toma a forma que toma, dando aos sistemas jurídicos as muitas propriedades que eles têm – propriedades que um relato descritivo cuidadoso como o de H. L. A. Hart identifica como característico do caso central do direito positivo e do significado central de "direito", e que, portanto, tem lugar em um conceito adequado (entendimento e explicação) do direito positivo[182].

Mas o próprio Hart recusou-se a distinguir, do ponto de vista interno, os casos centrais dos casos periféricos. Assim, ele tratou os casos de obediência à lei em virtude de "atitudes irrefletidas herdadas" e mesmo o "mero desejo de fazer como os outros fazem" como indistinguíveis da fidelidade moralmente motivada à lei[183]. Essas "considerações e atitudes", como aquelas que se reduzem

---

182 FINNIS, John. "The Truth in Legal Positivism". Robert P. George (ed.). *The Autonomy of Law: Essays on Legal Positivism*. Oxford: Clarendon Press, 1996, p. 195-214, 204.

183 HART, H. L. A. *The Concept of Law*. Oxford: Clarendon Press, 2nd ed. 1994, p. 198.

até o interesse próprio ou a prevenção de punição, são, argumenta Finnis, "instâncias diluídas ou atenuadas do ponto de vista prático que traz o direito à existência como um tipo significativamente diferenciado de ordem social e o mantém como tal. Na verdade, elas são parasitas desse ponto de vista"[184].

Isso não é sugerir que Finnis negue qualquer sentido válido à insistência de Hart na "separação conceitual" de direito e moralidade[185]. É apenas para destacar a ambiguidade da afirmação de tal separação e a necessidade de distinguir, ainda mais cuidadosa e claramente de como fez Hart, entre os aspectos em que tal separação ocorre e aqueles em que não ocorre. Menos ainda é sugerir que a crença na lei natural ou em outras formas de realismo moral implicam a proposição de que a lei e a moralidade estão conectadas de modo a conferir aos juízes autoridade plena para fazerem cumprir os requisitos da lei natural ou para invalidarem juridicamente as provisões do direito positivo que julguem estar em conflito com esses requisitos. O escopo e os limites do poder judicial constituem uma questão à parte – que foi o foco da crítica da jurisprudência de Hart por outro de seus eminentes ex-alunos, o falecido Ronald Dworkin, que culpou o positivismo de Hart por estreitar excessivamente a autoridade dos juízes e de outras autoridades para trazer julgamentos morais para o empreendimento da interpretação jurídica[186]. Finnis não concordou com a crítica de Dworkin à jurisprudência de Hart – uma crítica que, às vezes, é considerada procedente de um ponto de vista de direito natural próprio – e partes do trabalho de Finnis sugerem razões para acreditar que a crítica de Dworkin é equivocada em aspectos importantes. Para Finnis, a verdade da proposição *lex iniusta non est lex* (uma lei injusta não é lei alguma) é uma verdade moral – a saber, que a obrigação moral criada

---

184 FINNIS, John. *Natural Law and Natural Rights*. Oxford: Oxford University Press, 2nd ed. 2011, p. 14.

185 Ver, no geral, FINNIS, John. "The Truth in Legal Positivism". Robert P. George (ed.). *The Autonomy of Law: Essays on Legal Positivism*. Oxford: Clarendon Press, 1996.

186 Dworkin apresentou sua crítica ao "positivismo" de Hart e Joseph Raz em *Taking Rights Seriously*. Cambridge: Harvard University Press, 1977. Finnis comenta a crítica de Dworkin em uma esclarecedora nota final do capítulo 2 de *Natural Law and Natural Rights*, argumentando que o debate "fracassa" porque Dworkin "falha em reconhecer que seu interesse teórico não é, como o dele, identificar um 'teste' fundamental 'para a lei', a fim de identificar (mesmo nos 'casos difíceis' mais disputados) onde realmente reside o dever legal (moral e político) de um juiz, em uma determinada comunidade em um determinado momento. Em vez disso, seu interesse está em descrever o que é tratado (isto é, aceito e efetivo) como direito em uma determinada comunidade em um determinado momento, e em gerar conceitos que permitirão que tais descrições sejam claras e explicativas, mas sem a intenção de oferecer soluções (sejam 'respostas corretas', sejam padrões que, se aplicados adequadamente, produziriam respostas corretas) para questões disputadas entre advogados competentes".

pela promulgação legal autoritária (isto é, pelo direito positivo) é condicional, em vez de absoluta. A obrigação moral *prima facie* de obedecer à lei é *revogável*. Finnis não afirma que as leis injustas não são leis em sentido legítimo[187], nem argumenta que os juízes gozam, como uma questão de direito natural, de algum tipo de autoridade plenária para invalidar ou mesmo subverter ou ignorar as leis que consideram (mesmo que razoavelmente considerem) como injustas.

Vemos, então, que Finnis leva em conta os principais *insights* de Hart derivados de seu engajamento crítico com o positivismo jurídico benthamita e os leva a suas conclusões lógicas – conclusões que movem a filosofia jurídica para além do positivismo jurídico, mesmo em sua relativamente modesta iteração hartiana, em um reconhecimento do direito como, em um sentido significativo, conectado com a busca da razão pela justiça e pelo bem comum (o direito como razão, e não meramente vontade). No processo, ele desfere um golpe contra uma conhecida caricatura da lei natural, cuja ampla aceitação – incluindo, incidentalmente, pelo próprio Hart, bem como por Hans Kelsen (1881-1973) e outros – forneceu motivos aparentes para os estudiosos rejeitarem-na.

A conquista de John Finnis vai muito além de suas contribuições marcantes à filosofia do direito. Inclui seu trabalho com Grisez e Boyle no desenvolvimento da compreensão do raciocínio prático e do julgamento moral, que veio a ser conhecida, problematicamente, como a "nova" teoria da lei natural[188]. Também inclui seus escritos críticos contra o ceticismo moral, o utilitarismo e outras formas de consequencialismo na ética e teorias éticas que pretendem deixar de lado as considerações de bem-estar humano ao identificar normas de conduta para a vida moral[189]. Inclui também trabalhos significativos em filosofia política, alguns dos quais direcionados a puxar o tapete debaixo

187 FINNIS, John. *Natural Law and Natural Rights*. Oxford: Oxford University Press, 2nd ed. 2011.

188 A substância da explicação da lei natural oferecida por Finnis *et al.* dificilmente é nova. Seu núcleo pode ser encontrado em Tomás de Aquino, e muito disso, por sua vez, Tomás de Aquino extrai de Aristóteles. É verdade que Finnis, Grisez e outros desenvolveram a teoria tomista da lei natural de várias maneiras e articularam a teoria em um idioma filosófico moderno. Mas desenvolver uma teoria não é rejeitá-la. É, antes, aceitar sua substância e extrair suas implicações ulteriores. Foi o que fizeram, por exemplo, mostrando como a reflexão sobre a diretriz ou prescritividade integral dos princípios da razão prática que Tomás de Aquino apresenta nos permite identificar princípios e normas morais que distinguem opções de escolha em plena sintonia com tudo o que a razoabilidade exige de opções que, de uma forma ou de outra, ficam aquém ou em conflito com todas as exigências de razoabilidade prática.

189 Ver, especialmente, FINNIS, John. *Fundamentals of Ethics*. Oxford: Oxford University Press, 1983.

das formas mais influentes da teoria política "liberal" de nosso tempo – a saber, aquelas teorias "antiperfeccionistas" (muitas vezes, subscrevendo uma ideologia de individualismo expressivo e/ou possessivo), como a teoria da justiça e o "liberalismo político" que o falecido John Rawls desenvolveu. De acordo com a teoria de Rawls, as decisões políticas podem não ser legitimamente baseadas em ideias controversas sobre o que contribui ou prejudica um modo de vida valioso e moralmente digno. Rawls também propôs que, em decisões pertinentes a fundamentos constitucionais e questões de justiça básica, a liberdade não pode ser legitimamente limitada, exceto com base em "razões públicas" (onde o conceito de razão pública exclui estritamente as razões extraídas de princípios filosóficos e religiosos "abrangentes" – por mais razoáveis que essas visões "abrangentes" possam ser)[190].

As contribuições de Finnis na filosofia política vão além de suas críticas às principais obras de influentes pensadores liberais contemporâneos, como Rawls, Dworkin e o falecido Robert Nozick (1938-2002). O *Natural Law and Natural Rights*, especialmente os capítulos 6-11, constituem uma importante contribuição afirmativa ao pensamento sobre (1) a justiça e seus requisitos; (2) o conteúdo (e escopo) do bem comum político; (3) os direitos, incluindo direitos humanos, e sua identificação; (4) os fundamentos racionais para honrar a autoridade legal e política e reconhecer a obrigação legal e política; e (5) a natureza e funções sociais da lei. Em todas essas áreas, as análises e prescrições de Finnis são notáveis não apenas por seu rigor analítico e precisão, mas também por sua atenção às complexidades do assunto. Tomados em conjunto, o *Natural Law and Natural Rights* e ensaios posteriores representam uma contribuição importante e distinta para o debate contemporâneo a respeito da seleção de princípios políticos e o desenho adequado e funcionamento saudável das instituições políticas[191].

Na ética normativa e na teoria política, Finnis tem sido uma força inigualável na defesa da inviolabilidade moral da vida humana em todos os estágios e condições e a norma contra tornar a morte ou lesão de um ser humano

---

190 Ver RAWLS, John. *A Theory of Justice*. Cambridge: Harvard University Press, 1971; RAWLS, John. *Political Liberalism*. Nova York: Columbia University Press, 1993; NOZICK, Robert. *Anarchy, State, and Utopia*. Oxford: Oxford University Press, 1974; DWORKIN, Ronald. *A Matter of Principle*. Cambridge: Harvard University Press, 1985.

191 Finnis expandiu, aprofundou e enriqueceu de várias maneiras o que ele originalmente apresentou no *Natural Law and Natural Rights* em artigos que publicou posteriormente, a maioria dos quais está incluída nos cinco volumes de *Collected Essays of John Finnis*. Oxford: Oxford University Press, 2011.

o objeto preciso de sua escolha. Ele escreveu fortemente contra o aborto, o infanticídio, a eutanásia e a vontade intencional (incluindo a condicional) de matar ou mutilar não combatentes (incluindo soldados inimigos capturados ou subjugados), mesmo em guerras justificadas. Da mesma forma, ele tem sido uma voz importante na defesa do entendimento histórico do casamento como uma parceria conjugal – a união de marido e mulher. Em muitos casos, seus pontos de vista o colocaram em desacordo com a ortodoxia socialmente liberal que prevalecia nas universidades e em outros setores intelectuais da cultura; em alguns, eles o colocaram em desacordo com o que hoje são consideradas posições conservadoras. Como seu herói Sócrates, em uma analogia que sua louvável humildade o levaria a rejeitar veementemente, ele seguiu os argumentos onde quer que eles o levassem, e nunca hesitou em afirmar e defender uma visão porque ela ia contra os dogmas intelectuais, morais ou políticos do dia. Os elogios e as honras que lhe foram conferidos não foram adquiridos pelo conformismo com uma opinião pretensamente esclarecida ou pelo silêncio em relação ao que julga serem os seus graves defeitos. Sua dissidência poderosa e muito pública dificilmente poderia ter sido planejada para lhe render uma cadeira pessoal em Oxford ou a eleição como membro da Academia Britânica. Nisso, como em tantos outros aspectos, ele sempre foi uma inspiração para aqueles de nós afortunados o suficiente para termos sido seus alunos e para jovens estudiosos nos vários campos de seu interesse e influência, que conhecem seu trabalho e o testemunho da incondicional busca da verdade que representa.

E isso nos leva a uma última área de seu interesse e influência, uma na qual as verdades buscadas são verdades sobre coisas últimas. Ainda um jovem filósofo, em um meio dominado pelo secularismo – que já mostrava sinais de hostilidade à dissidência –, ele fez a passagem do secularismo para o cristianismo (católico), sob a influência de filósofos clássicos e também de santos cristãos. Não é que ele tenha chegado à fé e, portanto, viu o mundo de maneira diferente. Quando muito, o inverso era verdadeiro. O horizonte fechado do secularismo limitou artificialmente as questões que, perseguidas com implacabilidade socrática, solapam a própria secularidade e inauguram um caminho de fé que bem pode conduzir à afirmação racional das realidades espirituais e à abertura a alguma forma de comunicação e amizade com uma fonte transcendente de significado, valor e, de fato, tudo o que existe.

Foi, em outras palavras, a reflexão sobre o mundo – e as múltiplas ordens de inteligibilidade (a natural, a lógica, a moral, a técnica) em que ele se apresenta a nós e cede ao nosso questionamento e investigação – que levou John Finnis a concluir que há mais coisas a serem compreendidas (e engajadas) do que podem ser imediatamente percebidas pelos sentidos ou explicadas por investigação empírica ou análise técnica. Como tantos outros notáveis filósofos modernos que fizeram a jornada do secularismo ao catolicismo – Elizabeth Anscombe, Alasdair MacIntyre, Michael Dummett (1925-2011), Peter Geach, Nicholas Rescher –, foram a razão e o raciocínio que o levaram à fé.

A fé não deveria ser, para Finnis, puramente uma questão de piedade pessoal separada de seus esforços como filósofo. Não poderia ser, uma vez que as linhas de questionamento que devem ser seguidas nas disciplinas filosóficas práticas – ética, filosofia política, filosofia do direito – irão nos levar às mais profundas questões de significado e valor, a menos que, por nenhuma razão adequada, decidamos abandoná-las. A própria razão, se é algo mais do que um poder computacional, é uma capacidade espiritual, que não é redutível apenas a causas materiais e eficientes. E a razão não pode ser um poder meramente computacional se de fato for capaz de apreender mais do que razões meramente instrumentais para a ação (e sua diretividade integral) – razões (incluindo normas morais) que são capazes de orientar escolhas verdadeiramente livres. E, se somos de fato criaturas racionais e livres – isto é, pessoas, seres cuja constituição fundamental (natureza) é orientada para deliberação, julgamento e escolha –, então não somos criaturas meramente materiais, mas também espirituais, criaturas cujo bem integral inclui não apenas nossa saúde corporal (biológica), mas também nosso bem-estar intelectual, moral e espiritual. Obviamente, esses fatos antropológicos, se, na verdade, o são, não podem deixar de ser altamente relevantes para questões de ética, filosofia política e filosofia do direito, bem como para a teologia (incluindo, centralmente, a teologia moral).

O trabalho de Finnis em teologia moral levou as mais altas autoridades da Igreja católica a convocá-lo para servir em seu conselho teológico mais importante, a Comissão Teológica Internacional. Lá ele trabalhou especialmente nas correntes filosóficas e teológicas que estavam limpando o conceito de atos intrínseca e moralmente ilícitos. Em sua própria voz, e sem pretender falar pela comissão, ele publicou um pequeno, mas valioso livro sobre o assunto, intitulado *Moral Absolutes* [*Absolutos morais*][192]. Aqui, a meu ver, temos um exemplo supremo do valor do trabalho filosófico rigoroso organizado nas causas de compreender os dados da Revelação e de iluminar e enriquecer os ensinamentos da fé. A obra vindica a afirmação notoriamente proposta pelo Papa João Paulo II na frase de abertura de sua encíclica *Fides et Ratio*: "A fé e a razão são como duas asas nas quais o espírito humano ascende à contemplação da verdade". As conquistas de busca da verdade de John Finnis foram possíveis por sua disposição de usar ambas as asas.

---

192 Ver FINNIS, John. *Moral Absolutes: Tradition, Revision, and Truth*. Washington: Catholic University of America Press, 1991, p. 26-50.

CAPÍTULO 29

ELIZABETH FOX-GENOVESE: UMA VIDA BEM VIVIDA

Elizabeth Fox-Genovese (1941-2007) foi uma erudita tão notável por sua bravura quanto por seu brilhantismo. Depois do que ela descreveu como seu "longo aprendizado" no mundo dos intelectuais liberais seculares, foi uma reflexão cuidadosa sobre as questões morais centrais de nosso tempo que a levou primeiro a duvidar e depois a abandonar tanto o liberalismo quanto o secularismo. Desnecessário dizer que isso não a tornou querida para seus antigos aliados.

No centro de suas dúvidas sobre o liberalismo secular (e o que ela descreveu como "feminismo radical e de luxo"), estava sua aceitação do aborto e seu flerte (contínuo) com a eutanásia. Primeiramente, ela concordou com o aborto, embora com relutância, acreditando que os direitos das mulheres de desenvolverem seus talentos e controlarem seus destinos exigiam sua [do aborto] disponibilidade legal. Mas Betsey (como era conhecida pelos amigos) não era uma pessoa que conseguia desviar os olhos de fatos inconvenientes. O fato central sobre o aborto é que ele é a morte deliberada de uma criança em desenvolvimento no útero. Para Betsey, eufemismos como "produtos da concepção", "interrupção da gravidez", "privacidade" e "escolha" não poderiam esconder esse fato. Ela veio a perceber que tolerar o aborto não é respeitar a "privacidade" ou a liberdade das mulheres; é supor que algumas pessoas têm o direito de decidir se outras vão viver ou morrer. Em uma declaração que ela sabia que inflamaria muitos da esquerda e até custaria suas valiosas amizades, ela afirmou que "nenhuma quantidade de opressão passada pode justificar a opressão das mulheres sobre os mais vulneráveis entre nós".

Betsey sabia que a defesa pública pró-vida seria considerada por muitos no meio intelectual como uma apostasia intolerável – especialmente vindo de uma das fundadoras dos "estudos femininos". Ela poderia ter sido perdoada se tivessem mantido silêncio sobre o assunto e tivesse dado continuidade ao seu trabalho profissional sobre a história do Sul dos Estados Unidos. Mas manter silêncio sobre questões fundamentais de certo e errado não fazia parte de seu caráter. Embora valorizasse sua posição no mundo intelectual, ela se importava mais com a verdade e a justiça. Então falou cada vez mais apaixonadamente em defesa dos nascituros.

E quanto mais ela pensava e escrevia sobre o aborto e outras questões da vida, mais convencida ficava de que todo o projeto liberal secular estava equivocado. Os liberais seculares não estavam se desviando de seus princípios ao endossarem a matança, seja por aborto ou eutanásia em nome da "escolha" individual; eles os estavam seguindo até suas conclusões lógicas. Mas isso revelou uma profunda contradição no cerne da ideologia liberal secular, pois o direito de alguns indivíduos de matar outros solapa qualquer base de princípios sobre a qual uma ideia de direitos individuais ou dignidade possa ser fundada.

Mesmo em sua juventude como uma liberal secular, ela nunca esteve entre aqueles que desdenhavam os crentes religiosos ou os desprezavam. Como historiadora e crítica social, ela admirava as conquistas culturais e morais do judaísmo e do cristianismo. À medida que cresciam suas dúvidas sobre o secularismo, ela passou a considerar seriamente se as afirmações religiosas poderiam ser realmente verdadeiras. A razão a conduziu à porta da fé, e a oração a capacitou a atravessá-la. Como ela mesma descreveu, sua conversão do secularismo ao catolicismo teve um grande componente intelectual, mas, no final, foi menos uma escolha dela do que a graça de Deus.

Betsey continuou seus trabalhos acadêmicos, especialmente em colaboração com seu marido, Eugene Genovese, o mais distinto historiador sobre a escravidão americana em nosso país. Não muito tempo atrás, a Cambridge University Press publicou a obra-prima do autor, *The Mind of the Master Class* [A Mente da Classe dos Senhores]. Logo após a conversão religiosa de Betsey, Gene (que havia sido um marxista declarado, mas que, gradualmente, moveu-se na direção do conservadorismo cultural e político) voltou à fé católica de sua infância sob a influência de sua amada esposa.

Como se ela já não tivesse antagonizado o *establishment* intelectual o suficiente, Betsey logo começou a falar em defesa do casamento e da moralidade sexual. Sua rejeição radical da ideologia da revolução sexual – uma ideologia que agora goza do *status* de dogma infalível entre muitos intelectuais liberais seculares – foi baseada em uma profunda apreciação da centralidade do casamento para a realização de homens e mulheres como cônjuges sexualmente complementares; para o bem-estar dos filhos, para quem o amor da mãe e do pai um pelo outro e por eles é literalmente indispensável; e para a sociedade em seu conjunto, que depende da família matrimonial para a formação de cidadãos responsáveis e íntegros. Se sua defesa pró-vida irritou muitos intelectuais liberais, sua defesa franca do casamento e das normas tradicionais de moralidade sexual os deixou apopléticos.

O casamento de Betsey com Gene foi uma das grandes histórias de amor de nosso tempo. Eram duas personalidades muito diferentes, perfeitamente unidas. Ele era o chefe da família; ela tomava conta de tudo. A afeição que sentiam um pelo outro criava uma espécie de campo de força para o qual os amigos eram atraídos pelo amor de ambos. Embora incapazes de terem seus próprios filhos, esbanjavam cuidado paternal e preocupação para com seus alunos e colegas mais jovens, os quais, por sua vez, os adoravam.

Betsey nos deixou muitos trabalhos excelentes de estudos históricos e críticas sociais – trabalhos admirados por estudiosos sérios de todo o espectro político. Ainda mais importante, sua vida fornece um exemplo insuperável de integridade intelectual e coragem moral. Seu fervoroso testemunho da santidade da vida humana e da dignidade do matrimônio e da família continuará a servir de inspiração. Que o Deus vivo que a atraiu para Si lhe conceda uma participação plena em Sua vida divina.

CAPÍTULO 30

EUGENE GENOVESE: CONTADOR DA VERDADE

Eugene Dominick Genovese (1930-2012), o eminente historiador da escravidão e da América do Sul que morreu em 26 de setembro de 2012, em sua casa em Atlanta, era lendário não apenas pelo brilho de sua erudição, mas também por sua integridade intelectual e sua total aversão à hipocrisia e conversa fiada.

Embora eu não seja um historiador e nunca tenha estado em sua sala de aula, não posso deixar de pensar em Gene como um professor estimado; e, em mim, como um de seus alunos. Gene e sua falecida esposa, Elizabeth Fox-Genovese, uma historiadora igualmente ilustre e sua coautora em muitas obras importantes, eram meus queridos amigos. Aprendi muito com eles não apenas sobre os assuntos históricos aos quais se dedicaram tão fecundamente, mas também, e mais importante, sobre o que significa – e o que é necessário para – ser um estudioso.

O lugar de Gene no panteão dos historiadores americanos foi fixado por seu estudo pioneiro a respeito da escravidão na América pré-guerra civil intitulado *Roll, Jordan, Roll: The World the Slaves Made*[193] [*A Terra Prometida — o Mundo que os Escravos Fizeram*]. Embora dificilmente seja uma apologia da escravidão – na verdade, Gene ainda era um revolucionário marxista devoto quando escreveu o livro, e assim permaneceria por muitos anos –, a obra

---

193 A expressão "Roll, Jordan, Roll", na tradução do livro para o português, ficou "Terra Prometida". Uma das características mais marcantes dos escravos era a luta para não perderem sua identidade. Ou eles mantinham suas culturas africanas, ou as fundiam com as americanas ou europeias, criando outras novas para si. "Adaptar e apropriar-se de canções para suas próprias necessidades, linguagem e comunidades foi um excelente exemplo disso. Essas canções geralmente tinham origens cristãs e ficaram conhecidas como *spirituals*. Eram cantadas por escravos como canções de adoração, subversão ou simplesmente como uma descarga emocional. *Roll, Jordan, Roll* foi escrita por Charles Wesley, um pregador metodista inglês em 1700, e apresentada aos escravos que trabalhavam em plantações nas Américas em 1800. Foi logo adotada e adaptada e, como muitos *spirituals*, afirma-se que inclui mensagens codificadas – o rio Jordão, por exemplo, simbolizando os rios Mississippi e Ohio como uma rota para o norte e para a liberdade". Ver: https://ageofrevolution.org/200-object/roll-jordan-roll/. (N.T.)

enfatizava como os escravos mantinham sua humanidade, em parte com a cooperação efetiva dos proprietários e suas famílias, com quem os escravos mantinham relações inconfundivelmente humanas (ainda que desiguais e profundamente injustas). O livro mostrou que os escravos eram capazes, apesar da injustiça e dos horrores da escravidão, de "criar um mundo" para si. Eles eram atores, não meras criaturas inertes sendo influenciadas por outros (ou por "forças" da história ou da sociedade).

Em *Roll, Jordan, Roll* e outras obras, Gene demonstrou para o historiador social o valor de adotar de forma compreensiva as perspectivas daqueles cujas vidas são estudadas. Ele conseguiu transmitir uma ideia de como as coisas realmente eram nos dias da escravidão americana, reproduzindo os pontos de vista dos escravos, seus senhores na classe dos fazendeiros, sulistas brancos não proprietários de escravos e outros.

As habilidades de Gene como pesquisador e escritor, seu brilhantismo e agudeza eram óbvios. Eles saltavam das páginas de qualquer livro ou artigo que ele escrevesse. Outras virtudes são percebidas, no entanto, quando se olha para o corpo de sua obra como um todo. Não podemos deixar de ficar impressionados com o rigor analítico de sua erudição, sua honestidade intelectual impecável e sua determinação de avaliar evidências e de tirar conclusões justas, embora ideologicamente desagradáveis. Pelo exemplo, e não apenas por preceito, Gene ensinou a todos nós que lemos seus escritos, alunos ou não, a seguirmos as evidências e os argumentos aonde quer que eles levem, independentemente de quais foram nossos compromissos anteriores.

A prática dessas virtudes não deve ter sido fácil para Gene Genovese, pois era um homem de fortes paixões. Nesse ponto, seus amigos e admiradores e seus inimigos e detratores estarão em perfeito acordo. A imparcialidade de sua erudição histórica era notável para um homem cujas paixões morais e políticas eram tão formidáveis.

Quando olho para trás, para a longa vida de Gene como estudioso e polemista, duas paixões se destacam sobre as demais: sua paixão pela justiça e sua paixão pela verdade.

A paixão pela justiça é, com certeza, uma coisa boa, mas, às vezes, pode levar as pessoas a se desviarem do caminho. Isso aconteceu no caso de Gene. Foi sua paixão pela justiça que o levou, aos quinze anos, ao marxismo e ao Partido Comunista. Embora aos vinte anos tenha conseguido ser expulso do partido – ele pensava "assim" como explicaria mais tarde, quando a linha partidária pensava "assado" –, permaneceu um comunista declarado e fiel por muitas décadas depois disso.

Esta pergunta poderia ser feita a Gene, assim como a tantas outras pessoas brilhantes: "Como alguém tão intelectualmente talentoso – e honesto – pode cair feito um patinho por uma visão (sejamos sinceros) tão absurda quanto o marxismo, e ter ficado preso nisso por todos esses anos?".

Aqui está como. Nascido em 1930, Gene cresceu durante a Grande Depressão em uma casa de classe trabalhadora, no bairro de Bensonhurst, no Brooklyn. Seu pai era um calafetador de madeira. Devido às suas circunstâncias, testemunhou não apenas pobreza e desespero, mas também episódios repugnantes de exploração e abuso. Quando, no final da década de 1930, o pai de Gene perdeu o emprego, ele pessoalmente experimentou o sofrimento. Depois que sua fé comunista finalmente desmoronou, refletiu sobre a experiência em uma entrevista que vale a pena citar em detalhe:

> Eu [...] passei meus primeiros oito ou nove anos na pior depressão da história americana. Meu pai não sabia nada sobre ideologia de esquerda e, como tantos outros trabalhadores, era um democrata do New Deal. Roosevelt era seu deus. Aqueles foram anos difíceis, especialmente 1938, quando meu pai ficou desempregado por seis meses e [era] orgulhoso demais para viver de auxílio, como era chamado o bem-estar social naquela época. Não é agradável ver seus pais comendo menos para que você e seu irmão possam ter uma refeição adequada. Acredite em mim, é ruim para a digestão.
>
> Seja como for, cresci em uma casa com consciência de classe. Consciente de classe, mas de forma alguma ideologicamente orientada. Eu odiava a burguesia com a terrível paixão que talvez só uma criança possa reunir. Quando me deparei com os comunistas aos quinze anos e li *O Manifesto Comunista* e alguns outros panfletos, de repente tive um foco preciso para o meu ódio. Eu teria enviado de bom grado os bastardos para os pelotões de fuzilamento em grande número, e suas esposas e filhos junto com eles.
>
> No entanto, algo sempre me incomodou em meu pai. Ninguém poderia odiar os chefes com mais intensidade do que ele, mas, ao contrário do filho [ou seja, do próprio Gene], era seletivo em seu ódio. Ele admirava o velho sr. Cadell, que começou como operário e construiu o pequeno estaleiro no qual papai trabalhava. Ele considerava o sr. Cadell um homem decente, que trabalhou duro pelo que conquistou

> e tentou tratar seus trabalhadores com decência. Foi Cadell Júnior quem assumiu o negócio, quem provocou a ira de papai e em quem ele teria atirado. Não consigo imaginar meu pai, que era um homem rigoroso, concordando em atirar na esposa e nos filhos de alguém.

A última frase, é claro, é a graça da piada. Gene está aí se distinguindo como comunista de seu pai, que era um democrata do New Deal. Então ele continua:

> Em particular, meu pai ficou furioso ao ver os lacaios de Júnior jogando bifes para seus cachorros, enquanto seus trabalhadores desempregados imploravam por um dia de trabalho. Eu sei que papai não inventou essa história, ou a história do capataz que era ainda pior que seu patrão e acabou com a cabeça esmagada por uma marreta de calafetador. Os trabalhadores, incluindo meu pai, disseram à polícia que não tinham visto nada e não sabiam de nada. Eles sabiam que não estavam prestes a julgá-lo.

Gene cresceu em uma família católica italiana. Claro, o cristianismo tinha uma crítica à exploração e à injustiça. Tinha uma história – profundamente enraizada na Bíblia e especialmente nos profetas – sobre a necessidade de se opor à injustiça. Mas não tinha algo que o comunismo oferecia ao jovem e apaixonado Eugene Genovese – a saber, *um programa*. Assim, o jovem Gene, encantado com o programa, abandonou o cristianismo e se juntou aos comunistas.

Mas a paixão de Gene pela verdade, ao longo de toda a sua vida, mesmo nos momentos mais intensos do seu período comunista, era poderosa. E, no final, venceria. Essa extraordinária integridade intelectual e pessoal era sua marca registrada.

Em nenhum lugar a integridade de Gene, enraizada em sua paixão pela verdade, era mais evidente do que em sua posição contra a politização ou instrumentalização da academia. Nenhum fim, por mais que ele pessoalmente o estimasse, poderia justificar isso aos seus olhos. Em meados da década de 1960, no auge da Guerra Fria, quando Gene lecionava na Universidade Rutgers, ele pediu publicamente a vitória de Ho Chi Minh (1890-1969) e dos norte-vietnamitas sobre os americanos. A Guerra do Vietnã ainda não havia se tornado amplamente impopular, então os comentários de Gene foram considerados ultrajantes, até mesmo traidores. Políticos, incluindo o futuro presidente Richard Nixon (1913-1994), pediram que a Rutgers o demitisse. Tornou-se uma questão muito pública.

O que recebeu muito menos publicidade foi o seguinte: não muito tempo depois desse episódio, Gene travou uma batalha solitária na American Historical Association contra uma resolução, semelhante às aprovadas por outras associações acadêmicas e profissionais, para condenar o envolvimento americano na guerra do Vietnã. Por que um historiador marxista que favoreceu uma vitória norte-vietnamita faria isso? A resposta é simples: um profundo compromisso com a integridade dos estudos acadêmicos e uma aversão igualmente profunda à sua politização. Enquanto os colegas clamavam pela aprovação da resolução, Gene os alertou de que seguir esse caminho levaria à corrupção da vida intelectual. Ele observou que o que os unia como membros de uma associação acadêmica profissional não era um conjunto comum de crenças políticas; era, antes, um compromisso compartilhado com a busca do conhecimento e a obtenção da verdade. As "linhas partidárias" políticas não tinham lugar na associação, mesmo quando a linha em questão era uma à qual ele havia aderido pessoalmente.

Veja bem, Eugene Genovese, mesmo como marxista, sabia que a paixão pela justiça poderia representar um grave perigo para a causa da verdade. E ele estava perfeitamente cônscio de que pessoalmente estava longe de ser imune ao perigo. Aqui estão suas próprias palavras: "Meu maior problema como historiador sempre foi, suponho, o esforço consciente de controlar meu ódio" – isto é, seu ódio à exploração, seu ódio à injustiça – "e não deixar que isso distorça minha leitura do registro histórico. Tenho certeza de que isso cobrou seu preço, mas espero ter reduzido esse preço ao mínimo".

Os leitores que conheceram Gene pessoalmente reconhecerão a palavra que, segundo ele, era a pior coisa da qual ele poderia chamar uma pessoa – em especial se essa pessoa fosse um colega acadêmico. Ele poderia sibilar esta palavra: *faker*[194]. Por "*faker*", Gene quis dizer alguém que finge ser algo que não é – alguém, em particular, que apenas finge integridade intelectual e erudição honesta. Gene desprezava o conformismo intelectual e odiava

---

194 Dado que o autor define o que Genovese quer dizer com *faker*, manteremos o termo em inglês. Genovese não apenas selecionou o significado, mas também esse exato termo, e não outro, para expressar-se. Isso significa que para ele não apenas o conteúdo (significado) era importante, mas também a palavra (significante). Essa escolha vocabular mais rígida é um recurso linguístico que ocorre em poesia, no humor e em críticas. (N.T.)

o "politicamente correto". Ele tinha um desprezo especial por aqueles que toleravam ou concordavam com esses vícios por motivos carreiristas, ou para chamar a atenção, ou (aliás – e há mais disso na academia do que os não acadêmicos sabem) para conseguir garotas. Eles eram "*fakers*".

Mas há outra palavra que Gene preferia, e era a melhor coisa da qual ele poderia chamar alguém. Essa palavra é *corajoso*. Gene sabia que é preciso coragem – em qualquer época, não apenas na nossa – para se ter integridade, para exemplificá-la em seu trabalho, especialmente em seu trabalho como acadêmico. Dizer o que se acredita ser verdade, mesmo quando é impopular ou vai contra a corrente, requer coragem. E, muitas vezes, é preciso um certo tipo de coragem para contradizer o que se pensou e publicou anteriormente e dizer: "Eu estava errado sobre isso".

Gene (como sua esposa, Betsey) exemplificou magnificamente a coragem que ele tanto valorizava e elogiava nos outros. Se, como acredito, o amor apaixonado pela verdade foi a âncora da extraordinária integridade de Gene, foi a coragem que lhe permitiu ser tão fiel a esse objeto de sua paixão.

Alguns dos críticos de Gene, incluindo seus críticos marxistas, tinham razão quando afirmavam que ele era um marxista pouco ortodoxo, mesmo nos períodos em que se orgulhava de sua ortodoxia marxista. Aqui estava o cerne de sua heterodoxia: Gene nunca aceitou a visão utópica do marxismo sobre a natureza humana. Ele sempre foi, mesmo no auge de seu ateísmo comunista, um firme crente no pecado original. Pode-se dizer que representava a escola calvinista do marxismo. Ele acreditava na depravação total do homem.

Outra coisa que Gene nunca aceitou sobre o marxismo ortodoxo foi seu estrito determinismo econômico. Ele sabia que a explicação econômica da conduta humana e das práticas e instituições parcialmente constituídas por essa conduta só poderia levar alguém até certo ponto. Poderia ser apenas parte da história. Ele achava que, no geral, era uma parte importante, mas simplesmente não conseguia aceitar o determinismo. Nisso, não era calvinista. Ele acreditava que as pessoas podiam agir, e às vezes agiam, livremente. Isso fez dele um péssimo marxista, mas o preparou bem para seu retorno ao catolicismo.

Há um terceiro elemento da ortodoxia marxista que Gene rejeitou – a saber, sua teleologia hegeliana. Agora, se alguém que afirma ser marxista rejeita *esse* elemento do enredo, não está muito claro como ele é marxista. Para mim é como dizer, como disse Jefferson, que seria cristão, mas sem os milagres, quando um desses milagres é a Encarnação.

Então, talvez Gene, no final das contas, não era realmente um marxista, apesar de certamente acreditar que o fosse. Sempre houve em sua erudição e pensamento sobre política e outras atividades humanas um senso de contingência e abertura das coisas. Na verdade, foi um senso de liberdade humana que o capacitou de forma tão brilhante a entrar na mente e na vida das pessoas sobre as quais escreveu, a entendê-las "por dentro" – isto é, *como elas compreendiam a si mesmas*. Quando alguém lê os relatos de Eugene Genovese sobre o passado, não é como se estivesse olhando de fora. Ele traz as pessoas para o mundo sobre o qual está escrevendo – por exemplo, o mundo que os escravos, fazendeiros e outros sulistas criaram.

Suponho que não seja realmente surpreendente que Gene fosse, na melhor das hipóteses, um marxista heterodoxo. Ele sempre foi desconfiado, se não francamente hostil, a dogmas intelectuais ou políticos de qualquer tipo. E isso porque ele sabia que o pensamento de grupo é tóxico para o amor à verdade.

É importante notar que, mesmo depois de ter abandonado formalmente o comunismo como uma ideia filosófica e um movimento político, Gene estava disposto a reconhecer certas virtudes nele como uma abordagem para a explicação da realidade social. "O foco marxista nas lutas sociais", disse ele, "principalmente, mas não inteiramente baseado em classes, provou ser salutar para os historiadores da direita, assim como da esquerda, pelo menos quando despojado de sua implícita teleologia hegeliana".

Portanto, Gene não era o tipo de ex-marxista que insiste que tudo estava errado. Provavelmente é justo dizer, ou pelo menos não tão injusto dizer, que poderíamos finalmente classificar Gene como um conservador cultural, um liberal pedagógico (especialmente em sua abertura ao debate e hostilidade às ortodoxias intelectuais) e algo de um marxista analítico.

No entanto, como um amante da verdade e, acima de tudo, um contador da verdade, Gene reconheceu pública e plenamente que o marxismo era, na prática política, uma catástrofe insondável. Aqui está o que Gene disse em um artigo que escreveu para o jornal esquerdista *Dissent* em 1994: "Em um nobre esforço para libertar a raça humana da violência e da opressão, quebramos todos os recordes de massacre em massa, acumulando dezenas de milhões de cadáveres em menos de três quartos de século". Essa foi a confissão de Gene. Observe que ele disse "nós", não "eles". Conseguimos. Nós marxistas. Ele não excluiu ou desculpou a si mesmo ou a outros intelectuais ocidentais que abraçaram ou toleraram o comunismo, ou consideraram o anticomunismo uma ameaça maior à liberdade. Gene sempre acreditou na responsabilidade pessoal e foi honesto e corajoso o suficiente não apenas para reconhecer sua própria responsabilidade por apoiar o stalinismo, a ideologia soviética pós-stalinista e a política soviética, mas também para confrontar toda a esquerda – marxistas, sociais-democratas e liberais de esquerda – com sua culpa.

Naquele artigo na *Dissent*, Gene fez a si mesmo e a seus aliados de longa data um par de perguntas que ele temia que muitos fossem simplesmente educados demais para perguntar a ele, pois ele amava demais a verdade para evitá-las: dado o "acúmulo [de] dezenas de milhões de cadáveres em menos de três quartos de século", perguntou ele, "o que sabíamos e quando soubemos?"

E respondeu às perguntas:

O que sabíamos? "Tudo". Não estava escondido. Não foi nenhuma surpresa. Nós sabíamos. Ou, se não sabíamos, não sabíamos porque não queríamos saber. Sabíamos do gulag, dos desaparecimentos, dos assassinatos, dos massacres. Nós sabíamos de tudo.

Quando soubemos? "Desde o início". Mas, bêbados com nossa ideologia e nosso ódio à exploração e à injustiça econômica, pensamos que isso era justificado. Esse foi o nosso erro. "Pregamos a necessidade de quebrar ovos para fazer omeletes". Para derrotar a exploração e a opressão, tivemos que assassinar algumas pessoas inocentes – "algumas", como em oitenta milhões.

Gene disse: "Passamos três quartos de século construindo socialismos que custaram dezenas de milhões de vidas, criaram regimes políticos hediondos e não conseguiram nem mesmo oferecer um padrão de vida decente. O ingrediente essencial para uma avaliação adequada teria de ser uma avaliação franca de até que ponto as suposições subjacentes a toda a esquerda, grupos sociais-democratas e liberais, bem como à esquerda stalinista, se mostravam insustentáveis, para não invocar uma palavra mais dura".

Gene Genovese era de fato um contador da verdade, mesmo quando a verdade a ser dita era feia, embaraçosa, humilhante. Ele disse a verdade mesmo quando isso significava confessar cumplicidade em crimes históricos mundiais. E, mesmo no auge de seu apego apaixonado ao comunismo, ele era igualmente apaixonado por dizer a verdade e evitar qualquer politização ou corrupção da atividade intelectual.

Betsey era igual a seu marido em devoção à verdade, e não menos corajosa em dizer a verdade. Esse compromisso compartilhado com a verdade e o dizer a verdade, e a coragem que Gene e Betsey reforçaram um no outro, ajudam a explicar o vínculo extraordinário entre duas pessoas que eram, de muitas outras maneiras, diferentes uma da outra. E foi extraordinário. O casamento deles foi, como disse em minha homenagem a Betsey no capítulo anterior, uma das grandes histórias de amor de nosso tempo. E como em todas as verdadeiramente grandes histórias de amor, a devoção de um pelo outro criava uma espécie de campo de força para o qual os outros eram atraídos. Fui abençoado por estar entre eles.

Gene e Betsey estavam unidos no amor um pelo outro e pelos muitos amigos que os amavam; eles estavam unidos no amor à verdade e na vontade de falar a verdade a qualquer custo; e, no final, eles estavam unidos na fé. Atraída pelo testemunho moral da Igreja católica para a santidade da vida humana e para a dignidade do casamento e da família, Betsey, na meia-idade, abandonou o secularismo em que havia sido criada e iniciou uma jornada de pensamento e oração que a levou ao catolicismo. Sob sua influência, Gene, tendo perdido a fé no materialismo dialético, voltou aos sacramentos. Vinte e seis anos depois de seu casamento secular, eles se casaram sacramentalmente como fiéis – e alegres – católicos.

Eugene Dominick Genovese foi sepultado ao lado de sua amada Betsey após um funeral na Catedral Cristo Rei, em Atlanta. Se dependesse de mim, a lápide teria esta simples inscrição: *Aqui jazem Eugene Genovese e Elizabeth Fox-Genovese: contadores da verdade.*

CAPÍTULO 31

A INSUBSTITUÍVEL AMY KASS

Em 1961, Amy Apfel (1940-2015) uniu-se em matrimônio a Leon Kass, criando um dos mais belos casamentos – e frutíferas parcerias intelectuais – que alguém pode imaginar. Em 19 de agosto de 2015, Amy Apfel Kass morreu após uma longa e verdadeiramente corajosa luta contra o câncer. A perda de Leon é incalculável. Mas o mesmo pode ser dito sobre essa perda para o resto de nós. Amy Kass, uma das almas mais nobres que Deus já criou, era um tesouro nacional.

Assim como o marido, Amy era uma estudiosa de excelência – cuidadosa, sutil, impressionantemente perspicaz. Mas sua verdadeira vocação – seu chamado, sua missão na vida – era ensinar. E, com a possível exceção de seu marido, ninguém nunca ensinou com mais maestria.

Amy sabia que ensinar era mais do que apenas transmitir informações, mas ela não menosprezava as dimensões do ensino que exigem que o professor transmita uma compreensão precisa dos fatos. Ela reconhecia que reflexão, análise e interpretação sólida pressupõem tal compreensão, independentemente de o assunto ser a história americana, as ciências naturais ou as peças e sonetos de Shakespeare. Conhecer os fatos não é suficiente para a realização intelectual, mas é necessário.

Além do mais, Amy possuía um radar infalível para conversa fiada. Podia sentir o cheiro de bobagem intelectual a um quilômetro de distância, e não aceitaria nada disso. Ela estava entre os poucos cujo escore em evitar as modas e modismos tolos que se espalharam como vírus através da cultura intelectual nos últimos cinquenta anos foi perfeito. E só Deus sabe quantos alunos ela afastou das valas dessas modas e modismos.

A devoção de Amy à excelência no ensino fazia parte de uma visão moral mais ampla que a guiou ao longo de sua vida e moldou seu caráter. No centro dessa visão, estava um senso da dignidade profunda e igual da pessoa humana.

Na década de 1960, os Kass estavam entre os jovens ativistas do Norte, geralmente judeus, que viajaram para o Sul segregado a fim de lutar pelos direitos civis de seus concidadãos afro-americanos. Em 1965, eles passaram um mês no Mississippi – o exato coração da segregacionista Dixie[195] – morando com uma família de fazendeiros em uma casa sem telefone, água quente ou banheiro interno, educando, organizando e registrando cidadãos negros para votarem. A coragem *moral* pela qual ela e Leon se tornariam famosos ao defender a integridade intelectual foi prenunciada por esse ato de coragem física.

Quando jovem, Amy desafiou a intimidação de racistas no Mississippi. Mais tarde, ela desafiaria a intimidação daqueles que procuravam impor na academia e na cultura mais ampla aqueles dogmas da esquerda – incluindo um antiamericanismo reflexivo e hostilidade à tradição judaico-cristã – que vieram a ser conhecidos como "politicamente corretos". Sempre falou a verdade tal como a conhecia, não importando os riscos e custos pessoais e profissionais. Ela honrou a verdade porque reconheceu que a nobreza dos seres humanos tem algo importante a ver com nossas capacidades para – e orientação natural pela – busca da verdade.

Para Amy Kass, uma mente era algo realmente terrível de se desperdiçar. E essa convicção estava no cerne de sua devoção aos alunos, e não apenas àqueles que se sentavam em suas salas de aula na Johns Hopkins, St. John's e na Universidade de Chicago. Grande parte de sua energia, especialmente nas últimas décadas de sua vida, foi dedicada a educar o público em geral, especialmente em questões cívicas. Muitas vezes em cooperação com estudiosos e protegidos mais jovens e talentosos, como Diana Schaub e Yuval Levin, Amy e Leon produziram materiais excelentes para ajudar os americanos de todas as idades e posições a entenderem mais plenamente e estimarem mais profundamente os ideais e instituições americanas. Ela era o melhor tipo de patriota – alguém que amava seu país não apenas porque era dela, mas também porque seus [da América] princípios, por mais que nós, americanos como povo, tenhamos falhado em cumpri-los, são verdadeiros e bons. Seu esforço constante era inspirar-nos a viver à altura deles mais perfeitamente.

---

195 Dixie (às vezes também Dixieland) é uma denominação dada à Região Sul dos Estados Unidos, a qual compreende os estados do Texas, Arkansas, Louisiana, Mississippi, Tennessee, Alabama, Carolina do Sul, Carolina do Norte, Geórgia e Flórida. O nome faz referência aos 11 estados que representavam o Sul histórico dos Estados Unidos. (N.T.)

Outra das preocupações centrais de Amy era promover relacionamentos românticos saudáveis e gratificantes entre rapazes e moças, levando a casamentos felizes e duradouros. Ela sabia por experiência própria o quanto esses relacionamentos são valiosos, e não tinha dúvidas sobre o quão vitais casamentos fortes são, não apenas para os próprios cônjuges mas também para os filhos e toda a comunidade. Ela e Leon ficaram tristes com o colapso da cultura do casamento em setores menos ricos da sociedade americana e chocados com o surgimento da cultura do namoro nos *campi* das faculdades e, cada vez mais, no ensino médio e até mesmo no ensino fundamental[196]. Amy não tolerava nada grosseiro ou predatório, nada que degradasse o espírito humano. É por isso que ela não suportava a segregação racial ou o colapso do namoro na licenciosidade.

Para as jovens em particular, Amy Kass foi um modelo – uma pensadora e professora impressionante; uma esposa, mãe e avó amorosa e dedicada; um corajoso testemunho moral; uma amiga leal e generosa; uma patriota. Para aqueles de nós que a conheceram e a amaram, começando pelo marido cuja vida ela enriqueceu tão profundamente, e cujas próprias virtudes espelham tão notavelmente as dela, ela é simplesmente insubstituível. É difícil imaginar a vida sem ela. Mas o que não nos pode ser tirado são as lições que ela ensinou, não só por preceito, mas também pelo esplêndido exemplo de vida que levou.

196 Nesse caso, o autor está se referindo especificamente ao *middle school*. Aqui no Brasil, corresponde às séries do sexto ao nono ano. Uma espécie de ensino fundamental II. (N.E.)

CAPÍTULO 32

ANTONIN SCALIA: UM ORIGINALISTA AMERICANO

No curso da história de nossa nação, muitos juristas foram descritos como "um gigante da lei". Antonin Scalia teve a distinção de ser um dos poucos para quem a descrição é realmente justificada.

O Juiz Scalia pregava o princípio de que a Constituição deve ser interpretada de forma a honrar o texto – as palavras na página – tal como foi entendido por aqueles cuja ratificação tornaram-no parte da lei fundamental do país. Alguém poderia pensar que isso era simples senso comum. Mas o princípio foi ignorado ou abandonado por juristas e professores de direito que buscaram expandir a autoridade dos juízes a fim de invalidar como "inconstitucional" a legislação ou as ações executivas que eles considerassem injustas, imprudentes ou, por algum outro motivo, indesejáveis.

Neste nosso tempo, tal impulso tem sido evidente, sobretudo entre os progressistas políticos. Foi ele o que nos deu a legalização do aborto por ordem judicial em *Roe v. Wade* e o reconhecimento judicialmente obrigatório de parcerias do mesmo sexo como casamentos legais em *Obergefell v. Hodges*. No início de nossa história como nação, ele conduziu a jurisprudência de conservadores econômicos *laissez-faire*, gerando decisões como *Lochner v. New York*, um acórdão de 1905 que derrubou um estatuto de proteção ao trabalhador que limitava o número de horas que os funcionários poderiam trabalhar em padarias industriais.

Para Scalia, os juízes que cedem ao impulso de ler na Constituição "direitos" ou outros princípios que não se encontram em nenhum lugar no texto do documento, ou nas implicações lógicas ou no entendimento original de suas disposições, traem o Estado de Direito e zombam de seu juramento de fidelidade à Constituição. "Lochnerizar", como ficou conhecido, seja na causa da economia *laissez-faire* (como no próprio *Lochner*) ou na ética social liberal (como em *Roe* e *Obergefell*), é privar o povo americano do direito de governar a si mesmo. Para os juízes, a pretexto de fazerem valer as garantias constitucionais, substituir os julgamentos contrários dos representantes eleitos do povo pelos seus próprios julgamentos morais e políticos é um atentado à própria Constituição em nome da qual dizem estar agindo.

Uma vez que várias "teorias" de interpretação constitucional ("o constitucionalismo vivo", "a leitura moral da Constituição") foram apresentadas por juristas e estudiosos do direito em esforços para justificarem a usurpação judicial da autoridade legislativa democrática, tornou-se necessário para Scalia e outros defensores da ideia de que a Constituição significa o que diz – isto é, o que as pessoas que formularam e ratificaram suas disposições quiseram dizer com as palavras que usaram – darem um nome à sua "teoria" de interpretação constitucional. O nome que escolheram foi "originalismo", marcando a convicção de que o entendimento público original das provisões e princípios constitucionais deve guiar e governar os juízes na determinação de se uma lei ou política deve ser mantida como constitucionalmente válida ou declarada inconstitucional.

Nino Scalia era não apenas um "originalista" – o principal originalista de seu tempo –; ele também era um defensor da igual autoridade e responsabilidade dos três ramos do governo em questões de interpretação constitucional, uma visão que, quando detalhada, é conhecida como "departamentalismo". Em outras palavras, ele ficou do lado de Abraham Lincoln e contra o inimigo de Lincoln, o presidente da Suprema Corte, Roger Brooke Taney, na questão de saber se os ramos Legislativo e Executivo devem sempre conformar sua conduta à interpretação da Constituição feita pela Suprema Corte. Taney disse que sim. Lincoln disse que não. Surgiu a questão de saber se Lincoln, como presidente, se consideraria vinculado à decisão pró-escravidão de Taney em *Dred Scott v. Sandford* (derrubando as restrições do Congresso à escravidão nos territórios dos EUA e sustentando que os negros – mesmo os negros livres – nunca poderiam ser cidadãos). No primeiro discurso de posse do Grande Emancipador, ele respondeu que, para o povo americano, tratar o Judiciário como supremo na interpretação constitucional seria "terem deixado de ser seus próprios governantes, tendo, nessa medida, praticamente renunciado a seu governo nas mãos daquele eminente tribunal".

Durante grande parte do século XX, entretanto, a supremacia judicial – a velha ideia de Taney de que vale o que os juízes dizem, aconteça o que acontecer; de que a Suprema Corte, quando profere uma decisão, é suprema não apenas sobre os tribunais federais inferiores, mas também sobre os poderes coordenados do governo – era uma espécie de ortodoxia entre professores de direito, advogados e juízes. Questionar isso – abraçar a posição de Lincoln – passou a parecer escandaloso. Mas Antonin Scalia não apenas questionou, mas rejeitou. E rejeitou pelas melhores razões possíveis, as razões de Lincoln: porque isso é incompatível com os princípios republicanos da própria Constituição. Para Scalia, assim como para Lincoln, o Estado de Direito não era o estado dos juízes, e uma decisão da Suprema Corte era a lei do caso (obrigatória para as partes), mas não necessariamente a lei do país (obrigatória para os demais ramos do governo).

Em uma conversa pública comigo na Union League na Filadélfia, em 2015, Scalia disse que, embora seja geralmente aconselhável que o presidente e o Congresso aceitem uma decisão constitucional da Corte, mesmo que a considerem errônea, *nem sempre* é o curso adequado, e certamente não é o curso adequado quando uma decisão judicial constitui uma usurpação grosseira da autoridade legislativa – uma tomada judicial do poder. Quando questionado sobre exemplos, ele citou *Dred Scott v. Sandford*, *Lochner v. New York* e *Roe v. Wade* – casos em que a maioria dos ministros da Suprema Corte, descaradamente legislando do tribunal, inventou direitos não encontrados em nenhum lugar da Constituição para impor à nação a posição política preferida dos Juízes no que tange a questões moralmente carregadas que são de grande importância pública.

Como jurista, Antonin Scalia era conhecido por seus duros questionamentos aos advogados que compareciam perante o tribunal e por seus pareceres brilhantes, inusitados e, com frequência, combativos, muitos dos quais assumiram a forma de dissidências. Além de sua defesa resoluta do originalismo, ele será lembrado por sua devoção ao princípio constitucional da separação de poderes e por seus esforços a fim de restaurar o federalismo, apesar de sua crença de que a emenda constitucional da era progressista que prevê a eleição direta de senadores torne a tarefa sem esperança. ("O federalismo está morto", ele disse a mim e ao nosso público na Union League. "A Décima Sétima Emenda o matou. Está morto, morto, morto").

Como era Nino Scalia como pessoa? Ele era um homem de paciência limitada e grande compaixão. Dizer que ele "não tolerava de bom grado os tolos" seria um eufemismo. Ele não tinha tolerância com desleixados, preguiçosos, *rent seekers*[197], *time servers*[198] ou oportunistas, e não iria burlar a lei por ninguém, mesmo que pessoalmente acreditasse que a lei era muito severa. Mas como seus amigos de todas as tendências políticas atestam de maneira unânime, ele era capaz de grande bondade e generosidade. Era um homem de governo limitado, tanto no que diz respeito à filosofia política quanto ao direito constitucional, mas acreditava profundamente na responsabilidade pessoal, incluindo o dever da caridade para com aqueles que sofrem ou passam necessidade.

Entre aqueles – incluindo, infelizmente, alguns na academia – ainda sob o domínio da intolerância anticatólica que Arthur Schlesinger sr. (1888-1965) descreveu como "o preconceito mais profundo na história do povo americano", a franqueza de Scalia ao falar sobre sua fé deu oxigênio para uma teoria esquisita segundo a qual o originalismo de Scalia era uma espécie de disfarce para resolver casos constitucionais da maneira que melhor concordasse com a doutrina católica. Além de dar boas gargalhadas de tal bobagem maliciosa, quanto menos se falar sobre isso e sobre as pessoas que a mascateiam, melhor. Scalia lidou com isso observando que ele foi proibido por um ensinamento de sua fé de manipular a Constituição, por qualquer motivo, incluindo fazer a lei se conformar aos ensinamentos de sua fé: "Não mentirás".

Uma das qualidades mais notáveis de Antonin Scalia era seu dom para a amizade, um dom que lhe permitia formar laços de afeto profundos e duradouros, apesar de diferenças religiosas, morais ou políticas. Seu amigo mais próximo na Suprema Corte era a forte liberal Ruth Bader Ginsburg (1933-2020), com quem também atuou no Tribunal de Apelações dos Estados Unidos para o Circuito de D. C. Ele também ficou amigo de sua colega liberal mais jovem, Elena Kagan, às vezes arrastando-a com ele em viagens de caça. O firme progressismo da Juíza Kagan e a sua firme rejeição ao originalismo não diminuíram nem um pouco sua afeição ou respeito por ela.

---

197 Em tradução livre, algo como "buscadores de renda". Refere-se a agentes privados que buscam garantir seus interesses econômicos manipulando a seu favor o ambiente social ou político no qual as atividades econômicas ocorrem. Isso, na maioria das vezes, se dá através da influência sobre decisões públicas, por meio de lobbys e corrupção. Alguns exemplos são as licitações fraudulentas nos órgãos e empresas estatais. Como se pode ver, trata-se da extração de um valor não compensado dos outros sem realizar qualquer contribuição para a produtividade. (N.T.)

198 Em tradução livre, pode ser algo como "enroladores". Pessoas que fazem muito pouco esforço no trabalho e estão apenas esperando até que se aposentem ou saiam para um novo emprego. (N.T.)

Sherif Girgis, candidato ao doutorado em filosofia em Princeton e estudante de direito em Yale (e meu coautor junto com Ryan T. Anderson em *What Is Marriage?*), resumiu de forma inspiradora a atração especial e notável que Scalia exercia sobre estudantes de direito e outros jovens homens e mulheres interessados em direito constitucional:

> Em um campo marcado por disputas intelectuais, vaidade e comparações mútuas, o Juiz Scalia corajosamente professou coisas que muitos de seus colegas acadêmicos liberais e seculares consideravam simplórias e ingênuas: originalismo, patriotismo, fé em Deus. O brilhantismo e a pura alegria de viver que emanava de sua escrita e enchia a sala quando ele falava tornava seus ideais atraentes para os jovens (também por causa do currículo sombrio de seus antagonistas) e desafiava os adversários a enfrentá-lo em um combate intelectual.

Nino Scalia foi um marido fiel e amoroso para Maureen, sua brilhante esposa educada em Radcliffe, por cinquenta e cinco anos, e um pai maravilhoso para seus nove filhos.

Falando pessoalmente, estou em dívida com ele por muitas gentilezas. Quando fui nomeado para a cadeira McCormick de professor de jurisprudência em Princeton, ele ficou ainda mais feliz com a honra do que eu. Quando fundei o Programa James Madison em Ideais e Instituições Americanas, ele imediatamente perguntou o que poderia fazer para ajudar no avanço da missão [do programa]. Deu palestras a meu convite em várias ocasiões em Princeton e em outros lugares, e estava sempre disposto a receber grupos de alunos meus como seus convidados para assistirem a sustentações orais na Suprema Corte.

Nino era um amigo querido e sentirei sua falta.

Com a morte de Antonin Gregory Scalia, a nação perde um de seus maiores juristas, e um homem que encarnou o princípio da fidelidade à Constituição. *Requiescat in pace*.

AGRADECIMENTOS

É um prazer reconhecer as muitas pessoas para com quem tenho uma dívida de gratidão. A lista começa com Luis Tellez, presidente do Witherspoon Institute, a quem este livro é dedicado. Gabrielle Speach, Michael Liccione e Jed Donahue ofereceram excelentes edição e comentários. Depois, há muitos amigos e colegas que, em inúmeras conversas, ajudaram-me a refletir sobre as questões abordadas no livro: William C. Porth; William L. Saunders; Ryan Anderson; Sherif Girgis; Daniel Marcos; Melissa Moschella; Dermot Quinn; Hadley Arkes; John Finnis; Daniel Robinson; William Hurlbut; John DiIulio; Mary Ann Glendon; o rabino David Novak; Bradford Wilson; Matthew Franck; John Londregan; David Tubbs; Germain Grisez; Gerard V. Bradley; Yuval Levin; James Kurth; Joseph M. Boyle Jr.; Carter Snead; Patrick Lee; Christopher Tollefsen; Maggie Gallagher; Christian Brugger; Helen Alvare; Frank Cannon; Jeffrey Bell; George Weigel; William Kristol; Edward Whelan; Michael Horowitz; James Stoner; Russel Moore; o monsenhor Thomas Mullally; David Oakley; Stephen Whelan; Donald Drakeman; Mark O'Brien; George Will; Janet Madigan; Eric Cohen; o falecido padre Richard John Neuhaus; o rabino Meir Soloveichik; Leonard Leo; Peter Ryan, SJ; Stephen Hutchens; Charles Kesler; James Hitchcock; Kevin Flannery, SJ; Anthony Esolen; Willian Allen; o padre Patrick Reardon; William Mumma; Maria Maddalena Giungi; James Kushiner; Shaykh Hamza Yusuf; Jennifer Bryson; Carlos Cavalle; John Keown; David Mills; Cristina Arriaga; Larry Arnn; Benjamim Carson; R. R. Reno; José Joel Alicea; Patrick Langrell; Donald Landry; Leon Kass; Gilberto Meilaender; John Eastman; Richard Land; Seamus Hasson; Frank Schubert; Cornel West; o arcebispo Charles Chaput; o monsenhor Stuart Swetland; Adam Keiper; John Haldane; Paul McHugh; Diana Schaub; Brian Brown; Maurizio Viroli; Paul Yowell; Matthew O'Brien; Roger Scruton; a falecida Elizabeth Fox-Genovese; Paul Mankowski, SJ; Maureen Condic; Ramesh Ponnuru; Jeremy Waldron; Christopher Wolfe; Stephen Macedo; Michael Skiles; George Dent; Michael

Sandel; o falecido Alfonso Gomez-Lobo; Edmund Pellegrino; John Garvey; Kent Greenawalt; o falecido James Q. Wilson; Katrina Lantos Swett; Markus Grompe; e o falecido Jean Bethke Elshtain.

Embora este livro tenha sido revisado de várias maneiras, muitos desses ensaios já foram publicados em outros lugares, incluindo a *First Things*, a *Public Discourse*, a *National Review* (tanto impressas quanto online), a *New Criterion*, a *American Interest* e a *American Spectator*. Sou grato a essas publicações. Também agradeço ao Brookings Institution pela permissão para reimprimir o capítulo "The Personal and the Political: Some Liberal Fallacies" ["O pessoal e o político: algumas falácias liberais"], que foi publicado originalmente como "Cuomological Fallacies" ["Falácias cuomológicas"] em E. J. Dionne Jr., Jean Bethke Elshtain e Kayla M. Drogosz, editores, *One Electorate Under God? A Dialogue on Religion and American Politics* (2004) [*Um eleitorado sob Deus? Um diálogo sobre religião e política americana* (2004)]; ao *International Journal for Religious Freedom* pela permissão para reimprimir "Religious Liberty: A Fundamental Human Right" ["Liberdade Religiosa: Um Direito Humano Fundamental"], originalmente publicado como "Religious Liberty and the Human Good" ["Liberdade religiosa e o bem humano"] (vol. 5, nº 1); à *Constitutional Commentary* pela permissão para reimprimir "A Right to Life Denied or a Right to Die Honored?", que apareceu originalmente como "Terri Schiavo: A Right to Life Denied or a Right to Die Honored?" ["Um direito à vida negado ou um direito a morrer respeitado?"] (vol. 22, nº 3); e à *Columbia Law Review* pela permissão para reimprimir "Some Hard Questions about Affirmative Action" ["Algumas questões difíceis sobre ação afirmativa"], que foi originalmente publicado como ["*Gratz* e *Grutter*: Algumas questões difíceis"] (vol. 103, nº 6).

Acompanhe o Ludovico nas redes sociais

https://www.clubeludovico.com.br/
https://www.instagram.com/clubeludovico/
https://www.facebook.com/clubeludovico/

Esta edição foi preparada pela LVM Editora e por Décio Lopes,
com tipografia Baskerville e Playfair Display SC em julho de 2023.